Digitaler Naturalismus

Michael Dellwing · Alessandro Tietz · Marc-André Vreca

Digitaler Naturalismus

Grundlagen der Ethnografie in der Onlineforschung

Michael Dellwing
Leuphana Universität Lüneburg
Lüneburg, Deutschland

Alessandro Tietz
Leuphana Universität Lüneburg
Lüneburg, Deutschland

Marc-André Vreca
Leuphana Universität Lüneburg
Lüneburg, Deutschland

ISBN 978-3-658-21870-6   ISBN 978-3-658-21871-3 (eBook)
https://doi.org/10.1007/978-3-658-21871-3

Die Deutsche Nationalbibliothek verzeichnet diese Publikation in der Deutschen Nationalbibliografie; detaillierte bibliografische Daten sind im Internet über http://dnb.d-nb.de abrufbar.

© Springer Fachmedien Wiesbaden GmbH, ein Teil von Springer Nature 2021
Das Werk einschließlich aller seiner Teile ist urheberrechtlich geschützt. Jede Verwertung, die nicht ausdrücklich vom Urheberrechtsgesetz zugelassen ist, bedarf der vorherigen Zustimmung des Verlags. Das gilt insbesondere für Vervielfältigungen, Bearbeitungen, Übersetzungen, Mikroverfilmungen und die Einspeicherung und Verarbeitung in elektronischen Systemen.
Die Wiedergabe von allgemein beschreibenden Bezeichnungen, Marken, Unternehmensnamen etc. in diesem Werk bedeutet nicht, dass diese frei durch jedermann benutzt werden dürfen. Die Berechtigung zur Benutzung unterliegt, auch ohne gesonderten Hinweis hierzu, den Regeln des Markenrechts. Die Rechte des jeweiligen Zeicheninhabers sind zu beachten.
Der Verlag, die Autoren und die Herausgeber gehen davon aus, dass die Angaben und Informationen in diesem Werk zum Zeitpunkt der Veröffentlichung vollständig und korrekt sind. Weder der Verlag, noch die Autoren oder die Herausgeber übernehmen, ausdrücklich oder implizit, Gewähr für den Inhalt des Werkes, etwaige Fehler oder Äußerungen. Der Verlag bleibt im Hinblick auf geografische Zuordnungen und Gebietsbezeichnungen in veröffentlichten Karten und Institutionsadressen neutral.

Springer VS ist ein Imprint der eingetragenen Gesellschaft Springer Fachmedien Wiesbaden GmbH und ist ein Teil von Springer Nature.
Die Anschrift der Gesellschaft ist: Abraham-Lincoln-Str. 46, 65189 Wiesbaden, Germany

Inhaltsverzeichnis

1 *Digitaler Naturalismus.* **Ethnografie in der online-Forschung** 1
2 **Die neue Alltagsethnografie: Stilbildende Zentren und Beispielfälle** 9
3 **Digitaler Naturalismus** 39
4 **Das Onlinefeld** 89
5 **Forschungspraxis: Mitmachen im Feld** 135
6 **Auswertung und Ergebnisse** 173

Literatur 209

Digitaler Naturalismus. Ethnografie in der online-Forschung

Die ethnografische Erforschung von online-Interaktion ist lange über das Pionierstadium hinausgewachsen, auch wenn sie gerne noch als ‚neu' bezeichnet wird. Das Internet ist das zentrale Nervensystem des 21. Jahrhunderts (Doctorow 2017) und als solches tief in die Gegenwartswelt und ihre Alltagspraktiken eingewoben. Auch in der Methodenforschung wird zunehmend der Tatsache Rechnung getragen, dass online-Kontexte und die Rollen, die sie in der Gestaltung von Lebenswelten einnehmen, nicht mehr übergangen werden können. Studierenden muss das nicht weiter gesagt werden; die Anfragen, Abschlussarbeiten zu Realitätsverhandlungen auf instagram, tinder, tumblr, YouTube, in *League of Legends, Fortnite, DOTA, GTA Online, Minecraft* etc. schreiben zu wollen, nehmen beständig zu und produzieren spannende und wichtige Einsichten über die Verhandlung sozialer Realitäten in Gegenwartswelten, die beständig und durchdringend digitalisiert sind, auch wenn das nicht auf den ersten Blick sichtbar werden mag.

Christine Hine spricht (in Weiterentwicklung ihrer eigenen Arbeiten aus der Zeit der Jahrtausendwende) vom „E^3-Internet" als „embedded, embodied, and everyday" (Hine 2015): das verkörperlichte, in die Alltagswelt eingebettete und alltägliche Internet. In einer Gegenwartswelt, die von online-Vernetzung durchzogen und mit ihr verwoben ist, wäre es tatsächlich langsam schwierig, zu identifizieren, was erforscht werden könnte, *ohne* dass eine Onlinekomponente darin eine wesentliche Rolle spielte. In den Jahren 2020 und 2021 gilt das nur noch einmal vermehrt. Das erinnert an Luhmanns Feststellung, dass umfassende Exklusion in der globalisierten Gegenwartswelt fast unmöglich ist: Genauso, wie es schwierig wäre, Menschen zu finden, die nicht in globale Waren-, Kapital-, Daten- und Menschenströme eingebunden sind, so schwierig wäre es, Menschen, Gruppen, Dynamiken und Kontexte zu identifizieren, die von online-Kommunikation unberührt bleiben.

Das macht die Notwendigkeit der Anwendung methodischer und vor allem ethnografischer Zugriffe auf online-Kontexte offensichtlich. Denn insoweit online vermittelte Interaktion heute Teil der normalen Alltagswelt darstellt, kann sie selbstverständlich mit denselben Methoden erforscht werden, die die Sozialwissenschaft für diese Alltagswelt bereits entwickelt hatte und die in Kontexten Anwendung fanden, in denen online-Interaktion noch kein Teil dieser Alltagswelt war; dazu zählt auch die Ethnografie.

Dabei ist Ethnografie eine weit verbreitete Forschungsform zur Erforschung von online-Kontexten. Die ethnografische Erforschung von Multiplayer-online-Spielen (z. B. MMOs oder MMORPGS, „massively multiplayer online games" oder „massively multiplayer online role playing games"; MOBAS, „multiplayer online battle arenas"; oder Battle Royales) ist fortgeschritten, und auch single player-Spiele und ihre Kulturen werden häufig ethnografisch erforscht. Auf diesen Feldern ist Ethnografie die absolut dominierende Forschungsform, wo sie klassische Studien zur Plattform *Second Life* (Boellstorff 2008), *EVE online* (Carter 2014) und *World of Warcraft* (Nardi 2010) hervorgebracht hat. Eine der ikonischen Studien der Game Studies untersucht die Migration von Mitgliedern einer abgeschalteten Spielplattform, *URU: Ages Beyond Myst,* auf andere Spiel- und Sozialplattformen, auf denen die Spielewelten des abgeschalteten Spiels von Nutzerinnen[1] reproduziert wurden, obwohl es sich in diesen neuen Plattformen nicht im engen Sinne um eine Multiplayer-Rollenspielplattform handelte (Pearce und Artemesia 2009). Auch die Erforschung sozialer Gruppen weit jenseits des Spiels, die sich online konstituieren, ist heute stark ethnografisch durchsetzt (z. B. Paterson und Domingo 2008). Diese Forschungen haben keine neue Form der Ethnografie begründet. Es sind ethnografische Arbeiten, die sich – wie andere ethnografische Arbeiten auch – auf ihre jeweiligen Felder eingelassen haben, mit einer Haltung der neugierigen Bescheidenheit an ihre Zielgruppen herangetreten sind, die Praktiken und Prozesse der untersuchten Gruppen ernstgenommen haben und damit eine Untersuchung über diese Praktiken und Prozesse produzieren konnten, die einen tiefgründigen Zugang zu den Realitätskonstruktionen ihrer Untersuchungsziele gewonnen haben.

---

[1]Wann immer Bezeichnungen auftreten, die Menschen beschreiben, die aber auf Deutsch ein grammatisches Geschlecht benötigen, werden weibliche, männliche und Aktivitätsformen („Nutzende") wild durcheinander verwendet, und alle drei bezeichnen in der Regel die Gesamtgruppe ohne intendierte Betonung eines Geschlechts und ohne Limitation auf dualistische Ideen von Geschlecht.

Damit steht Onlineethnografie inmitten der Tradition der klassischen Ethnografie. Die sozialwissenschaftliche Ethnografie stammt aus den Zeiten der Wende zum 19. Jahrhundert, in der Soziologie ist ihre Verbreitung vor allem mit der Chicago School der Zwischenkriegszeit des frühen 20. Jahrhunderts verknüpft. Der Kern der ethnografischen Anleitung, in den Realitätskonstruktionen der Teilnehmerinnen der untersuchten Felder mitzumachen, besteht darin, dass Realitäten untersucht werden sollen, wie sie unter den Beteiligten tatsächlich ausgelebt, verhandelt und produziert werden: nicht mit Abstand erfragt, nicht in Fragebögen erhoben, nicht in einer Aufnahme beobachtet, sondern in Minimierung der Distanzen, in Humanisierung der Forschung und in Involvierung der forschenden Person durch Mitmachen am Feld selbst erlebt. Kern dieser Anleitung ist die Annahme, dass Deutungen keine individuellen Dinge sind, die aus dem Kopf der Beteiligten zu entnehmen sind, keine eindeutigen Dinge, die wir einfach beobachten könnten, sondern dass Deutungen mit den Situationen, in denen sie aufkommen, untrennbar verwoben sind. Diese Einstellung ist als „Naturalismus" bekannt: Sie fordert dazu auf, Deutungen in ihrem „natürlichen Umfeld" zu erforschen. Als Methode des Mitmachens, der face-to-face-Kommunikation, des verkörperlichten Wissens und der Immersion in soziale Felder ist die Ethnografie davon abhängig, in die untersuchten Felder und ihre Deutungen einzutauchen: Dieses Eintauchen erlaubt es, die Realitätskonstruktionen, die die soziale Welt ausmachen, am eigenen Leib zu erfahren.

In den letzten zwanzig Jahren hat die Anwendung dieser Herangehensweise an Forschung auf online-Kontexte weitreichende Debatten und Diskussionen generiert, die die Möglichkeit dieser Ausdehnung verhandelt und teils gänzlich infrage gestellt haben: Wenn „das Internet" als Kommunikationsraum verstanden wird, der die Interaktion, face-to-face-Kommunikation und haptisches Mitmachen zu behindern scheint, sieht das zunächst aus, als könnte diese auf Mitmachen angelegte Forschungsform hier überfordert und unterfordert zugleich sein. Diese Angst ist ein Überbleibsel eines alten Trennungsdiskurses; sie hängt an einer Unterscheidung zwischen „realer" und „virtueller" Interaktion und einer Hierarchisierung von face-to-face gegenüber online vermittelter Interaktion. Die „Mangelerzählungen", die dieser Diskurs aufmacht, beklagen fehlende Körperlichkeit und die fehlende face-to-face-Präsenz und schließen daraus, dass ethnografische Forschung unmöglich oder nur durch weitreichende Zusätze möglich wäre. Das übersieht kurioserweise, dass die anderen Beteiligten auf den untersuchten Feldern dieselben Interaktionen mit denselben Möglichkeiten vornehmen, teils ohne face-to-face-Kontakt, teils mit: wie jedes andere Feld auch haben die vielen, pluralen, diversen Felder mit online-Komponenten (das sind eigentlich heute alle Felder) unterschiedliche Körperlichkeiten, unterliche

Involvierungen, unterschiedliche normalisierte Kommunikationsformen, und eine naturalistische Forschung müsste lediglich den Strukturen der Kommunikation und der Zusammensetzung der Gruppen, die sie untersucht, folgen. Sie wäre in der Teilnahme an solchen anders körperlichen, anders kommunikativen Umfeldern weiterhin genauso zuhause wie in allen anderen Umfeldern ebenso.

Die Frage, die in diesen alten Auseinandersetzungen debattiert wird ist also jene, ob Onlinefelder „außergewöhnlich" genug sind, um „gewöhnliche" Ethnografie zu behindern. Die Frage ist kurios: Erstens sind sowohl die klassische als auch die moderne Ethnografie gerade an Feldern geschärft, die aus bürgerlicher Sicht „außergewöhnlich" waren: Räume der Illegalität wie Gangs (Thrasher 1927; Venkatesh 2006, 2008), Räume außerhalb der bürgerlichen Leistungs- und Lebensortnorm wie Obdachlosigkeit (Anderson 1923; Gowan 2002; Borchard 2010) oder Räume jenseits bürgerlicher Beziehungs- und Sexualkulturen wie BDSM-Kulturen (Newmahr 2011), Onlinesexualität (Boll 2019; Waskul 2004) oder Polyamorie (Sheff 2005; Tiidenberg 2014) etc. Auch hier benötigte es keine spezielle Ethnografie, um diese Felder zu erschließen, im Gegenteil: solche Felder können mit einigem Recht als Kern der Ethnografie angesehen werden. Zweitens ist ihre „Besonderheit" nur aus der Perspektive einer bürgerlichen Mehrheitskultur heraus als solche markiert und nicht etwa bereits intrinsisch in sie eingeschrieben. Für sich selbst sind diese Felder völlig alltäglich und gewöhnlich, und Ethnografie hat gerade zum Ziel, sowohl die Gewöhnlichkeit des ansonsten Versteckten als auch die Außergewöhnlichkeit des scheinbar unmarkierten Gewöhnlichen herauszustellen. Sie ist damit gerade gegenüber Zuschreibungen der Außergewöhnlichkeit skeptisch, und das schon bei ihren klassischen Feldern, zu denen die meisten Menschen keinen Kontakt haben. Im Fall von online-Kommunikation fällt dieses Element der Außergewöhnlichkeit schon lange weg, auch wenn sich jüngere Generationen immer noch gerne über Zuschreibungen von „Neuland" vonseiten älterer Generationen lustig machen. Dennoch beggnen der interessierten Leserin eine Reihe wissenschaftlicher Auseinandersetzungen, die diese Außergewöhnlichkeit weiterhin vorauszusetzen scheinen.

Drittens, und vielleicht am wichtigsten, ist Ethnografie ohnehin keine feste Forschungsform, die einen starren Regelkatalog mit sich bringt, der auf unerwartete Felder „nicht passt" und daher in einer neuen Anstrengung *im Abstrakten*, auf der Ebene ihrer Regeln „angepasst" werden müsste – oder auch nur könnte. Denn eine solche abstrakte, formale Anpassung einer Methodik wäre nur dann notwendig, wenn diese einen strikten Ablauf von Schritten vorgäbe und eine strikte Einhaltung des methodischen Programms zu jedem Schritt erforderte. Eine solche methodische Strenge ist jedoch für qualitative Forschung, die Fremdverstehen erreichen möchte, generell eine schlechte Idee und besonders bei ethnografischer Forschung nicht erforderlich. *Konkrete, situationale* Anpassung ans Feld, an seine Abläufe, seine Rollenverteilung und vor allem seine Prozesse und Praktiken der Realitätskonstruktion – nicht auf der Strukturebene ihrer Regeln, sondern auf der Anwendungsebene des tatsächlichen Kontakts mit dem Feld – stellt nicht nur ein Grundelement der Ethnografie dar, diese lokale, bodenständige Anpassung *macht sie aus.* In ihr handelt es sich um eine Forschungsform, die eine Welt multipler Perspektiven, unterschiedlicher Narrative und divergenter Realitäten zwischen sozialen Positionen in den Vordergrund rückt und diese Unterschiede auch ernst nimmt. Sie muss dafür selbst plural sein, weil einer pluralen Welt nur so begegnet werden kann: Es ist eine Forschungsform, die Pluralismus erwartet und aufrechterhält, indem sie die erforschten Felder möglichst nicht mit mitgebrachten Kategorisierungen fremdordnet. Es ist gerade die Achtung vor der Pluralität der Welt und ihrer eigendynamischen Konstruktion, die es der Ethnografie verbietet, mit normalisierenden Mitteln, Werkzeugen und Annahmen an diese Welt heranzutreten. Sie muss sich anpassen, um die von ihr untersuchte Welt *verstehen* zu können. Das bedeutet, keine starken Ordnungen mitzubringen, keine Thesen oder festen Fragestellungen zu verfolgen, sondern abzuwarten, bis Felddeutungen auf eine Art und Weise verstanden und internalisiert wurden, die es erlauben, Deutungsstrukturen und -dymaniken des Feldes zu bemerken, die spannend sind, aber der Forscherin im Vorfeld nie in den Sinn gekommen wären.

Ethnografie erwartet damit immer bereits eine Welt stark unterschiedlicher Selbstverständlichkeiten, Interaktionsformen, Kommunikationswege und Positionalitäten. Es gibt keinen Grund, warum sich online etablierende Gruppen, Felder und Räume nun außerhalb dieses Pluralismus befinden oder gegenüber „klassischer" ethnografischer Felder qualitativ völlig verschieden sein sollten. Es gibt zudem keinen Grund, warum eine spezifische Praxis wissenschaftlicher Forschung von dieser Pluralität ausgeschlossen sein sollte. Eine Form der Anpassung daher als außergewöhnlich zu markieren, wohingegen alle anderen Anpassungen lediglich als Teile des normalen Funktionierens verstanden werden, wäre zumindest hochgradig erklärungsbedürftig. Es geht hier daher nicht darum, ein elaboriertes Argument für etwas aufzubauen das, wie wir meinen, heute offensichtlich sein sollte: In einer vernetzten Welt ist Onlineethnografie in erster Linie Ethnografie – und fast jede Ethnografie zu einem gewissen Anteil *auch* online-Ethnografie.

Die Ethnografie nutzt zur Beschreibung ihrer Orientierung an sich entwickelnden Zielen den Begriff der Emergenz. Celia Pearce und Artemesia (2009, S. 55) bemerken, dass die Ethnografie gerade an diesem Punkt für die Erforschung von Onlinefeldern besonders geeignet ist, denn die Betonung der Emergenz in ethnografischer Forschung passt zur emergenten Welt von online-

Interaktion: „ethnography itself is an emergent process, and thus is uniquely suited for studying cultures of emergence in online games and virtual worlds, and potentially elsewhere." Es ist daher kein Zufall, dass gerade die Game Studies, die Disziplin, die sich mit der Erforschung des Spielens (und hierunter vor allem des Computerspielens) befassen, auf breiter Basis ethnografisch arbeiten. Die Ethnografie ist hierzu mit einem tiefen Koffer möglicher Ansätze ausgestattet, die je nach situationaler Notwendigkeit aus- und eingepackt werden können. Sie lädt so schon in ihren klassischen Varianten immer dazu ein, die Herangehensweise ans Feld daran auszurichten, was im Feld möglich ist und welche Zugänge, Rollen und Beziehungen in ihr erlangt werden konnten, was oft mit einer Portion Zufälligkeit versehen ist.

Ethnografie in der online-Forschung soll daher in dieser Einführung nicht als Neuorientierung oder Verschiebung einer alten sozialwissenschaftlichen Methode verstanden werden, sondern vielmehr als weitgehend problemlose Fortführung einer lange bestehenden Praxis. Das bedeutet jedoch nicht, dass bestehende ethnografische Arbeiten mit Berührungspunkten zur online-Forschung nicht bereits Problemen begegnet wären, die für die Bewältigung von Forschungen in späterer online-Forschung instruktiv sein können. Wir selbst, die drei Autoren dieser Einführung, haben online-Studien durchgeführt, in denen sich einige grundlegende Orientierungen und Vorwissensschätze als nützlich erwiesen haben und in denen einige typische Untiefen ethnografischer Forschung mit online-Anteil aufgetaucht sind: Eine Erforschung der Strategien öffentlicher Privatheit in hinreichend anonymen sozialen Netzwerken anhand des Managements von Nacktheit auf tumblr (Dellwing und Drescher 2016); eine Erforschung der Verhandlung von Körperlichkeit in MMOs anhand von Rollenspielpraktiken in *World of Warcraft* (Tietz 2015); eine Erforschung der Konstruktion von Professionalität in MMOs anhand der Verhandlung des „META", d. h. idealer Spielstrategien in *League of Legends* (Vreca o. D.); und der Erforschung von Selbstpsychiatrisierung im Rahmen einer Psychiatrie als Kultur auf sozialen Netzwerken (Dellwing 2018a). Wir werden diese Forschungen, die teils Spielstudien, teils Onlinestudien jenseits des Spielens darstellen und unterschiedliche Grade der Konzentration der Bedeutungsverhandlungen auf online-Kontexte aufweisen, im Laufe der Arbeit heranziehen, um zu verdeutlichen, was Ethnografie als online-Forschung leisten kann. Dieses Ziel erfordert, so meinen wir, keine Grundsatzdiskussionen und keine Neuorientierungen, es erfordert jedoch Aufmerksamkeit und Hintergrundwissen und eine Offenheit für spezifische Problemfelder.

Ein Hintergrund, der in dieser Einführung beständig mitläuft, ist daher eine allgemeine Einführung in Grundprinzipien der Ethnografie, die einer der Autoren an anderer Stelle ausführlicher dargestellt hat (Dellwing und Prus 2012): Wenn

1 Digitaler Naturalismus. Ethnografie in der online-Forschung

online-Ethnografie im Kern zunächst Ethnografie ist, ist eine Einführung in die online-Ethnografie im Kern eine Einführung in die Ethnografie. Diese wird hier jedoch nur in kürzerer Form wieder auftauchen können. Ziel dieser Einführung soll es vielmehr sein, die klassische Ethnografie als Methode der online-Forschung mithilfe einiger praktischer Beispiele vorzustellen und so zu „umkreisen" – und nicht etwa, eine strukturierte Anleitung zur online-Forschung zu bieten, die in einer zu starken Strukturierung die Anpassung verlieren müsste.

Wir beginnen, wie für ethnografische Arbeit auch angemessen, nicht mit abstrakter Methode, sondern mit praktischen Beispielen zu online-Forschung. Spezifisch möchten wir diese Einführung mit einer Darstellung dreier stilbildender Zentren für online-Kultur(en) rahmen, die in unseren Forschungen immer wieder eine wesentliche Rolle spielten: Das sind die der Gaming Culture in online-Rollen- und Arena-Spielen, des „Trollens" in Spielen und sozialen Netzwerken, und der Interaktionsstrukturen auf dem sozialen Netzwerk/Microblogging-Dienst tumblr um die Kultur des Nacktpostens herum, der Veröffentlichung eigener Nacktbilder. Damit wollen wir nicht behaupten, dass diese in jeder online-Forschung eine wesentliche Rolle spielen müssten; das müssen sie natürlich nicht. Die Entscheidung, mit den hier immer wieder diskutierten Beispielfeldern zu beginnen, soll vielmehr als Hinweis dienen, dass die reine Kenntnis von Methoden voraussichtlich nicht dazu führen wird, eine analytisch tiefgründige online-Forschungsarbeit zu verfassen. Ethnografie beginnt mit der Welt und endet bei ihr; Theorie und Methode sind dabei lediglich kontingente Werkzeuge auf dem soziologischen Weg der Befremdung der eigenen Realität.

Danach wollen wir zum Kerndesiderat ethnografischer Forschung übergehen: naturalistische Forschung, d. h. die Orientierung an den Praktiken und Deutungen, die im Feld tatsächlich aufkommen und die Erforschung der Prozesse, in denen diese Deutungen zustande kommen. Unsere Betonung, mit dem Feld zu beginnen, bedeutet in erster Linie: nicht bereits Kategorisierungen oder Kriterienkataloge mitzubringen, in denen Deutungen bereits verfestigt sind, um das zu untersuchende Feld an diesen Kategorisierungen und Katalogen zu „messen", sowohl theoretisch als auch methodisch.

Um online-Forschung betreiben zu können, ist es jedoch notwendig, ein breiteres Verständnis des Umfelds zu gewinnen, in dem diese Deutungen aufkommen. Wie alle Deutungen sind auch die hier untersuchten Deutungen nicht nur reines Produkt des Feldes, das untersucht wird, und ihrer Teilnehmenden; diese sind hochgradig strukturiert, und die Umfelder, in denen die Teilnehmerinnen ihre Deutungen aufeinander bezogen konstruieren, sind von Umwelten durchzogen, die den Teilnehmern nicht immer bekannt sind. Auch online-Forschung muss diese Strukturierung von Bedeutungen beachten.

Hier spielt eine in der Diskussion über online-Ethnografie immer wieder aufkommende Frage eine ganze praktische Rolle: ob Interaktion „außerhalb" der online-Interaktion in die Forschung mit eingebunden werden müssten. Die Antwort, so wollen wir vorschlagen, ist einfach an der Orientierung am Feld zu geben: eher ja, wenn das Feld sich dorthin selbst auch erstreckt, eher nein, wenn nicht. Solche Überlegungen stellen den Kern dessen dar, was wir für die Zwecke dieses Bandes digitalen Naturalismus nennen wollen: die Mission (oder: *quest*), an Deutungen zu gelangen, wie sie im untersuchten Feld aufkommen, mit der Zielsetzung, eine interessante, überraschende und einsichtsreiche Aussage über die Dynamiken und Strukturen dieser Deutungen als *loot* einer solchen Arbeit zu generieren.

Die neue Alltagsethnografie: Stilbildende Zentren und Beispielfälle

2

Maybe the Internet raised us.

Von Einführungsbüchern wie dem vorliegenden werden häufig Anleitungen erwartet, wie genau eine Forschung zu strukturieren ist, wie genau Forschungspraktiken aussehen und in welcher genauen Abfolge sie stehen müssen. Erwartungen dieser Art sind an Forschungsformen geschärft, die mit ethnografischer Forschung sehr wenige Berührungspunkte haben. Ethnografische Forschung, so ist uns hier zunächst wichtig, beginnt *nicht* mit strikter Zugrundelegung einer Methode; sie beginnt mit dem Bedürfnis, ein Verständnis der Deutungen des Feldes zu entwickeln, d. h. der Deutungen, wie sie sich *innerhalb* dieses Feldes konstituieren. Sie ist, wie qualitative Forschung im Ganzen, *Deutungs- und Praxisforschung*. Scherr und Niermann stellen daher fest, „[z]entrales Qualitätskriterium guter Forschung ist zunächst die Vertrautheit mit dem Forschungsgegenstand, die nicht zuletzt durch zeitaufwendige Präsenz im Feld erworben wird" (Scherr und Niermann 2014, S. 131). Diese Vertrautheit ist vielschichtig und verlangt von der Ethnografin ab, sich auf die Realitäten des Feldes und die Beziehungen zu seinen Mitgliedern einzulassen – und dieser antitechnokratische Humanismus ist primär, vor jeder methodischen Strenge. Wie Fritz Schütze bemerkt, hat das Ziel des Fremdverstehens vor jeder konkreten Ordnung der Studie Vorrang (1994, S. 201), und Charmaz und Mitchell stimmen ein, wenn sie feststellen, „[m]ethods are only a means, not an end. Our subjects' worlds and our renderings of them take precedence over methods and measures. […] Insightful industriousness takes an ethnographer further than mechanistic methods" (Charmaz und Mitchell 2001, S. 161).

Ethnografie erfordert es damit vor allem, sich auf das zu untersuchende Feld einzulassen. Ohne dieses Einlassen, ohne die interne Kenntnis, ohne die von Scherr und Niermann betonte Vertrautheit sind keine tragfähigen Ergebnisse zu erwarten. Wir fangen daher nicht mit den theoretischen und methodischen

Strukturen an, die Leserinnen vielleicht erwarten, auch nicht mit Technik, wie eine Digitalforschung das vielleicht erwarten ließen, sondern mit Feldern und ihren Menschen. In ethnografischer Bescheidenheit ist auch das nicht völlig möglich, denn das würde voraussetzen, dass Grenzen und Inhalt dieser Felder vor der Studie abgesteckt werden könnten, was nicht der Fall ist.

Wir möchten zunächst bestehende Forschung, die die Beteiligten dieses Buches vorgenommen haben, verwenden, um an diesen Beispielfeldern stilbildende Zentren zu untersuchen, um dann ebenso beispielhaft über dort emergierende und geschärfte Praktiken zu sprechen. Dabei verstehen wir diese Felder nicht ausschließlich und vielleicht nicht einmal in erster Line als von Technik und Code strukturiert, sondern von den Menschen, die diese Felder *beleben*. Beispielhaft im Sinne von ausgewählt sind sie, da online-Kulturen selbstverständlich viel diverser sind, als diese Darstellung das bearbeiten könnte: „Die online-Kultur" mit ihren Ecken und Szenen, Differenzierungen und geteilten Referenzen aufzugreifen wäre als Projekt auch für einen ganzen Band ein zu großes Unterfangen – dazu eines, das im Prozess seiner Anfertigung immer auch bereits veraltet wäre. Als Zielsetzung wäre ein solch umfassendes Unterfangen eitel und vergeblich. Beispielhaft im Sinne von stellvertretend sind sie jedoch, da an ihnen in viele Dynamiken pluraler online-Kulturen vorgeführt werden können.

Studien zu Konflikten in Spielen und Konstruktionen des Zusammenspiel(en)s können die große Rolle anreißen, die Kulturen des Multiplayerspiels spielen. Studien zur Verhandlung des Avatar-Körpers in *World of Warcraft* können aufzeigen, wie eine Struktur, die in der Programmierung des Spiels vorgegeben scheint, nicht eins zu eins zu einer Struktur der Handlung führt, sondern in unterschiedlichen Aneignungen unterschiedliche soziale Gruppen voneinander abgrenzen kann, die das Spiel auf gänzlich unterschiedliche Art und Weise verwenden (Tietz 2015). Studien zur online-Nacktheit in nude-selfie-Kulturen können tumblr als stilbildendes Zentrum von online-Kulturen anschneiden und eine Form der Konstruktion von Privatheit beleuchten, die in einem Umfeld aufkommt, in dem digitalisierte Informationen niemals letztgültig vor unerwünschten Augen geschützt werden können. Damit können sie zeigen, wie es im handlungspraktischen Umgang mit erkannten Rahmen dennoch möglich ist, eine Form der Privatheit zu konstruieren, die schützt, wo das möglich ist und soweit es möglich ist, aber im Angesicht der Unmöglichkeit des umfassenden Schutzes auf Grenzerhaltung setzt, um Gruppen – und damit unterschiedliche Darstellungen von Hinterbühnen – weiterhin zu ermöglichen (Dellwing und Drescher 2016). Das alles ist zunächst digitaler Alltag. Die erste Grundlage, die wir legen möchten ist jene, die online-Kulturen nicht als etwas Spezifisches versteht, sondern als Alltagskultur(en), was online-Forschung zur Alltagsforschung macht. Dieser Alltag weist, wie alle anderen Versionen desselben ebenso, jedoch viele diverse Ecken auf, die den Teilnehmenden am sozialen Alltag selbstverständlich nicht alle geläufig sind, und auch die, die ihnen geläufig sind, müssen erst analytisch durchdrungen werden. Solche analytischen Erkenntnisse sind nicht aus der Anwendung fester Definitionen auf streng gesammeltes Material zu gewinnen, sondern durch eine offene Auseinandersetzung mit einem zunächst unbestimmten Forschungsfeld. Es geht im Folgenden zunächst um die Wege dieser offenen Auseinandersetzung, die mit diesen Beispielen mit Leben gefüllt werden können. Dazu sollen diese Felder im Folgenden zunächst kurz zugrunde gelegt werden, um in Kreisbewegungen an ihnen zu zeigen, wie ethnografische Zugriffe, feldforscherisches „Mitmachen" und soziologische, befremdende Analysen in der Ethnografie als online-Forschung funktionieren *könnten*. Diese Praxisfelder bilden damit das Rückgrat unserer Diskussion der Ethnografie als online-Forschung, mit dem wir auch die Notwendigkeit der ständigen Bezugnahme zur Welt betonen möchten.

Dieses Kapitel wird Lesende auf einer Skala abholen müssen: Auf der einen Seite stehen jene, die den ersten Satz der Beispiele lesen und vieles, was dann erläuternd folgt, deduzieren und den analytischen Erkenntnissen auf einen Blick folgen können, weil die Strukturen bekannt sind. Auf der anderen Seite stehen jene, die dieses Kapitel lesen, aber immer noch nicht ganz durchschauen, was es eigentlich besprochen hat. Letztere Leser sind von einer vielversprechenden online-Ethnografie noch viele Schritte entfernt und sollten, bevor Ethnografie als Forschungsform eingeübt wird, sich erst mit Struktur und Kultur von Onlinekommunikation vertraut machen – idealerweise durch Immersion, Teilnahme und Ernstnehmen dessen, was dort vor sich geht, also durch die ersten Schritte einer Ethnografie, der bescheidenen und lernbereiten Aueinandersetzung. Die vorliegende Einführung, und auch diese kurze Zusammenfassung zu Beginn dieser Einführung, richtet sich vor allem an jene Leserinnen in der Mitte.

Eine neue Alltagssoziologie

Was sich in digitalen Umfeldern entwickelt hat, ist vielfältig Teil einer breiten Alltagskultur geworden, und das auf mehrfache Weise: Zunächst ist in einer von digitaler Kommunikation durchdrungenen Welt diese Kommunikation selbst Teil des Alltags, und online-Kultur damit Alltagskultur; zum anderen verbleibt das, was in digitaler Kommunikation kulturell emergiert, nicht in diesen Onlinekontexten, sondern durchzieht auch den Alltag jenseits dieser Kommunikation. „At one point, people thought the influx of new internet users would make the internet more like the real world. What actually happened is the real world became more like the internet" (Sakunthala 2016).[1] Alltagskultur heute nicht mehr vollständig zu verstehen ist, ohne dass diese verwobenen Entwicklungen mit in dieses Verständnis Eingang finden.

In diesem Sinne ist Ethnografie als online-Forschung die neue Alltagsethnografie. Hatte Erving Goffman die vielfältigen und subtilen Praktiken, mit denen das scheinbar Selbstverständliche erst immer wieder erst als selbstverständlich gesichert wird, als Alltag öffentlicher Interaktion untersucht und dabei vor allem Straßen, Plätze und Einrichtungen, Hotels und Casinos, Feste und Arbeitsplätze betrachtet (Goffman 1959, 1963, 1967, 1971, 1974), sind die neuen Alltagsethnografien jene des vernetzten Alltags, die über unterschiedlichste Szenen und Milieus hinweg gemeinsame Praktiken des Umgangs mit vernetzten Welten aufweisen. Goffman muss den Alltag nicht grundsätzlich erklären, um ihn zu analysieren – er kann davon ausgehen, dass seine Leserinnen mit diesem Alltag immer bereits vertraut sind, ohne jedoch mit den subtilen Praktiken vertraut zu sein, die diesen Alltag ermöglichen. Die Einsichten, die er generiert, funktionieren gerade, weil sie einen „Schauder des Erkennens" auslösen (Lemert 1997, S. xiii), der nur möglich ist, weil eine bereits implizit erkannte Darstellungspraxis leicht gewendet als elaborierter Tanz zur Aufrechterhaltung der Realität erkannt werden kann. Die „Befremdung der eigenen Kultur" (Hirschauer und Amann 1997) erfordert eine „intimate familiarity" (Blumer 2013) mit dem, das da befremdet werden sollte.

Ob jene, die heute Ethnografien angehen, aus dem eigenen vernetzen Alltag bereits starke oder schwache, lose oder multiple Bindungen an dieses Feld vorweisen können, bleibt jedoch einerseits immer noch hochgradig generational strukturiert, andererseits auch innerhalb jüngerer Generationen hochgradig sozialstrukturell geordnet. Das Internet hat zuerst wenige von uns großgezogen, dann viele, dann viele auf viele verschiedene Weisen; gegenwärtige „digital native"-Generationen sind in ganz unterschiedlichen Ausformungen digital natives. Um Goffmansche Alltagsethnografie zu betreiben, braucht man ein scharfes soziologisches Gespür, aber die Bekanntschaft mit dem untersuchten Alltag stand in der Regel nicht infrage, auch wenn unterschiedliche Herkünfte eine solche Infragestellung durchaus plausibel machen: Nicht alle Menschen haben den gleichen Zugang zu den gleichen „Öffentlichkeiten", und erfahren

---

[1] Interessant ist hier die Verwendung des Begriffs „real world"; darauf gehen wir später noch einmal ausführlich ein.

nicht die gleiche Behandlung und Akzeptanz in ihnen. Für vernetzte Alltagswelten steht sie deutlich infrage.

Das Internet als Sammlung unterschiedlichster Interaktionsräume hat eine Reihe von unterschiedlichen Interaktionskulturen hervorgebracht. Aus online-Interaktion ist eine Kultur erwachsen, die spezifisch mit der peer-to-peer-Kommunikation und den Plattformstrukturen des world wide web[2] verwoben ist und die aus diesem Umfeld heraus die weitere Strukturierung in eine „E^3-Internet"-Welt hochgradig beeinflusst hat. Gerade die Realitäten der Generationen der digital natives sind deutlich von online-Interaktion geprägt: Obwohl heute fast alle mit online-Kommunikation zu tun haben, konnten Menschen, die ab ca. Mitte der Siebzigerjahre geboren wurden, eine Sozialisation erfahren, die zu weiten Teilen online vernetzt sein *konnte*, Menschen, die ab ca. Mitte der Neunzigerjahre geboren wurden, konnten dieser Sozialisation (im wohlhabenden Nordwesten der Welt) dagegen kaum mehr entkommen. Die am Anfang dieses Fensters geborenen online Sozialisierten sind dieselben Menschen, die zur Wende zum 21. Jahrhundert online-Interaktionen und ihre Strukturierung dominiert haben. Sie hatten einen außerordentlichen Einfluss darauf, was sich als „normal" im Kontext dieser Interaktionen – auf unterschiedlichen Plattformen – etablieren konnte, welche Referenzen sich verbreiten und welche Stile der Interaktion sich verfestigen konnten. Diese Menschen waren vor zwanzig Jahren vor allem junge Männer wohlhabenderer Umfelder aus den industrialisierten- und Informationsgesellschaften des globalen Westens und Nordens, und sie bringen bestehende Elemente der Kulturen mit, in denen sie bereits sozialisiert waren. Das erlaubt einige differenziertere Betrachtungen dessen, was in online-Kulturen geschieht: Die gegenwärtig hoch umstrittene „call-out-Kultur", die es normalisiert, dass „Regelbrüchen" – aus einer bestimmten Perspektive als solche gedeutet – mit offener Herausforderung und Herabwürdigung begegnet wird, hat ihren Ursprung nicht online; es kann eine Linie zu kleinbürgerlichen Alltagspraktiken US-amerikanischer Zeitungen gezogen werden, die die Festnahmen des Vortages mit Bild und Adresse der immer-mutmaßlichen Täter veröffentlich hatten und die öffentliche Beschämung mutmaßlicher Regelbrecher weit über den Schutz ihrer Privatsphäre stellte. Die hochgradig konfliktische Form der Auseinandersetzung zweier, sich bekriegender

---

[2]Das world wide web ist Teil des Internets, aber das Internet erschöpft sich nicht in ihm. Das Internet bezeichnet die technische Netzwerk-Infrastruktur, die „Vernetzung von Netzen"; das world wide web bezeichnet eine auf diesem Internet aufbauende Struktur, mit der mithilfe von hypertext-Protokollen (http) auf Informationen im Internet zugegriffen werden kann.

Seiten in einer Diskussion trägt ein Format in online-Interaktionen, das Kabelnachrichtensender in den 1990er Jahren geschliffen hatten, um politische Debatten in einer Unterhaltungsökonomie zu monetarisieren. Die Ironisierung von „ernsten" Themen hatte es im politischen Kabarett natürlich bereits gegeben, und parteiische Nachrichtenmeldungen kommen in der Zeitungslandschaft weit – bereits Jahrhunderte – vor der „Fake News"-Panik auf. Viel von dem, was als „online-Kultur" gilt, ist dabei bei näherer Betrachtung nicht ursprünglich und nicht einmal zentral online entstanden, sondern ist in einer Linie von klassischen sozialen Strukturen verortbar. Dass neue Medien zunächst mit den Selbstverständlichkeiten ihrer Vorgängermedien bespielt werden, so wie das frühe Fernsehen in Radiostrukturen organisiert war, gehört zu den üblichen Genealogien der Medienentwicklung (Dellwing 2016). Wenn diese Strukturen online jedoch zu unpopulären Konsequenzen führen, ist es leicht, diese der online-Interaktion zuzuschreiben, was die zuvor bestehenden Medienstrukturen schuldlos hält und ihnen, wichtiger noch, eine Möglichkeit der Abgrenzung gegenüber dieser Strukturen bietet. Umgekehrt etablieren sich gerade auf Basis der langsamen Abkehr von mitgebrachten Medienstrukturen von Vorgängermedien genuin neue Formen der Interaktion.

Die Ausweitung des Internets bringt eine Erweiterung der demografischen Verteilung mit sich, zunächst mit der AUsweitung der Verbreitung von PCs, dann mit der Verbreitung von Smartphones. Vor allem mit letzteren wird das Internet weniger von den eingegrenzten Gruppen dominiert, die seine Kultur zunächst produziert hatten; es wird weniger wohlhabend, weniger männlich, weniger global-nordwestlich. Die Frage ist, inwiefern dies die online-Interaktionen aus den dort bereits strukturierten Ordnungen enthebt oder inwiefern diese Ordnungen sich nun auch auf diese anderen Gruppen ausweiten. Das Internet wird südlicher, östlicher, weiblicher, diverser; zugleich allerdings werden diese erweiterten Gruppen jedoch auch in bestehenden online-Kulturen einsozialisiert.

Gerade ein alltägliches, eingebettetes Internet ist kein gesondertes Feld, sondern als die Welt durchdringende Infrastruktur ein nicht mehr wegzudenkender Teil der Alltagswelt. Eine Ethnografie ohne Internet wäre wie eine Ethnografie, die die Existenz von Strom oder Autos ausklammert. Genau wie Alltagsethnografie die Existenz und Einbettung dieser Elemente in den ganz normalen Alltag voraussetzen muss und keinesfalls eine Klammer-Ethnografie anbieten kann, die den Alltag erforscht, aber ohne Strom, kann eine gegenwärtige Alltagsethnografie das Internet nicht ausklammern. Mehr noch: Sie muss die Einbettung in bestehende Alltagskulturen und ihre Strukturierungen genauso bemerken wie die besondere Rückwirkung von online geschärften Kulturelementen in bestehende Alltagskulturen. Künstliche Trennungsnarrative behindern hier Erkenntnis.

Third Places und neue Ebenen

Gerade ein Bild der vernetzen Welt, wie Christine Hine es vorlegt – als „embedded, embodied, everyday" – zeigt auf, dass ganz „normale" Alltagsfelder nicht mehr ohne online-Elemente denkbar sind. Wie Hallett und Barber (2013, S. 307) feststellen, „it is no longer imaginable to conduct ethnography without considering online spaces". Das bedeutet nicht, dass mit online-Kommunikationen keine neuen Dynamiken erwachsen und der Alltag sich durch sie nicht massiv verändert. In der online-Forschung ist diese Thematik vor allem als Auseinandersetzung mit online-Interaktion im Rahmen der klassischen Thematisierung von *third places* aufgekommen, ein Zugriff, der zunächst mit online-Forschung nicht nur nichts zu tun hatte, sondern der sogar eher kulturpessimistisch durchzogen war.

„Third places" bezeichnen in ihrer ursprünglichen Verwendung Orte der Vergemeinschaftung jenseits von Familie und Schule und/oder Arbeitsplatz: Orte, an denen Menschen zusammenkommen, ohne dass es sich um eine häusliche Gemeinschaft oder um eine Funktionsgemeinschaft von Arbeit oder Ausbildung handelt. „Third places exist outside the home and beyond the ‚work lots' of modern economic production. They are places where people gather primarily to enjoy each other's company" (Oldenburg und Brissett 1982, S. 269). Sie zeichnen sich durch einen „spirit of pure sociability" aus (272), sind divers und vermischt: „the third place is populated by a shifting diversity of inhabitants who are granted involvement by virtue of their presence at a particular place at a particular time" (274). Sie erlauben eine Diversität der Sozialisation jenseits der „small and highly predictable world" von Familie und Arbeitsplatz (274). Oldenburg (1989) betont daher, dass solche Orte – Cafés, Bars, Orte des Sports und des Spiels etc. – zentrale Rollen in Konstitution und Aufrechterhaltung zivilgesellschaftlichen Zusammenhalts darstellen, da sie den größeren und diversen Teppich des Sozialen verweben können, indem sie Menschen jenseits von familiären Herkünften und betrieblicher oder schulischer Verbindung verknüpfen. Das gilt gerade an dem Punkt, an dem die aus diesen Kontexten mitgebrachten Hierarchien hier zumindest abgeschwächt werden: In Third Places, so Oldenburg, sollen Menschen „the trappings of their social status and personal problems" (274) hinter sich lassen. Dieses Bild von third places ist idealistisch und romantisch. Oldenburg und Brissett zitieren Pubs, Tavernen, Cafés (1982, S. 268), Wasserbrunnen, Diner, Marktplätze (Oldenburg 1996, S. 7), das „colonial inn", den alten Tante-Emma-Laden (1996, S. 8) oder alle sonstigen Plätze, die Viertel „einen" (1996, S. 7). Aber hier wird man als Leser das Gefühl nicht los, dass es sich um romantisierte Filmversionen der sozialen Zusammenkunft handelt; um Idealbilder, die so möglicherweise nie existierten und, wenn sie existierten, nicht den lokalen Zusammenhalt schaffen konnten, den die Autoren ihnen zuschreiben. Ob in Cafés und im Sport Herkunft tatsächlich nivelliert wird, kann bezweifelt werden, ebenso wie der Optimismus der Vermengung sozialer Herkunft wohl umso optimistischer bleibt, je mehr Symbole unterschiedlicher Herkunft in einem dritten Ort kommuniziert werden – nicht zuletzt durch die Symbolbelegung des dritten Ortes selbst, für den es eben nicht nur einen Unterschied macht, ob es sich um eine Oper oder eine Kneipe handelt, sondern auch, wo diese Kneipe, dieses Café, dieses Diner verortet sind und wer sie besucht.

Die Betrachtung von Third Places wird so erwartbar schnell nostalgisch, als Betrachtung einer idealisierten Vergangenheit, die vorgeblich noch nicht so stratifiziert, formalisiert, professionalisiert, funktionalisiert und damit im weitesten Sinne puritanisiert war. Robert Putnam beklagt einige Jahre nach Oldenburg den *Verlust* dieser Orte der Vergemeinschaftung in *Bowling Alone* (2001); der Titel „Bowling Alone" beziffert diesen Verlust dabei bemerkenswerterweise als den Verlust der Orte des gemeinsamen *Spiels,* worauf wir zurückkommen werden. Paradoxerweise sehen Putnam und auch bereits Oldenburg gerade die Digitalisierung als Grund für den Verlust dieser Form von Gemeinschaft, getragen von der Unterstellung, dass Menschen, die mehr Zeit am Bildschirm verbringen, dafür weniger Zeit in der Interaktion mit anderen verbrächten und damit die Vergemeinschaftung schleifen ließen. Auch Oldenburg und Brissett nennen third places bereits „a forum for ‚play' in a society interfused with a stubborn commitment to work and purposiveness" (1982, S. 282), während sie zugleich digitale Kommunikation ausgrenzen und geringschätzen: „a room full of individuals intent upon videogames is not a third place" (1999, S. 31). Diese Geringschätzung geschieht jedoch zu einer Zeit, zu der sich digitale Kultur in einem Anfangsstadium befand, auf feste Desktop-Computer in Computerzimmern und Arcade-Hallen limitiert. Oldenburg stellt sich ein Internetcafé vor, in dem alle unabhängig voneinander an stationären Computern sitzen, die zu diesem Zeitpunkt oft auch noch gar keine Zugangspunkte, sondern in sich geschlossene Maschinen waren, zu einer Zeit, als das Internet von Menschen in Oldenburgs Alter nicht verwendet wurde. Mit anderen Worten: Oldenburg ist keine vertrauenswürdige Quelle für den Umgang mit digitalen Kulturen, nicht zur Zeit, als er diese Zeilen schreibt, und heute noch weniger.

Dass third places vermehrt online zu finden sind, ist seit Mitte der 2000er Jahre stetig Thema innerhalb der Game Studies, zunächst mit Blick auf Foren und Spiele (Wadley et al. 2003; Boyd 2004, Steinkühler 2005; Steinkühler und Williams 2006), später auf soziale Medien und Videoportale – und weiterhin auf Spiele (z. B. Hamilton et al. 2014; Pena 2016). Die Renaissance des Spielens in gegenwärtigen Gesellschaften geht mit phatischen Funktionen (Malinowski 1923; Meltzer und Musolf 2000) einher, die sich zu phatischen Kulturen transmedialer Narrativwelten entwickeln konnten (Miller 2008; Marvick und boyd 2011). Das entfernt das gegenwärtige Spiel von Strukturen des klassischen Gesellschaftsspiels, das vor allem mit Strukturen von Familieninteraktion verbunden war, und von den oft sehr geschlechts- und generationalspezifischen Aktivitäten des Kartenspielens (unter Männern, Frauen, oder SeniorInnen). Das Spielen weiterhin grundsätzlich an solchen klassischen Spielpraktiken orientiert zu untersuchen, an Kinderspiel, Familienaktivität oder geschlechtsspezifische Gruppenreproduktion, geht dagegen an seiner gegenwärtigen Realität vorbei. Vielmehr ist das gegenwärtige Spiel in die Nähe von Film und Fernsehen, Comics und Musik gerückt: Als Praxis der Vergemeinschaftung um Inhalte und Interessen schließt es an die Unterhaltungsproduktion an. Es handelt sich um einen Teil einer breiten, in Nischen geordneten transmedialen Welt popkultureller Narrative, zu denen Computer- und nichtdigitale Spiele heute gehören.

Heute finden sich third places um gemeinsam gespielte online-Spiele wie *League of Legends,* das mit hundert Millionen Spielenden 2017 noch das größte online-Spiel der Welt war; nach einen starken Wachstum zählt es 2018 130 Mio. Spielende und ist in seinem Rang als größtes Spiel der Welt jedoch seither umkämpfter, als andere online-Spiele die Hundertmillionengrenze überschreiten konnten: *Fortnite* und *Players Unknown: Battleground* (PUBG) zählen ebenso hohe und teils höhere Spielerzahlen, und eine große Zahl unterschiedlicher Spielecommunities weitet das Feld der online-Spiele auf Milliarden Teilnehmende aus. *DOTA 2, Minecraft, EVE Online, Call of Duty, Grand Theft Auto* und unzählige andere Spiele sind mediatisiert und im Rahmen eines E^3-Internet in eine Gesamtwelt eingebettet, d. h. ihre Interaktion findet nicht ausschließlich auf diesen Spielplattformen statt. Vielmehr wirken sie in klassische Vergemeinschaftungen von first- und vor allem second places zurück in dem Sinne, dass die Vergemeinschaftung hier nicht mehr wie zuvor zentral über die geteilten Interessen und Identitäten herum organisiert ist, die diese second places ausmachen, sondern sich auch die lokalisierte Vergemeinschaftung in Ausbildung und Beruf zunehmend auch um diese weltweit generierten Interessen und Identitäten herum ordnet. Zugehörigkeiten in Schulen hängen von Zugehörigkeiten ab, die außerhalb der Schule konstruiert, strukturiert und reproduziert werden und bilden dann innerhalb der second places Gruppen ab. Das findet sich auch in online-Spielen, in denen auch Menschen zusammen spielen können, die sich zuvor schon kannten (häufig z. B. bei *Minecraft* der Fall). Online-third places und geteiltes online-Spielen schafft zudem auch häufig, was in third places-Forschung als „bridging capital" thematisiert wurde (Putnam 2001): Dass Menschen aus aller Welt und allen sozialen Hintergründen zusammen spielen, die erst im Spiel aufeinandertreffen, weil matchmaking-Algorithmen sie in dasselbe Spiel mitoder gegeneinander bringen (wie z. B. bei *League of Legends* üblich) und sie so – über das Spiel und über andere Wege – kommunizieren (Steinkühler 2005; Steinkühler und Williams 2006; Hemminger 2011; Williams 2016).

Letztlich entspringt hieraus auch eine Mischung von beidem, wenn Menschen, die sich im Spiel begegnet sind, dann entscheiden, regelmäßig zusammen zu spielen und ein Team oder eine Gilde zu bilden. Zudem bilden sich Gemeinschaften um diese Spiele herum – in Chatkanälen, die außerhalb der Spieleplattform etabliert werden (z. B. auf discord), auf Videoplattformen, auf denen Menschen ihr Spiel übertragen (wie twitch, mixer oder dlive[3]), auf Webseiten und -foren, auf denen Statistiken zu Spielpraktiken gesammelt werden (wie na.op.gg für *League of Legends*) oder auf denen über optimale Spielweisen („META", d. h. „most efficient tactic available") diskutiert wird (Kirschner 2016). „Das Internet" als Ganzes ist damit kein third place für sich, und auch Internet-Angebote wie Riot Games, reddit oder tumblr sind es nicht; mit Millionen von Nutzenden sind diese „Orte" zu weit wuchernd, um für sich „Orte" der Sozialisation sein zu können. An diesen Orten, und überlappend an verschiedenen dieser Orte, konstituieren sich Gruppen um Interessen, Identitäten und Inhalte herum. So konstituieren sich verschiedene third places „phatischer Kulturen" um transmediale Inhalte (Booth 2015), in denen die Verbindung zum Inhalt mit einer Verbindung jener einhergeht, die sich um diesen Inhalt herum vergemeinschaften.

In Anlehnung davon kann nun festgehalten werden, dass online vermittelte, weltweite third places die Einkesselung generationaler und sozialstatusbasierter Kohorten auflösen und die second places damit nicht mehr zentraler Ort der Reproduktion von Sozialisationsrahmen sind: online vermittelte third places übernehmen zunehmend diese Rolle und lösen damit die Schule (und später dann: die Arbeit) als zentrale Orte der Sozialisation ab.

Gerade online vermittelte Räume sind solche, in denen eigene Interessen kleinteilig und abgegrenzt, aber durch die globale Vernetzung dennoch wirkmächtig und dicht besiedelt konstruiert und verfolgt werden können. Online-Orte schaffen es so nicht nur viel stärker als „klassische" als third places thematisierte Orte, Menschen aus unterschiedlichen sozialen Herkünften zu verknüpfen; sie schaffen es zudem, Orte der Interaktion zu schaffen, die aus den formalisierten,

---

[3]Twitch.tv ist die größte der Spiel-Streaming-Plattformen und gehört zum Amazon-Konzern; Mixer wird 2019 als Konkurrenz von Microsoft ins Leben gerufen, dLive im selben Jahr als „dezentralisierte" Streamingplattform.

verordneten Rahmen pädagogisierter Räume und den kontrollierten und oft überwachten Räumen des beruflichen Alltags ausbrechen. Dagegen ist es gerade die andauernde Herabwürdigung von online-Spielen in pädagogischen Kontexten, die sie sicher und unsicher zugleich machen: Sicher, da die Herabwürdigung (noch) dazu führt, dass pädagogische Akteure eher selten in einschlägigen Räumen zu finden sind, unsicher jedoch, da gerade die mangelnde Bekanntschaft dieser Akteure mit diesen Räumen zu Stereotypen, Missverständnissen und letztlich Pathologisierungen führt.

Spielekulturen

Die große Mehrheit von Ethnografien in der online-Forschung hat soziale Interaktion in Spielen untersucht, und gerade im Fall der Erforschung des Spiels hat die Ethnografie große Bedeutung erlangt. Apperley und Jayemane (2012, S. 8) bemerken,

> „this methodology was widely adapted to studying the online interactions taking place between players in massively multiplayer games […] and also less commonly to a situated analysis of the unfolding process of playing a game or games in a particular location."

Diese Studien kommen vor allem auf dem Feld der Game Studies auf, das als Disziplin eine starke Orientierung an ethnografischen Forschungspraktiken an den Tag legt. Pearce und Artemesia stellen fest, „[t]he study of game culture demands such an approach because its object, play, can only be adequately understood through immediate and direct engagament" (2009, S. 59). Trotz seiner Selbstbezeichnung als (allgemeine) Spielestudien untersuchen die Game Studies in großer Mehrheit Computerspiele, sodass es sich hier um ein wesentliches Segment der Onlineethnografie handelt. Die Zeitschrift *Game Studies* bezeichnet sich selbst als „international journal of computer game research", und die Aufsatzsammlung Game Studies (Sachs-Hombach und Thon 2015) trägt z. B. den Untertitel „Aktuelle Ansätze der Computerspielforschung". Die Begrenzung auf digitale Spiele kommt so planvoll und offengelegt auf, dass es sich nicht um eine zufällige Schwerpunktsetzung in der konkreten Forschung handelt. Sie hat System, ist die kulturelle Rolle des Computerspiels in den letzten Jahrzehnten doch beständig gewachsen: Williams spricht von einer „postarcade era resurgence of social game play" (Williams 2006, S. 13). Dippel und Fizek bemerken, „[i]m computerdurchdrungenen Alltag lässt sich eine Vervielfältigung von Spielformen,

-weisen, und -zeug beobachten" (o. J., S. 1). Gegenwärtige Forschungen der Game Studies und breitere Untersuchungen der Rolle computervermittelter Interaktion haben, wie eben bemerkt, seit den 2000ern nachhaltig betont, dass gerade Spiele als neuer third place (Wadley et al. 2003; Boyd 2004; Williams et al. 2006; Soukup 2006; Steinkühler und Williams 2006; Levin und Davis 2007; Flade 2016) einen wesentlichen (metaphorischen und diversen) Raum der Sozialisation darstellen; der vom Internet durchdrungene Alltag ist auch ein von Spielen durchdrungener Alltag.

Relevant für diese Vergemeinschaftung sind heute vor allem Spiele, in denen Menschen über gemeinsames Spielen zusammenkommen. Drei Arten dieses Spiels sind hier zentral: MMOs, MOBAs und Multiplayeroptionen in Spielen, die auch als Singleplayerspiele gespielt werden können. MMOs, oder MMORPGs, sind *Massively Multiplayer Online Games* oder *-Role-Playing Games*. In der Regel handelt es sich um Spiele, in denen die Spielerin für einen Charakter oder Charaktere fortlaufende Spielfortschritte im Gang durch eine Spielwelt und ihre oft aufeinander aufbauenden Spielmissionen erzielt. Die Charaktere werden ausgerüstet, die Fähigkeiten werden gesteigert („level up") und ein angebotenes Spielrahmen-Narrativ wird angeboten und angenommen, abgelehnt oder abseits der Spielserver verhandelt. Spieler bilden mit ihren Charakteren informelle Zusammenschlüsse (Parties, Teams) oder formellere Gruppen (Gilden, Clans), um besonders schwierige Missionen zu erfüllen (die alleine oft gar nicht machbar sind). Beispiele für solche Spieleprinzipien sind *World of Warcraft* (WOW), *Star Trek Online, Fallout 76*. Diese Struktur führt dazu, dass die gegenwärtige Spieleforschung diese Form des Spielens zum wesentlichen Teil ihrer Forschung gemacht hat:

> „the great majority of recent work on video game culture centers on massively multiplayer online games (MMOGs) like *Everquest, World of Warcraft*, or *SecondLife* […]. In these areas, authors look at videogames with regard to knowledge acquisition, identity and performance, representation, and the relationship between media and audiences" (Shaw 2010, S. 403 f.).

Der Text ist jedoch von 2010, und gegenwärtige online-Spielewelten haben sich weiterentwickelt. MOBAs sind dagegen *Multiplayer Online Battle Arenas,* in denen jeweils einzelne, in sich geschlossene Wettkampf-Spiele gespielt werden. Das kann zwar mit demselben Charakter geschehen, wer hier aber auflevelt, ist die Spielerin; höhere Ränge, Tiers oder Level bedeuten hier also, in einer höheren Gruppe mit Menschen zu spielen, die ebenso höhere Fähigkeiten aufweisen oder gar professionalisiert sind. *League of Legends* (LOL) oder *Defense of the Ancients* (DOTA) sind Beispiele eines solchen Spielprinzips, aus dem sich weitgehend das stark wachsende Feld der e-Sports speist, in das neuerdings auch „battle Royale"-Formate wie *PUBG* oder *Fortnite* einfließen, in denen Spieler oder Teams gegeneinander spielen, bis alle außer einem (Team) eliminiert sind.

MOBAs, MMOs und Battle Royales können in der Regel nicht allein gespielt werden: man spielt auf Servern mit anderen. MMOs können zumindest auf niedrigen Leveln „parallel alleine" gespielt werden, indem man seine Missionen selbst spielt, während andere zugegen sind, aber ohne mit ihnen zu interagieren; MOBAs und Battle Royales dagegen benötigen Teams und Gegner, die mit- und gegeneinander spielen. Dazu kommen Spiele, die allein gespielt werden können, die jedoch einen Multiplayermodus aufweisen: *Stellaris, Civilization* – all diese Spiele sind in erster Linie als Spiele bekannt, die gegen eine computergesteuerte Spielmechanik gespielt werden, die jedoch auch online gegen andere Spielerinnen gespielt werden können, die dann entweder die Steuerung der Gegner übernehmen, die sonst vom Computer gesteuert werden (wie in *Civilization*), oder aber andere Spieler in derselben Welt darstellen, die mit- oder gegeneinander spielen können. Diese Genres vermengen und vermischen sich, und innovative Formen des Zusammenspielens können Elemente aus verschiedenen Formaten übernehmen oder unerwartete Zusammenspielformen entwickeln, wie z. B. asynchrones Multiplayer in Spielen wie *Dark Souls,* das Spielende in die prinzipiell alleine gespielten Einzelspielerinnenspiele anderer Spieler „eindringen" lässt.

Zusammenspielen ist damit weit über das eigene Wohnzimmer hinaus normal geworden (Williams 2006; Hemminger 2011). Dabei spielen teils Freunde zusammen (in eingerichteten Servern der letzten Kategorie ist das der Normalfall, und in Teams – „guilds" – bei MMOs kommt es oft vor, wobei im letzteren Fall die anderen Spieler in dieser Welt in der Regel unbekannt sind), oder Unbekannte (wie oft bei MOBAs, in denen die Zusammensetzung der Teams häufig randomisiert geschieht). Dieses Zusammenspiel kann Menschen in physischer Nähe verbinden oder Menschen auf der ganzen Welt zusammenbringen; während *WOW* lokalisierte Server aufweist, auf denen in der Regel Spielende aus denselben Weltregionen ohne Kontakt mit Spielenden anderer Regionen zusammenspielen, spielt z. B. das isländische space opera-Strategiespiel *EVE Online* in einem weltweit einheitlichen Universum, das es spieltechnisch gar erfordert, dass Teams aus verschiedenen Zeitzonen zusammen ein Team (d. h. Corporations und Alliances) bilden. Dementsprechend unterschiedlich sind Formen der Kommunikation, und dementsprechend divers sind die auf den unterschiedlichen Plattformen emergierenden Spielkulturen.

Die Verhandlung geteilter Praktiken und kollektiver Identität des Spielens ist unter dem Begriff der gaming culture im Diskurs verankert (Mäyrä 2010;

Shaw 2010), und die Game Studies haben beständig Fragen der in Spielen ausgebildeten Kultur und der Verhandlung des Spiel(en)s in den Mittelpunkt gerückt (z. B. Crawford 2012; Boellstorff 2008; Taylor 2006; Erken Brack 2011; Wirth 2014). Dabei gibt es viele verschiedene gaming cultures, die untereinander transmedial verknüpft (Jenkins 2003; Juul 2011, S. 17; Jones und Clayton 2014, S. 2), aber kontextual distinkt sind. Online-Spiele haben einerseits ein Bündel an Spielkulturelementen herausgebildet, die sich über Spiele und die sie umkreisenden Angebote hinweg ziehen, andererseits bilden Spiele auch eigene, interne Kulturen aus, die auf bestimmte Plattformen, Strukturen und gemeinsame soziale Aneignungen des Spiels beschränkt sind. So ist die Kommunikation in *League of Legends* als hochgradig konfliktisch bekannt, während *Fortnite* dagegen als Spiel gilt, in dem Interaktion harmonischer geschieht. Interaktion in *Red Dead Redemption 2 Online* ist hochgradig konfliktisch, Interaktion im ungefähr zeitgleich erschienenen *Fallout 76* läuft dagegen weitgehend friedlich, wenn Spielerinnen sich nicht ohnehin aus dem Weg gehen. Das hängt zum Teil mit den technischen Möglichkeiten der Kommunikation im Spiel zusammen, zum Teil ist es eine Frage einer im Feld ausgebildeten und verteidigten Spielkultur, die auch von Migrationen von Spielergruppen abhängen kann. Wenn z. B. Populationen aus *League of Legends* zu *Overwatch* gehen, wenn auch nur, um ein Spiel auszuprobieren, das gerade eine starke Spielerinnenanzahl aufweist, bringen sie ihre Kommunikationskulturen mit, stoßen dort aber auf ein Bündel anderer, etablierter Kulturen; wenn das Spiel dann z. B. voicechat oder Möglichkeiten beinhaltet, die eigenen Leistungen zu visualisieren, können diese verwendet werden, um mit anderen über diese Symbole zu kommunizieren. Im Fall von *Fortnite* existieren kaum verbale Interaktionen zwischen den Spielerinnen, es sei denn, sie sind im selben Team. Das schließt viel hämische, antagonistische Interaktionen, die gerade neuen Spielern ihre mangelnden Fähigkeiten vorwerfen, automatisch aus, während andere Spiele wie *League of Legends* sehr viel härtere Interaktionen vorweisen, schon allein – aber nicht nur! –, weil sie technisch möglich sind. Das gilt nicht nur für Kommunikationsmöglichkeiten: Auch Strukturen des Zusammenspielens spielen hier eine Rolle. Wenn es ein Spiel kaum ermöglicht, dass *ein* gutes Teammitglied das Team als Ganzes stützt und ihm zum Sieg verhilft („solocarry"), ist die Frustration größer, wenn ein schlechtes Teammitglied als Ursache dafür identifiziert wird, dass das Spiel verlorengeht – und die Kommunikation mit diesem Teammitglied konfliktischer. Wenn Teams Punkte zur Platzierung in weltweiten Ranglisten sammeln und durch schlechte Spiele Punkte verlieren, schadet die schlechte Leistung eines Teammitglieds dem Rest aktiv.

Wenn feindliche Spieler anderen menschengesteuerten Spielerinnen keinen oder kaum Schaden zufügen können, wenn das Ziel sich nicht auf den Konflikt einlässt und im (damit schon unwahrscheinlicheren) Erfolgsfall ohnehin kaum Gewinn in Form von erbeuteter Ausrüstung schlagen kann (wie im Fall von *Fallout 76*), ist eine konfliktische Art des Spiels damit von vornherein weniger verlockend – außer für jene, die schon den Versuch selbst als gewinnbringende Spielform nutzen. Wenn es nicht um Punkte und Ränge geht, können schlechte Spielerinnen eher ignoriert werden. Wie akzeptiert das in einem Spiel ist, ist ein Fall für Spielkultur und der – machtvollen – Kontrolle durch die Spielerbasis und die Anbieter, die durch diese Kontrolle auch wieder die Spielkultur ansprechen (müssen).

Spielkulturen konstituieren sich so im Umgang der Spielenden miteinander, mit dem Anbieter und seinen Instanzen und umgekehrt sowie mit dem Spielcode und seinen Möglichkeiten. Während Anbieter ihre Macht in der Regel nur im Spiel ausüben können und der Spielcode auch nur im Spiel bindet, existieren neben dem Spiel zudem breit bevölkerte player communities, die sich über Strategien, Regeln, und Narrative der Inhalte austauschen; dazu nutzen sie Dienste und Seiten jenseits des Spiels. Sie vernetzen sich in chats, die auch außerhalb des Spiels laufen und die in andere Anwendungen ausgelagert sind, wie Discord, oder über das Zuschauen beim Spielen, was z. B. über Twitch (vgl. hierzu Anderson 2017) live geschieht, während es bei Videoanbietern wie YouTube in der Regel als Aufzeichnung (z. B. als Let's Play, Review, Achievement-Dokumentation) zu finden ist.

So entstehen Arenen (vgl. Strauss 1978) in und zwischen den verschiedenen sozialen Welten der jeweiligen Spiel-Communities, in denen ausgehandelt wird, was die geteilten Deutungen sind, die diese Gemeinschaften binden. An diesem Punkt kann die Ethnografie ihre Stärken ausspielen: Durch Teilnahme kann sie diese Deutungen dort beobachten, wo sie von sich aus aufkommen und mithilfe einer sozialwissenschaftlichen Distanzierung die Ordnungen überschaubar machen, in denen diese Teilnahme geschieht. Durch den ethnografischen Anspruch, *selbst* vor Ort zu sein, mitzumachen und das lokale Narrativ zu verstehen, entsteht ein anderes Wissen darum, wie man (mit)spielt, als wenn (Mit) spielen durch Hörensagen berichtet wird. Die Geschichte und das für sie genutzte Vokabular sind jeweils ein anderes. Dadurch, dass die Ethnografin *mitmacht und dabei ist,* wird sie selbst zu einem Instrument der Wissenserfassung.

> „What does it mean to suggest that the self is an instrument of knowing? It requires us to imagine that the process of ethnographic fieldwork – going places to see what happens – is not merely a question of traveling to the places where things happen in order to witness them but is more about the insertion of the ethnographer into

the scene. That is, if we think about ethnography's primary method as participant-observation, then it directs our attention towards the importance of participation not just as a natural and unavoidable consequence of going somewhere, but as the fundamental point" (Dourish 2014, S. 3)

Das Wissen wird durch das eigene Erleben verinnerlicht und bekommt dadurch eine andere Qualität und Stabilität. Ein Beispiel hierfür sind Körperaushandlungen in *World of Warcraft*. „Allgemeines" Wissen um Avatare in WoW kann einfach recherchiert werden, z. B. auf youtube-Angeboten zum Spiel, und schnell hat man einen visuellen Überblick über Klassen (Krieger, Paladin, Jäger usw.), Rassen (Mensch, Ork, Zwerg, Untoter), Geschlechter und die jeweiligen Anpassungsoptionen (Haare, Augen etc.). Ein solches Video vermittelt einen guten Einblick in die Generierung eines Avatars für WoW, macht allerdings noch keine Aussagen über den *Umgang* mit einem Körper/Avatar in WoW und die spielekulturellen Dynamiken, die sich um diesen Körper herum ausbilden. Der Körper und der Umgang mit einem solchen in WoW sind hochgradig von der jeweiligen Spielergruppe und ihrem Spielstil und auch von der Situation abhängig, in der diese aufkommen; diese Form des Umgangs muss erfahren und *miterlebt* werden, um sichtbar gemacht werden zu können.

Eine Studie zur Praxis des ‚Avatar Care' (vgl. Tietz 2015) auf einem WoW RP-PvE Server, d. h. einem Server, der den Modus „Player versus Environment" (PvE) unterstützt und auf dem Rollenspielelemente, „roleplay" (RP) erwünscht sind, kann hier feststellen, wie Körper praktisch verhandelt werden und damit Zugang zu den Arten gewinnen, wie konkrete, in natürlicher Umgebung aufkommende Körperlichkeit von Avataren zustande kommt. Mit dem Label PvE-RP wurde ein Rahmen geschaffen, der Rollenspiel-Handlungen begünstigen soll, d. h. es Spielerinnen ermöglichen soll, in der vorgegebenen Welt des Fantasy-Rollenspiels tatsächlich gewählte Rollen mit anderen Interessierten *auszuspielen*. Denn wie diese Rollenspiel-Handlung letztendlich praktisch aussieht, bleibt auf mehreren Ebenen aushandlungsbedürftig. Ausgangspunkt für das folgende Beispiel war ein Whisperchat-Hinweis eines Mitspielers während eines Rollenspielevents der Rollenspiel-Community des bespielten Servers. Der Satz lautete „Contentplayer rennen, Rollenspieler gehen". In ihm treten Erwartungen hinsichtlich des Umgangs mit dem Avatar und einer dadurch ausgedrückten Zugehörigkeit zutage. In Stormwind City hatten sich zwei Rollenspielerinnengruppen verabredet, um eine Szene in einer lebendigen Stadt auszuspielen. Auf dem Kathedralenvorplatz, „a place that is mainly frequented by role-players" fand „a demonstration on the steps of the cathedral" (Tietz 2015, S. 124) statt. Einer Delegation protestierender Stadt-Charaktere standen einer Spielergruppe des Klerus – wenige Würdenträger und einige Wächter – gegenüber. Die Stadt-Charaktere traten in zivil anmutender Kleidung auf; sie hatten auf Rüstungssets verzichtet und versucht, durch die Verwendung und Kombination verschiedensten Ausrüstungsgegenstände anhand deren Skins (d. h. über ihr Aussehen, nicht über Stats, den Werten, die die Level des Charakters anzeigen), Bürger darzustellen. Die Situation ergab folgendes Bild:

> „After the delegation was in position in front of the cathedral's gate the protest took its course. To sum up, the protestors wanted to speak to the abbot of the Holy Order. While the spokesperson put the question in a polite tone, some of the followers did not, and the herald of the Holy Order constantly denied their request: ‚The abbot is down in the crypt praying. We can't disturb him!' and ‚The door is blocked. My Knights have the order to let nobody pass!' And none of the protestors passed the guardians or even gave it a try.[…] (T)here would have been no ‚physical' resistance. One avatar could easily pass through another avatar, without being stopped by its ‚physical' presence. The body is nothing that is completely enforced by the formal nucleus of game (the written program) in social situations and is therefore not an omnipresent phenomenon. Rather, it seems to be an ‚intersubjective accomplishment' in the situation (while role-playing), which leads to view the body as a ‚collectively enacted' phenomenon" (Tietz 2015, S. 125 f.).

Dadurch, dass Körperlichkeit hier verbalisiert wird („Ihr könnt hier nicht durch!"), gepaart mit der Auswahl der Ausrüstungs-Skins (zivile Kleidung vs. Wächter[aus]rüstungen) und dem sauberen Arrangieren der beteiligten Charakteravatare gemäß einer Idee des physischen Körperwiderstandes in ein Nebeneinander statt des Über- und Durcheinanders, das in einer Welt ohne eincodierte Körperkollision häufig auftritt, wurde eine gemeinsame Übereinkunft über Körperlichkeit in der Situation erreicht. Rollenspieler gingen im Gehmodus und arrangierten ihre Avatare sorgfältig, während Contentspieler sich im Rennmodus fortbewegten und andere Avatare einfach durchschnitten.

Diese Körperdefinition hätte so nicht entstehen müssen und wurde auch nicht von allen Spielern auf den Rollenspiel-Servern geteilt. „Meanwhile, some other avatars on horses and griffons rode through or flew over the event in a hurry and entered and left the cathedral without paying attention to neither protestors nor the Knights guarding the entrance" (Tietz 2015, S. 126). Das waren Contentspieler, die am Rollenspiel nicht beteiligt waren; für die Realität der Rollenspielsituation waren sie Unpersonen, d. h. sie galten für die Handlungen der Rollenspieler als nicht anwesend. Durch das herausfordernde Körperhandeln der Reiter wurden zwei Körperdefinitionen und Spieleridentitäten offen gelegt, die sich entgegenstanden, aber in gegenseitigem Ignorieren einander nicht nur nicht behinderten, sondern effektiv nicht in derselben kontextualen Welt verortet waren.

Der Körper wurde, wie zu Beginn dieses Beispiels erwähnt, zu einem Ausdruck des jeweiligen Spielstils in der Situation.

> „What struck me most as an observer: in *World of Warcraft*, it does not seem to be necessary to arrange avatars based on Goffman's (2010) territories of the self (e.g., personal and use space or the sheath). Actually to the player there is no equivalent of the physical body, because *avatars can intermingle* and even overlap (e.g., standing on the same spot, riding through each other), sharing the same ‚physical' space. The possibility of intermingling avatars seems to be necessary for MMOGs, because otherwise a high number of avatars would cause a holdup in small city- or dungeon-alleyways, etc. […](I)t is not the physical body that is pictured; it is a body-social (Synott, 1993) or a semiotic body (Klein, 2005)" (Tietz 2015, S. 126).

Diese Beobachtungen erlauben interessante Einsichten in unterschiedliche Kulturen, die dasselbe Spiel bevölkern und die Rituale, in denen ihre Deutungen verhandelt werden. Mehr noch, in diesem Körperhandeln wurde somit implizit ein Stück Gaming Culture (re-)produziert, die Trennung zwischen Content- und Rollenspielern; in der Tat wurden zwei verschiedene Elemente von Spielkultur parallel reproduziert, die am selben „Ort" stattfanden, ohne wirklich am selben Ort präsent zu sein. Das zeigt, dass Spiele nicht automatisch eine Kultur ausbilden, dass Spielstrukturen auf unterschiedliche Art verwendet werden können und damit zu unterschiedlichen Spielen werden und dass ganz klassische Konflikte um die Aneignung von Orten auch hier finden – wenn auch mit anderen Rahmenbedingungen. In ihrer unterschiedlichen Aneignung des Ortes durch ihre verschiedenen Körperhandlungen schaffen sie zwei Orte, die nur scheinbar in demselben Ort, auf demselben Server, in demselben Spiel überlappen.

tumblr

Wesentlich für die Etablierung von Interaktionspraktiken in online-Kontexten sind neben Spielen auch soziale Netzwerke. Während facebook, twitter, instagram und snapchat hier zentrale und bekannte Rollen spielen, möchten wir ein anderes Netzwerk ansprechen: tumblr.[4]

---

[4]Rahmungen dieser Art werden diesen Band schnell deutlich datieren; aber auch dann, wenn diese Plattformen nicht mehr aktuell sind und den Weg von MySpace einschlagen, was sich für tumblr zum Zeitpunkt der Finalisierung dieses Textes tatsächlich bereits abzeichnet, wird ihr Einfluss auf die Entwicklung von online-Kulturen weiter merklich sein. Hier kann eine Transformation von aktuellem Einfluss zu historischem Einfluss stattfinden.

Ob tumblr ein soziales Netzwerk ist, kann debattiert werden. Es zählte zu seinen Hochzeiten weltweit 300 Mio. Nutzerinnen, die zu ungefähr gleichen Teilen aus Nordamerika, Europa und Asien stammen; seitdem hat es jedoch stark an Bedeutung verloren, wozu wir noch gelangen werden. Zudem ist tumblr ein Netzwerk mit hohem Engagement, d. h. Nutzende verbringen viel Zeit auf ihm (Bennett 2014; Russell 2015). Tumblr ist zunächst eine Microbloggingplattform, die Nutzerinnen untereinander durch „following"-Mechaniken vernetzt und ohne diese Vernetzung auch nicht wirklich verwendbar ist. Auf der Startseite, die beim Einloggen zunächst sichtbar ist werden die Beiträge („posts") jener anderen Nutzer, denen man folgt, klassisch in der chronologischen Reihenfolge dargestellt, in der jene Nutzerinnen, denen gefolgt wird, sie gepostet haben; diese Startseite ist der „dash". Die Hauptaktivität von Nutzerinnen besteht darin, „Kurator" der eigenen blogs zu sein. Es wird ausgewählt, was von dem, was ihnen auf dem Netzwerk begegnet, auf ihrem eigenen blog wiedergepostet, eben „rebloggt" wird. Die große Mehrheit der posts, die auf dem dash entlangfließen, sind somit keine Originalbeiträge, sondern „reblogs", d. h. Inhalte, die jene, denen man folgt, auf ihre eigene Seite übernommen haben und die damit jenen, die ihnen folgen, auf ihrer Homepage angezeigt werden. So sind die meisten Einträge auf dem eigenen blog, die followern dann angezeigt werden, zwar durchaus als persönlich einzustufen – denn man hat ja ausgewählt, was rebloggt wird – aber nicht höchstpersönlich in dem Sinne, dass die Nutzer sie selbst erstellt hätten.

Tumblr ist dabei eines der Netzwerke, die für die Verhandlung von Popkulturinhalten besonders wichtig geworden sind: Nutzer posten Inhalte aus Popkulturformaten, fan-art und fanfiction, Diskussionen und Kommentare zu diesen Inhalten, vor allem TV-Serien, Filme, Comics und Musik. Damit ist es ein Zentrum transmedialer Popkultur. Tumblr ist zudem ein Netzwerk, das eine starke progressive Orientierung aufweist, wobei strittig bleiben kann, ob es in der gegenwärtigen streitbar-progressiven US-amerikanischen College-Kultur verankert ist oder umgekehrt: die gegenwärtig streitbar-progressive College-Kultur in einer durch Plattformen wie tumblr geformten online-Kultur; es ist wohl, gegenseitig, beides. In jedem Fall ist tumblr ein Ort, auf dem das Ideal, Minderheiten zu verteidigen, plattform-kulturell frühzeitig häufig vertreten wurde.

Dabei zählt tumblr likes und reblogs eines posts in einem ständig mitlaufenden Zähler, der anzeigt, wie populär ein post ist: sehr populäre posts sammeln mehrere Millionen „notes". Eine hohe Anzahl von reblogs führt so dazu, dass bestimmte populäre posts immer und immer wieder auftauchen (und auch von denselben Nutzerinnen immer und immer wieder auf ihrem dash gesehen werden), während Nischenposts selten und sehr persönliche posts nur einmal auftauchen. Wenig verbreitete posts fallen so einfach in die Tiefen des Netzes: noch da, aber kaum mehr aufzufinden.

Tumblr bietet hierzu ein weitgehend anonymes Umfeld. Nutzerinnen haben Blognamen, anders als auf facebook sind das jedoch keine Klarnamen, und die Vernetzung mit Menschen aus dem sozialen Nahbereich ist verpönt. Gepaart mit dem progressiven Grundstock des Netzwerks hat das eine eigene Form der Darstellung und Kuration und damit ein eigenes Set von Regeln geschaffen: Während facebook und instagram häufig für „Lebensdokumentationen" verwendet werden, in denen Aspekte des Alltags vor Publikum dokumentiert werden, die den sozialen Erwartungen des Nahbereichs und einem (so geglaubten) Mainstream entspricht – sicher für Arbeit, Familie und Bekanntenkreise (vgl. Goffman 1959; Rantasalo 2017) –, kann tumblr zur Dokumentation von Selbstdarstellungen verwendet werden, die als öffentlich *nicht* erwünscht oder ansonsten als prekär gelten. Das hat z. B. eine Interaktionskultur geschaffen, die gerade daran gedieht, dass der soziale Nahbereich nicht präsent ist und daher offener auch über prekäre Themen gesprochen werden kann; das schließt neben moralisierten Themen auch Thematisierungen ein, die vor dem Nahbereich nicht aufkommen, weil dieser mit Sorge reagieren würde. In dem Maße, in dem Sorge nicht ohne Herrschaft denkbar ist, ist die Flucht vor der Sorge auch die Flucht vor der Beherrschung durch jene, die aus ihrer Sorge Zwänge erwachsen lassen könnten.

Dieser stark anonyme (oder besser: pseudonyme) Status, gepaart mit einer einstmals gegenüber facebook und instagram freizügigeren Inhaltspolitik, hat auch eine andere Subkultur auf tumblr gedeihen lassen: Nacktheit. (Diese Offenheit ist seit Ende 2018 Vergangenheit, was zum Schwinden der Popularität der Plattform wesentlich beigetragen hat.) Die „nackte Lebensdokumentation" im Sinne einer ästhetischen, oft nicht sexuellen Fotografie des eigenen, nackten Körpers ist zu einer „increasingly popular sexual story-telling practice in a digitally saturated world" (Tiidenberg 2014) geworden. Lasen und Gomez-Cruz stellen fest, „making self-portraits available to strangers [is] becoming [a] current practice[.] for a growing number of Internet users" (Lasén und Gómez-Cruz 2009, S. 205). Der im Feld verwendete Begriff für diese Bilder ist „nude selfies", wenn die Person sich selbst fotografiert hat, oder einfach „nudes" als breitere Kategorie, auch wenn z. B. andere Personen behilflich waren.

Wie im Fall des Spiels ist die Etablierung einer Kultur auch hier eine Frage technischer Möglichkeiten auf der einen und interaktiver Aneignung auf der anderen Seite. Die Struktur des Netzwerks spielt in dieser „nude-Kultur" eine große Rolle: So erlaubt tumblr es, dass posts bei anderen Blogs „eingereicht" („submitted") werden, die oft thematisch geschlossen sind. Die Publikation des Bildes geschieht dann nicht auf der eigenen Seite und sichtbar für die eigenen

Follower, sondern auf der dieser Fremdblogs und (nativ) sichtbar für *deren* Follower.[5] Solche Einreichungen können offen, mit dem eigenen Blognamen angehängt oder anonym geschehen, sodass der Name des eigenen Blogs publik gemacht oder versteckt werden kann. Die Kultur des Netzwerks eignete sich diese Strukturen jedoch auf ganz eigene Weise an: So hat die progressive Ausrichtung der Nutzerbasis tumblrs zur Folge, dass abwertenden, objektivierenden Interaktionen mit diesen Inhalten oft kritisch bis feindselig begegnet wurde.[6] Dadurch verteidigten die Nutzerinnen einen unterstützenden Resonanzraum, und Tiidenberg bemerkt zu den Interaktionen rund um nude selfies, „there is a general vibe of support" (2014). Die positive Bedeutung des *nude selfies* wurde dabei von sogenannten *writeups* unterstützt, die Bilder begleitende Texte, die von den meisten Einreichungsblogs zwingend vorgeschrieben wurden. Die Regeln der Einreichung, auf diesen Blogs häufig nachzulesen, erwarteten einen Begleittext, der das Bild in einen Kontext rückt und verpersönlicht, sodass nicht ein nackter Körper losgelöst von der Person fetischisiert wird, sondern eine Person als solche Anerkennung erhält. Diese *writeups* wurden dann in der Regel von Antworttexten der Betreiber des Einreichungsblogs begleitet, die dann mit dem Bild veröffentlicht wurden. Es handelte sich oft um direkte Reaktionen auf die persönlichen Narrative, die das *writeup* thematisierten, eher als auf das Bild allein. Auch diese Unterstützung geschah durch die aneignende Nutzung von Strukturmerkmalen des Netzwerks. Die Interaktionsformen auf tumblr sind enggefasst: „hearts", die die Rolle der „likes" bei facebook einnehmen, „reblogs", d. h. die Wiederveröffentlichung eines Inhalts auf dem eigenen Blog. Anders als bei facebook ist eine direkte Kommentierung von *posts* schwierig und schlecht sichtbar. Ein negativer Kommentar zu einem Bild wäre somit nur erreichbar, wenn der ganze post auf das eigene Blog übernommen würde und dort dem *post* ein neues Element hinzugefügt würde, was bedeutet, dass die eigenen follower des eigenen Blogs alles sehen müssten. Direktnachrichten sind ebenso sehr limitiert, „chats" nur schwer möglich: Eine Direktbenachrichtigung anderer ist in „asks", per Fragefunktion geschickten Kurznachrichten, oder „fan mail", einem klassischen Nachrichtensystem, implementiert.

---

[5]Theoretisch bleiben sie auch hier für die eigenen Follower sichtbar, wofür sie diesen anderen Blog jedoch besuchen müssten; „nativ" meint hier, dass diese Inhalte nicht auf dem dash der Follower der einreichenden Person auftauchen, außer, diese follower folgen eben auch dem Blog, zu dem hin eingereicht wurde.
[6]Wenn der Text hier teilweise in die Vergangenheit wechselt, verweist das auf die Tatsache, dass die nudes-Subkultur Ende 2018 durch das Verbot von Nacktheit auf tumblr zerstört wurde, während tumblr und seine allgemeineren Strukturen weiterhin bestehen.

In der Diskussion von Rollen- und Contentspielern tauchte die Konstruktion des Körpers als Konstruktion der Präsenz auf; ein ähnlicher Aspekt findet sich hier. Wesentlich für das Verständnis des Feldes ist, dass es sich in diesem Umgang mit dem eigenen Körper nicht um eine Ahnungs- und Sorglosigkeit im Umgang mit der eigenen Privatsphäre handelt, wie von außen gerne unterstellt wird: Vor allem in einem Umfeld US-amerikanischer Körpernormalitäten, aber auch anderer körperrestriktiver Kulturen wurde dieser Interaktionskultur häufig ein nachlässiger Umgang mit Onlinekommunikation, ein Unwissen über die Priavtheitsimplikationen und eine leichtsinnige Selbstzerstörung vorgeworfen. Das folgt üblichen Gefährdungsnarrativen, die regulär auf einem Diskurs unwissender Unfähigkeit beruhen und besseres „Experten"-Wissen gegen diese Unfähigkeit setzen, das im Zweifel mit Zwangsmitteln durchgesetzt werden müsse. Nicht nur ist das Narrativ dieser Experten-Überlegenheit gerade im Kontakt mit Onlinekulturen mehr als prekär. Es handelt sich um ein Kulturfeld, das in großer Mehrheit von jungen Erwachsenen aufrechterhalten wird (Döring 2012, S. 22) – die gerade in US-amerikanischen Diskursen noch sehr lange im Diskurs jugendlicher Unfähigkeit gefangen gehalten werden. Das geschieht im US-Diskurs regulär bis in die zweite Hälfte der Zwanziger der beteiligten Menschen, im Rahmen von Diskursen über Millennials wird diese Unterstellung der geringen Lebensvorbereitung noch bis in die späten Dreißiger aufrechterhalten.[7] Das sind interessanterweise auch die Durchschnittsalter von computerspielenden Menschen, das wie oft zitiert in den Dreißigerjahren liegt; solche Unterstellungen erlauben es jedoch, Überlegenheitdiskurse auf diese Gruppen anzuwenden. Entgegen dieser von generationalen Überlegenheitsdiskursen und kulturpessimistischen Abwertungen von Onlineinteraktion durchzogenen Außendeutungen kann jedoch ein kontrollierter Umgang mit dem nackten Körper als Symbol festgestellt werden, das seine Gefährlichkeit aus dieser sozialen Abwertung erst zieht. Das geschieht nicht in Unwissenheit über Gefährdungen und Auffindbarkeiten, sondern umgekehrt gerade in einem Umfeld, in dem den Beteiligten bewusst ist, dass völliger Schutz vor ungewolltem Publikum nicht und in digitalisierten Gesellschaften *niemals* zu erreichen ist. Wo das Publikum nicht weiter auf vertraute Andere begrenzt werden kann, weil eine solche Begrenzung technisch nicht möglich und die Erwartung dieser Begrenzung naiv wird, muss eine solche Begrenzung fingert werden, um weiter Möglichkeiten

---

[7]Vgl. https://www.youtube.com/watch?v=p6slBife014, https://www.wbur.org/cognoscenti/ 2014/10/28/20-something-financial-independence-amory-sivertson, https://thebaffler.com/ latest/the-patronizing-pew-poll-on-the-millennial-generation.

der Hinterbühne aufrecht zu erhalten. Genau das geschieht in der nude-Kultur: Anstatt die Tatsache der Unmöglichkeit von Privatheit im Netz dazu führen zu lassen, dass *jeder* Raum als Öffentlichkeit und Vorderbühne gerahmt werden müsse, was die Möglichkeit einer Hinterbühne und ihrer Freiheiten systematisch zerstören würde, wird diese Freiheit in dieser Kultur damit durch eine *fingierte* Publikumsbeschränkung erreicht.

Durch die technische Dezentralisierung des Internets – eine der Kerneigenschaften eines Systems, das ursprünglich zur Aufrechterhaltung der Kommunikation in Ausnahmezuständen wie z. B. einem Atomkrieg eingeführt wurde – und der daraus resultierenden allgegenwärtigen Verfügbarkeit auf mobilen Geräten werden Inhalte aus dem privatem Raum beständig in eine Sphäre der öffentlichen Zugänglichkeit verschoben. Zugriffsbegrenzungen sind immer nur solche, solange sie nicht überwunden werden. Die Daten sind da, und sie sind mit genügend Ressourcenaufwand auch auffind- und abschöpfbar. So wird in Privatsphärepraktiken der nude-Kultur nicht etwa sichergestellt, dass Kommunikation diesem Zugriff entrückt bleibt – das wäre in dieser „unnachgiebigen" Form unmöglich – sondern vielmehr nur einerseits Hürden erhöht, die diesen Zugriff schwieriger machen, andererseits Hinterbühnen fingiert, um auf Basis der geteilten Definition „das ist privat" agieren zu können. Interaktionskontrollen stellen sich gegen jene, die zusehen, aber nicht intendiertes Publikum sind, und das geschieht vor allem durch den Ausschluss von Abwertung in der Norm der Positivität. Das schafft eine Fiktion, mit der Freiheitsräume geöffnet werden können, die unmöglich wären, würde das tatsächlich mögliche Publikum anstelle des intendierten Eigenpublikums als Zuschauer der Lebensdokumentation annehmen.

Diese Form doppelter Konstruktion von Privatheit wird in der nude selfie-Kultur zuerst durch handhabbare Schritte der Obskurierung und danach durch offensives Nicht-Bemerken oder Abwerten von Verurteilungen der Handlungen innerhalb dieses Kreises hergestellt. Dass hierzu gerade der nackte Körper als sozial gefährliches und moralisiertes Symbol verwendet wird hat nicht nur rebellischen, politischen Charakter: Es ist zudem notwendig, um die Verhandlung dieser Grenzen und der Möglichkeiten des Umgangs mit ihnen in online-Interaktion erst erreichen zu können. Erst Überschreitungen stoßen Debatten an. Erkennbar wird so eine Form des Öffentlichkeitsmanagements von Menschen in einer digitalen Welt, in der die klare Trennung zwischen privat und öffentlich nicht länger wie zuvor aufrechterhalten werden kann, aber interaktiv dennoch verteidigt werden muss. Erst in dieser Rebellion werden die neuen Wege sichtbar, in denen das möglich ist. Wo Publikum nicht kontrolliert werden kann, ist die richtige Reaktion nicht Rückzug in eine beständige Öffentlichkeit; das wäre eine deprimierende Perspektive. Sie besteht in der Kontrolle der Interaktion *über* die nicht zu versteckenden Elemente des Hinterbühnenlebens, eine Kontrolle, die gerade geschärft werden kann, indem mit der symbolischen Hinterbühne des nackten Körpers offen umgegangen wird. Zusammen bilden diese neuen Vertraulichkeitskreise neuer Privatheit eine Subkultur, die ihre Grenzen interaktiv poliziert, weil sie es technisch nicht kann.

Das mag wie eine eingegrenzte Betrachtung eines sehr speziellen Feldes klingen, und so ist es auch. Allerdings stellt es auch die Fähigkeit der Ethnografie zur Schau, die Bob Prus die Aufdeckung „generischer sozialer Prozesse" nennt: Diese Form des Umgangs, die interaktionale Trennung der Räume, die technisch nicht getrennt werden können, stellt einen in online-Kommunikationen häufig aufkommenden Anspruch dar. Entgegen gängiger Diskurse zu filter bubbles sind diese getrennten Räume eben nicht getrennt und können auch nicht so effektiv getrennt werden, wie vordigitale Medien das noch konnten; sie können ständig von Nichtzugehörigen invadiert werden, Nischen überlappen und kreuzen sich, und auch die von Menschen und Algorithmen aufwendig kanalisierten Filter sind nie davor gefeit, dass Nichtzugehörige im offenen Internet über Nischeninhalte stolpern, die nicht ihre eigenen sind. Mehr noch, die Referenzorientierung des Internets führt vielmehr dazu, dass Referenzen in diese putativ „geschlossenen" Räume immer auftreten: als twitter-posts darüber, was in Ecken des Netzes gefunden wurde, als Nachrichtengeschichten über die Aktivitäten von Subkulturen etc. Es sind eher die onlinekultur*fernen* Nutzergruppen, die Gefahr laufen, nur eine begrenzte Ecke des Netzes zu sehen; es sind eher nicht die jungen, mit dem Internet aufgewachsenen Generationen, für die Pluralität normal geworden ist.

Auf der einen Seite kann diese ständige Überschreitung von Grenzen als Herstellung einer geteilten Öffentlichkeit verstanden werden; die filter bubble-Debatte tut das implizit, wenn sie eben von filter bubbles nur dort redet, wo diese Überwindung von Grenzen nicht geschieht. Auf der anderen Seite können diese Überschreitungen jedoch auch als Belästigung und Mobbing verstanden werden. Das ist die Lesart der hier explizierten Akteure, die in „ihrem" Raum ihren Aktivitäten nachgehen wollen, ohne dass sie von Außenstehenden bewertet und belästigt werden, auch wenn sie der Beobachtung nicht entkommen können. Dieses Spiel zwischen Abschließen und Eindringen ist als „lane culture" (Dellwing unv. Man.) für die Referenzkultur des Internets durchaus als normal zu betrachten, und so wird ein scheinbar randständiges Phänomen zu einem Einstiegspunkt zu einer verbreiteten Dynamik.

4chan, Trollspaces, und Referenzkulturen

Soziale Netzwerke wie facebook, das weltweit zwei Milliarden aktive Nutzerinnen im Monat zählt, oder twitter, das von ca. 350 Mio. Menschen monatlich genutzt wird, sind Angebote, die starke Durchdringung der Alltagswelt erzielt haben und damit auch stark generationen-, szenen- und statusübergreifend sind. Sie sind zudem und vor allem Konzernangebote, die von transnationalen Großkonzernen mit allen damit verknüpften Monetarisierungsinteressen, Haftungsgefahren und Regulationsabhängigkeiten einhergehen. Sie stellen ein wesentliches Element der zentralisierung des Internets über Konzernknotenpunkte dar. Dagegen stehen Messageboards, „Chans" und Blogs, die abseits von Konzernen organisiert sind und viel eingeschränktere Nutzerinnengruppen umfassen. Diese bilden unterschiedliche Kulturen aus, sammeln unterschiedliche Interpretationsgemeinschaften in sich und trennen sich stark voneinander, bleiben aber in der Referenzmaschine des Internets dennoch auch verwoben: Was sich in einem Kontext etabliert, ist in anderen Ecken bekannt, wird referiert, kontextualisiert fortgeführt oder dekontextualisiert weiterverwendet. Das Internet konstituiert sich durch seine Verweisstruktur, nicht nur technisch in Hyperlinks, sondern auch in einer Verweiskultur der beständigen Referentialität auf andere Bedeutungsträger und Deutungen.

Eine der kleineren, abgegrenzten, nischenhafteren Plattformen ist 4chan, das mit ca. 20 Mio. monatlichen Nutzern das größte der „chans" ist und für lange Zeit ein Zentrum der Internet-Referenzkultur darstellte. Es erlaubt es, in Kategorien, Unterkategorien und „threads" – aufeinander reagierende post-Ketten – vor allem Bilder, Videos und Texte zu posten. In dieser Struktur ist 4chan zunächst nicht außergewöhnlich; viele andere online-Services folgen diesem Grundaufbau. Die Besonderheit des Netzwerks liegt in seiner Organisation abseits von Konzernstrukturen, der Anonymitätsstruktur, seiner Schnelllebigkeit und seiner einstigen Rolle als „Heimatbasis" der meme-Kultur: 4chan ist ein anonymes Messageboard, dessen Nutzende üblicherweise keine Nutzernamen verwenden. Fast alle Nutzer der Plattform posten unter dem Namen *anonymous*, eine Registrierung ist nicht notwendig. 4chan weist kein „dash" auf, das wie auf tumblr oder facebook eine kuratierte, algorithmisch beeinflusste Darstellung der Inhalte sammelt, die über „following" verbundene andere posten; folgen ist schon aufgrund der fehlenden individuellen Registrierung der Nutzerinnen nicht möglich. Posts verschwinden schnell wieder, da die Seite nur eine begrenzte Anzahl aktiver threads erlaubt und jene, die nicht aktiv genutzt werden, schnell löscht – eine Art *numerus clausus* der Diskussionsthreads.

Das berüchtigste der 4chan-Unterkategorien ist das board /b/(in der Struktur 4chan.org/b/), das ursprünglich als „Restseite" allgemeine Diskussionen zu verschiedenen Themen sammeln sollte und in dieser Offenheit zu einem Sammelbecken aller Arten von posts wurde. Viele davon sind für eine höfliche Vorderbühnenpräsentation hochgradig ungeeignet und würden in anderen Kontexten schnell und massiv Empörung, Skandal und Ekel hervorrufen (und sollen das auch), während sie intern auf Amüsement mit Transgression zielen. Auf 4chan intern ist gerade nicht der für öffentliche Diskurse empörende Inhalt, der Empörung hervorruft; es ist vielmehr *Empörung* aus einer solchen (putativen) Mainstream-Perspektive, die hier Empörung hervorruft. Hier hat(te) sich eine Interaktionskultur verfestigt, die sich heftig gegen eine Form von Inhaltskontrolle in anderen Teilen des Internets zur Wehr setzt, die auch das als „Zensur" versteht, was nicht von staatlichen Stellen ausgeht: Mendoza identifiziert hier „a non-censorship policy that is only afraid of the police (as opposed to the market)" (2012).[8] 4chan weist klare Normen zur Abwertung von Sentimentalität und des Widerstands gegen Mainstreamnormen auf: „civility [...] is often an anti-value" (Manivannan 2012). Stilistisch wehrt das Netzwerk sich jedoch vor allem gegen das Ernsthaftigkeitsgebot, das in „höflichen", öffentlichen Kontexten vor allem auf der Vorderbühne aufrechterhalten werden (soll). David Auerbach bezeichnet das als „a-culture", nämlich.

„accelerated, adolescent, aggregation, alias, anarchy, anonymous, anti-, arbitrary, arch, asshole, attack, audacity, autonomous, auto- [...] a space for playing with unrestricted notions of identity and affiliation and for the establishment of a private set of in-jokes and references that come to constitute a collective memory" (2011).

4chan ist mit dieser respektlosen, Amüsement-orientierten Selbst- und Kreuzreferenzialität Quelle vieler Elemente der online-Kultur geworden, die

---

[8]Während sich der offene Diskurs in diesen Teilen des Internets gegen „political correctness" wendet und mit der Rhetorik der neuen Rechten verwoben ist (und diese zu Teilen auch hervorgebracht hat), macht das Mendoza-Zitat jedoch auch eine kritische Linie erkennbar: Dass das als „political correctness" herausgeforderte Aufbegehren gegen diskriminierende, provozierende und antagonistische Redeweisen in vielen Kontexten nicht von dem Idealismus getrieben wird, der als Grund behauptet wird, sondern von Marktkräften. In dem Maße, in dem Kontroversen und Skandale für werbefinanzierte Angebote geschäftsschädigend sein (vgl. auch Dellwing 2016, 2017) und umgekehrt in Anschluss an progressive politische Debatten Enthusiasmus generieren können, kann die Ausrichtung an nicht-diskriminierenden Inhaltsregeln eine geschäftliche Entscheidung sein, mit der Zielgruppen angesprochen werden können.

erst viel später weite Verbreitung fanden: Mendoza (2011) nennt die Seite „the Internet's most prolific semiotic laboratory". Memes originieren hier, Internet-basierte Neologismen wurden hier geprägt, Trends haben hier ihren Startpunkt erfahren. Der übliche Nutzername *anonymous* ist beispielsweise Namensgeber der bekannten politischen Bewegung desselben Namens. Die weitverbreitete Praxis des „rickrolling" hat seinen Ursprung in einem obskuren Spiel mit einem obskuren Skript dieser nur scheinbar obskuren Seite: Als „rickroll" gilt es, wenn links, die vorgeben, etwas ganz anderes zu sein, auf ein Video von Rick Astleys *Never Gonna Give You Up* verweisen; dieser Witz ist online enorm weit verbreitet. Er hat seinen Ursprung in der Praxis von 4chan-Moderatoren, Skripte auf Diskussionsseiten einzubetten, die Begriffe automatisch in andere transformieren, in diesem Fall von „egg" zu „duck":

> „soon the word eggroll became ‚duckroll' and, inevitably, a conceptual image of a duck with wheels. Posters would offer up descriptions of tantalizing videos or images, but clicking through the links would lead to an image or video of the duckroll. This later became the ‚rickroll', in which unsuspecting users would find themselves on YouTube watching Rick Astley's ‚Never Gonna Give You Up' music video" (Knutilla 2015, S. 103).

In Referenz zu Mendozas Beschreibung der Seite als semiotisches Labor bemerkt Knutilla daher, „4chan is simultaneously Dadaist nonsense and a highly encoded, user-controlled semiotic system" (2015, S. 110).

Eine weitere, damit verwobene Praxis, zu deren Zentren 4chan ebenso gehört, ist das Trolling. Die Thematik des „Trolling" ist eine, an der sich die Position einer Person in Beziehung zur „online-Kultur" in einem kurzen Test ablesen lässt. Was ist ein Troll? Menschen, die ihre Informationen über das Internet in erster Linie aus Quellen erhalten, die gegenüber online-Kulturen eine größere Distanz vorweisen, antworten „russische Nachrichten-Desinformation" oder „Hasskommentare im Internet". Gerade in der öffentlichen Debatte kommt der Begriff immer wieder für Praktiken der feindseligen Manipulation von Tagesdebatten vor, vor allem im Kontext von in massenmedialen Nachrichten sogenannten „Trollfarmen" russischer staatlichen Informationsagenten (Aro 2016, S. 121, Bradshaw und Howard 2012). Das ist keine Verwendung, die der onlinekulturellen Bedeutung sehr nahe kommt. Wer der online-Kultur ein wenig näher steht, antwortet möglicherweise mit „Provokation in online-Interaktion" und „bösartige, belästigende, verletzende Angriffe"; das kommt wohl näher, aber Merritt bemerkt, diese Verwendung vermengt „trolling" mit „flaming" (Merritt 2012, S. 12), d. h. die gezielte, harsche Kritik an einem Mitspieler in einem Spiel;

aber das verwechselt möglicherweise auch wieder „flaming" mit dem, was derzeit eher als „toxic behavior" gelabelt wird, ein weiterer Begriff. Aber diese Begriffe verschieben sich zu schnell, als dass eine hier getroffene Unterscheidung die Sprachpraxis zum Zeitpunkt der Rezeption dieses Bandes abbilden könnte. Das sind alles Definitionen der Situation, die in ihren jeweiligen Kreisen und Interpretationsgemeinschaften verankert sind und als solche auch Funktionen erfüllen, nicht zuletzt grenzerhaltende für die Mitgliedschaft in diesen Gruppen.

Eine interne, online-Kultur-nahe Fassung von „trolling" bietet eine deutlich subtilere und differenziertere Fassung des Begriffs. In online-Kulturen wird er zunächst für ironisierte, Normalitäten herausfordernde und letztlich trickreich-verschmitzte Formen der vordergründig provokanten Kommunikation verwendet. Hier bezeichnet der Begriff eine deutlich subtilere Praxis, deren zwei Achsen Provokation und subtile Ironisierung verbinden. Trolling bezeichnet in online-Kulturen interaktiv passgenau platzierte Herausforderung, deren Ziel darin besteht, empörte Reaktion und darin vor allem *Engagement* des herausgeforderten Gegenübers zu provozieren. Trollen besteht so zunächst aus „unpopular content that the author knows will not be well received" (Merritt 2012, S. 76).[9] Das bietet der Wahrnehmung des Trollens als destruktiven Vandalismus eine Basis, jedoch nur eine instabile, denn sie ignoriert zwei wesentliche Teile der Praxis: die Betonung sozialer Normalität in ihrer Herausforderung und den Humor. Die Betonung und Herausforderung von Normalität in Handlungen, die diese bewusst brechen, sollte Soziologinnen nicht fernliegen: Es ist mit dem „Krisenexperiment" verwandt, das als solches als eine Form des Trollens verstanden werden kann (vgl. Dellwing 2018b). Dem Krisenexperiment fehlt jedoch noch eine Zutat, die für Trolling zentral ist: den Witz. Merritt bemerkt, „humor […] is critical to understanding how trolling distinguishes itself from flaming" (2012, S. 16), und Whitney Phillips identifiziert als Währung, die in der Handlung des Trollens generiert wird, nicht die Provokation, sondern die Lust in Form des mit dieser Provokation verbundenen Spaßes (2015, S. 135). Dieser entsteht gerade an den Reibeflächen mit Ernsthaftigkeitsnormen und in Kontakt mit ihren Vertretern, die darauf bestehen, Einwürfe in Diskussionen als ernsthaft lesen zu wollen, gar zu müssen. Das Trollen betreibt damit die Abkehr von Emotionsnormen und Erfolgskonditionen eines öffentlichen Diskurses, der stetige Ernsthaftigkeit privilegiert

---

[9]Das ist dasselbe Schicksal, das soziologischen Analysen häufig in der Alltagswelt widerfährt, die individualbasierte Antworten bevorzugt, die die Idealismen gesellschaftlicher Selbstbeschreibung aufrechterhalten. Gute Soziologinnen sind oft Trolle; Erving Goffman ist als Troll nicht schlecht beschrieben (Dellwing 2019).

und zeigt gerade damit die Schwachstellen dieser Ernsthaftigkeitskulturen, die letztlich schutzlos gegenüber jenen sind, die nicht nach ihren Regeln spielen. Während diese fehlende Ernsthaftigkeit maßgeblich zur Empörung über diese Praxis beiträgt, ist sie zugleich jedoch eine wesentliche Quelle ihrer Produktivität und ihrer auch kritischen Herausforderung sozialer Normalitäten. Phillips bemerkt, „trolls are agents of cultural digestion", sie sind „scavengers [...] [who] scour the landscape for exploitable materials, which they subsequently weaponize" (2015, S. 135). Dazu braucht diese Praxis multiple Referenzen – auf die auszunutzenden Symbole, aber auch auf die herausgeforderten Normalitäten, auf vorherige Herausforderungen mit eigenen Mitteln, auf vorherige erfolgreiche Praktiken des Trollens etc. Entgegen des öffentlichen Diskurses zum trolling stellt der Spaß die Hauptachse der Unterscheidung zu Massenmedienkulturen dar: Wie die Moralpaniksoziologie (vgl. Cohen 2011) lange festgestellt hat, ist es gerade die massenmediale Nachrichtenkultur, die einfache Dichotomien zwischen zwei Positionen und gegenseitige Provokation als Form der Nachrichtenunterhaltung nutzt; allerdings ist die konzernmediale Form der Darbietung vom Schleier der Ernsthaftigkeit bedeckt. Trolling fügt also nicht die Provokation hinzu, sondern spielt nur offen mit dem Schleier der Ernsthaftigkeit. Merritt bemerkt daher, „trolling [is] a disruptive practice" (2012, S. 16), und Escartin identifiziert ihr „mimicking, mocking, and using dominant tropes" als Störung, die auf „dominant institutions" zielt (Escartin 2015, S. 173).

Ein Verständnis des lebensweltlichen Feldes des Trollens erfordert es, diesen Spaß des Spiels anzuerkennen. Involvierte sollen die Ironie bemerken, die Referenzen verstehen und können sich – am wichtigsten – darüber freuen, Ziel (und „Opfer") einer solchen Irreführung geworden zu sein, und ihre subtilen Tricks anerkennen. „Trollen" generiert genau an dem Punkt Amüsement, wo diese Distanzen erst zu verarbeiten und nicht-offensichtlich sind; es generiert, und das ist vielleicht der wesentliche Teil, diese Einsichten erst an dem Punkt, an dem das putative „Opfer" der Herausforderung gewillt ist, sich auf diese Herausforderungen einzulassen und vor allem gewillt ist, diese Herausforderung als „nicht ernsthaft" zu rahmen. Trollkulturen fordern gerade abgegrenzte Räume heraus, von denen sie wissen, dass sie Lesarten ausbilden, die mit einer gut platzierten Provokation nicht etwa nur gestört werden, sondern in ihrer Scheinheiligkeit und Absurdität entlarvt werden können. Ohne die Referenzialitätskultur des Internets ist diese Praxis kaum denkbar.

So peripher diese drei Beispiele auf den ersten Blick erscheinen mögen: sie treffen verschiedene Kerne von online vermittelter Interaktion und erfüllen für unsere Zwecke einige anfangs wesentlichen Ziele, nämlich die Pluralität von online-Kulturen zu verdeutlichen und aufzuzeigen, was eine ethnografische

Forschung als Erforschung von Interaktionskulturen und praktischen Deutungen der Beteiligten im Feld leisten kann. Nicht nur haben sich Portale wie 4chan und tumblr zu Ende der 2000er und zu Beginn der 2010er zu stilbildenden Zentren von online-Kulturen ausgebildet, deren Einfluss auf Handlungspraktiken weiterwirkt, indem sie Referenzkulturen formen und weitertragen und mit der Unabgeschlossenheit spielen, die online-Interaktion durchzieht. Um diese Dynamiken zu verstehen, ist es wiederum notwendig, sich als Ethnografin auch auf diese Umfelder einzulassen – und sie nicht von vornherein mit einem Urteil zu belegen. Das ist ein Schicksal, das viele journalistische Betrachtungen von online-Themen immer wieder heimgesucht hat und das gerade bei den drei gewählten Beispielen häufig eintritt. Die drei gewählten Beispielfelder zeichnen sich alle dadurch aus, in journalistischen und auch akademischen Betrachtungen teils groteske Verzerrungen ihrer selbst vorfinden zu müssen.

Ethnografie ist die Forschungspraxis, die wie keine andere dazu geeignet ist, diese Grotesken zu meiden: Ihr erstes Ziel besteht darin, die Zusammenhänge der betrachteten Lebenswelten durch immersive Teilnahme zu verstehen, zu verinnerlichen und zu verkörperlichen. Ethnografie bedeutet, auf die Deutungen zuzugehen, die im Feld zustande kommen, verhandelt werden, in Konflikten stehen und auch wieder verfallen, und nachzuzeichnen, wie die Felder sich im Fluss dieser Deutungen konstituieren. Ethnografie erfordert es, die Eigenstrukturierung und die lebensweltlich eigenen Deutungen des Feldes zu verstehen. Der erste Schritt einer jeden Ethnografie besteht daher im Eingehen einer verbindlichen Verpflichtung, das Feld, seine Mitglieder und ihre Lebenswelten zunächst ernst zu nehmen und nicht als Datenlieferant für Deutungen zu missbrauchen, die von außen bereits mitgebracht wurden.

Digitaler Naturalismus 3

Online-Forschung, die tiefgründige Erkenntnisse über die Organisation des erforschten Feldes erlangen möchte, muss die Realitäten dieses Feldes von innen kennen, d. h. sie kennenlernen und erkennen. Aus einer Außenbeobachtung, gerahmt von Erwartungen jener, die das Feld letztlich nicht von innen kennenlernen, ist selten wirklich spannende Einsicht zu erwarten. Dabei ist die erste Zielsetzung beständig die, die Praktiken der Realitätskonstruktion innerhalb der untersuchten lebensweltlichen Felder zu erlernen und die Kontrastierung der Innenerkenntnisse gegenüber Außenordnungen, die am Verständnis des Feldes regelmäßig scheitern, zu leisten.

Erving Goffman und Clifford Geertz haben beide die Kernaufgabe der Ethnografie in die nur scheinbar einfache Frage gefasst: *What's going on here?* Entpackt beinhaltet diese Frage die Suche nach den Praktiken, in denen die Mitglieder der untersuchten Lebenswelten ihre Realitäten konstruieren, ihre Deutungen auf ihre Außenwelten abstimmen und sie in beständiger Auseinandersetzung miteinander aufrechterhalten, modifizieren und auch verlieren. Es beinhaltet zudem die Suche nach den lebensweltlichen Netzen, in denen diese Praktiken und damit diese Konstrukte stehen: auf wen die Mitglieder des Feldes eingehen müssen, welche Deutungen erwartet werden müssen, welche ignoriert werden können, welche man beeinflussen kann und welchen man ausgeliefert ist. Das sind Rollenverteilungen, die sich im Laufe der Karriere einer erforschten Gruppe durchaus ändern können. Es beinhaltet zudem die Aufmerksamkeit gegenüber den lebensweltlichen Konsequenzen dieser Konstrukte und der Handlungspraxis der Beteiligten, die im Rahmen dieser Deutungen steht; ein Verständnis dieses Rahmens erlaubt es, auch den innenreferenziellen Sinn von Handlungen zu durchschauen, die von außen betrachtet vielleicht obskur, absurd oder sinnlos wirken.

© Springer Fachmedien Wiesbaden GmbH, ein Teil von Springer Nature 2021
M. Dellwing et al., *Digitaler Naturalismus*,
https://doi.org/10.1007/978-3-658-21871-3_3

Ethnografie sucht damit *Deutungen,* und sie sucht sie in den Umfeldern, in denen sie handlungspraktisch tatsächlich aufkommen. Nachträglich erfragt, von außen unterstellt oder mit nur geringer Kenntnis des Feldes „erkannte" Deutungen sind dagegen von weitaus geringerem Wert, und die Ordnung mit Außendeutungen soll in ethnografischer Arbeit so weit wie möglich vermieden werden.

Eine Außendeutung, die in den letzten Jahrzehnten immer wieder prominent in online-Forschung aufgekommen ist, ist die, nach der online-Interaktion von „offline-Interaktion" prinzipiell zu unterscheiden sei. Das ist ein Standpunkt, der wissenschaftlich lange nicht mehr aktuell ist, aber vor allem journalistischen und pädagogischen Umfeldern weiterhin quicklebendig bleibt: Er geht häufig mit der Unterstellung einher, online-Räume seien keine echten Räume, online-Interaktion keine echte Interaktion, online vermittelte Beziehungen keine echten Beziehungen, digitale Objekte keine echten Objekte. Dieses Bündel an Unterstellungen hat sich vor allem in der Frühzeit der sozialwissenschaftlichen Beschäftigung mit dem Feld auch in der wissenschaftlichen Betrachtung wiedergefunden, eine Rahmung, die die unter dem Begriff des „Exzeptionalismus" bekannt wurde. Eine solche Beurteilung ist für ethnografische Arbeit im Speziellen und für qualitative Arbeit im Allgemeinen jedoch dubious; wer darf feststellen, was eine „reale" Interaktion ist? Da sich qualitative Arbeit mit den Deutungen beschäftigt, die Menschen in ihrem Alltag tatsächlich verwenden, geht es vielmehr darum, auch diese Deutungen aus dem Feld zu ziehen und nicht von außen zu unterstellen. Real ist, was Menschen gemeinsam als real deuten, dem sie als real entgegentreten: Diese erfolgreich konstruierten Objekte sind, im Sinne Thomas', real in ihren Konsequenzen. Ethnografie ist damit eine Form der Forschung, die nicht mitgebrachte Theorie und deren Deutungen in den Vordergrund stellt und auch an keiner mitgebrachten strikten Methode und deren mitgebrachten Ordnungsregeln festhält, sondern sich in erster Linie auf das zu untersuchende Feld einlässt – sowohl in den Deutungen dessen, was sie vorfindet als auch in den Arten, mit denen sie diese Deutungen erfasst.

Eine Welt aus Deutungen[1]

Während wir im Alltag über Objekte reden, als wären Bedeutungen fest mit ihnen verbundene Eigenschaften – Objekte können hier Dinge, Menschen, Ideen sein (Blumer 2012), nicht nur physische Dinge – ist eine interpretative Sozial-

---

[1]Im Sinne einer umfassenden Einführung werden Grundlagen dieser Art hier referiert; im Sinne des Charakters des Bandes als Einführung in die *online*-Ethnografie wird zugleich

wissenschaft zunächst von einer Abkehr von solchen Objektivismen beseelt. Die Bedeutung von Objekten liegt nicht bereits in den Objekten eingeschrieben; die Welt deutet nicht, Menschen deuten, sie tun das im Aggregat, aufeinander bezogen, und sie müssen dabei von anderen verstanden werden. Das steht auf der Basis einer Annahme, die an der Wurzel der qualitativen, interpretativen Soziologie liegt: Menschen handeln nicht gegenüber und mit objektiven Dingen, sondern mit den Bedeutungen, die sie diesen Dingen zuschreiben (Blumer 2012, Prus 1996, 1997). Das macht diese Zuschreibungen real in einem sozialen Sinn. Von William Isaac Thomas stammt die Einsicht, wenn Menschen Dinge für real halten, sind sie real in ihren Konsequenzen: Wenn wesentliche Akteure einer Gesellschaft gemeinsam glauben, dass Dämonen existieren, werden sie Dämoneneinflüsse auf Menschen „entdecken", wo ihnen Irritationen ihrer Alltagsnormen begegnen, und das Schicksal dieser Menschen – und unzähliger Menschen um sie herum – wird sich an dieser Zuschreibung entscheiden. In ihrer Welt sind Dämonen damit *sozial* real, unabhängig davon, ob wie glauben, dass sie existieren.

Gegenüber Zugriffen, die objektive oder subjektive Bedeutungen suchen, verortet die interpretative Sozialwissenschaft daher Bedeutung nicht in Objekten, jedoch auch nicht in einzelnen Akteuren, sondern *zwischen* Akteuren im *inter*subjektiven Handeln dieser Akteure miteinander. Die Überzeugungen Einzelner allein reichen nicht, um Objekte sozial real zu machen, wenn eine Gruppe diese Deutungen jedoch teilt und gemeinsam auf Basis dieser Deutungen handelt, entwickeln diese Deutungen strukturierende Kraft. Es sind daher diese Räume zwischen den Akteuren, die für eine Ethnografie interessant sind: Uns interessieren nicht die Menschen als Individuen und ihre Deutungen (denn dann wissen wir nicht, wie diese eigentlich zustande kommen), nicht die Dinge, die gedeutet werden (denn dann tun wir so, als wären diese Deutungen in ihnen oder ansonsten mit ihnen fest verknüpft), sondern die *Interaktionen,* die sozialen Dynamiken, der Zwischenraum zwischen interagierenden Akteuren, die diese Deutungen gemeinsam aufkommen lassen.

Da es sich nicht um Einzeldeutungen handelt, ist ein direktes Erfragen dieser Deutungen eher wenig zielführend. Eine direkte Frage der Form „was ist Eure

---

davon ausgegangen, dass die Mehrheit der Leserinnen bereits an anderen Orten mit den Grundstrukturen ethnografischer Arbeit in Berührung gekommen ist. In diesem Sinne versucht dieser Band, eine Balance zu halten. Wer eine ausführlichere allgemeine Einführung in die Grundlagen ethnografischer Arbeit benötigt, den verweisen wir auf die „Einführung in die interaktionistische Ethnografie" (Dellwing und Prus 2012).

Deutung?" mag pragmatisch erscheinen, läuft jedoch ins Leere: Beteiligte können Deutungen oft nicht in Worte fassen. Das kann damit zusammenhängen, dass diese Deutungen normativ abgewertet sind und daher nicht offen gesagt werden können, auch weil das Selbstbild der Beteiligten leiden würde, wenn es ausgesprochen würde. Das kann auch darin begründet liegen, dass die Beteiligten diese Deutungen so selbstverständlich in ihren Alltag einweben, dass es ihnen nie in den Sinn käme, über sie zu reden, was dazu führt, dass sie das Vokabular gar nicht haben, mit dem sie über diese Deutungen reden könnten. Eine direkte, abstrakte Frage würde nicht die Deutungen an den Tag legen, die die Menschen tatsächlich verwenden, sondern ihnen einfach erlauben, ihre Idealisierungen, notwendige öffentliche Erklärungen und offizielles Wissen als Mantra des Alltags zu wiederholen. Auf die Deutungen, die in ihr gemeinsames Handeln eingewoben sind, bieten direkte Fragen nicht immer einen guten Zugriff.

Deutungen sind aus geteilten Praktiken der Beteiligten viel besser zu gewinnen. In der Beobachtung und der eigenen Teilnahme an geteilten Praktiken können Ethnografinnen das verkörperlichte, implizite Wissen der Beteiligten erkennen, das nicht einfach erfragt und erzählt werden kann und in künstlichen Nachstellungen nicht aufkommt: Wissen, das sich in Alltagshandeln ausdrückt, ohne dass dieses Wissen notwendigerweise verbalisiert werden könnte, wenn die Beteiligten danach gefragt würden. Erving Goffmans Arbeiten in der Alltagssoziologie haben immer wieder diese Dynamik betont: Eine Handlung im Alltag ist nicht nur eine Handlung auf etwas hin, es ist zugleich immer bereits mit einer Welt von Deutungsannahmen durchzogen – Deutungsannahmen, auf die das Handeln verweist und die durch die Handlung zugleich gesetzt, wiederholt, gestärkt und modifiziert werden können. Die Soziologin beobachtet damit die Prozesse, in der die Welt in ihrer Deutung handelnd gemacht wird.

Die in der Ethnografie verbreiteten Untersuchungen, die „doing social life" (Lofland 1976), „doing things together" (Becker 1986) und „doing everyday life" (Dietz et al. 1994) betonen, weisen in diese Richtung: Sie verorten Deutung und Bedeutung fest in sozialen *Praktiken,* und die wiederkehrende Verwendung von „together" weist zentral darauf hin, dass diese Bedeutungen nicht alleine zustande kommen. Wir betrachten daher die aufeinander bezogenen, gemeinsamen Handlungen.

Wenn Akteure gegenüber Avataren in online-Spielen so handeln, als hätten diese Körper, wird Körperlichkeit gemeinsam ausgespielt und ist damit handlungspraktisch real (Tietz 2015). Wenn Akteure in Chaträumen einander begegnen, als hätten sie Arten von Körpern, die ihre Inkarnationen außerhalb dieses Raumes nicht besitzen – größere, kleinere, dickere, dünnere, etc. –, ist das für Teilnehmende, deren Fantasien damit angesprochen werden, für die

Dauer dieser Interaktion die geteilte Realität, mit der agiert wird – auch wenn den Beteiligten oft völlig klar ist, dass Idealisierungen hier einfach sind und gerade die Häufigkeit von Darstellungen, nach denen Teilnehmende Idealbildern sehr nahe kommen, eher unwahrscheinlich sind. Damit werden aber auch Idealbilder verhandelt – während die reine Körpergröße eines Menschen zunächst eine gegebene Größe ist, ist die Deutung dieser Größe und ihre Verbindung mit Idealbildern eine wertende Deutung. Wenn Menschen diese beständig erreichen möchten, kann das dieses Ideal stärken, aber auch ironisiert zersetzen. Das ist von Kontexten und Situationen dieser Verwendung abhängig, und Ethnografie muss diese Kontexte genau durchleuchten, ohne zu vorschnellen Urteilen zu gelangen. Wenn Menschen gemeinsam handeln, als wäre eine Darstellung privat, ist es das innerhalb dieser Gruppe und es deutet zudem auch aus, wie der Begriff „privat" hier belegt sein soll – es wäre in der Tat schwer denkbar, wie abstrakte Deutungen wie Privatheit ansonsten hergestellt werden sollten.

Die Frage, ob diese Deutungen denn nun „wirklich" real seien, geht an der Erforschung der sozialen Strukturen vorbei, die uns hier eigentlich interessieren. Die Feststellung, es gäbe aber nun einmal keine dämonische Besessenheit, ist für die Erforschung der Sozialstruktur z.B. einer Hexenverfolgung bestenfalls nutzlos und schlimmstenfalls hinderlich, da es die Forschenden davon abhält, die Dynamiken und Rollenzuschreibungen ernsthaft nachzuvollziehen, auf denen die tatsächlichen und dann auch ernsthaften Handlungen der Beteiligten stattfinden. Geteilte soziale Deutungen sind für die Zeiten, in denen sie aufkommen, eben die Grundlage der realen Strukturierung des geteilten Lebens: sie sind real in ihren Konsequenzen und damit mit allen denkbaren Nachdruck real.

Diese scheinbar abstrakte Darstellung ist daher alles andere als abstrakt. Im Beispiel der Körperverhandlung, die oben eingeführt wurde, beinhaltet das die Erkenntnis, dass der „Körper" des Avatars im Spiel nicht bereits abstrakt existiert. Dieser Körper ist keine natürliche Wahrheit, die einfach aufgefunden werden kann; der Körper und die Wahrheit über ihn kommen gemeinsam in einem sozialen Raum erst zustande. Die Spielenden tragen Deutungen dieser Körper in ihren Handlungen an diese Symbole heran, indem sie z. B. durch sie durchzulaufen oder nicht. Sie tragen Bedeutungen an Räume heran, indem sie sie zum Rollenspiel verwenden. Sie tragen Bedeutungen an die anderen Spielerinnen heran, die am Rollenspiel nicht teilnehmen – indem sie sie ignorieren und ihnen damit den Status von „Unpersonen" zuweisen (Goffman 1961, S. 298) – sie werden nicht als Akteure in diesem Feld gedeutet und damit nicht als solche angespielt.

Im Beispiel des „Trolling" bezeichnet auch dieser Begriff keine eine Handlung, fest und stabil, die auch gegen die Beteiligten sicher festgestellt werden könnte. Was der Begriff bedeutet, findet sich gerade in der Gegenwart unter starker Verhandlung, auch dadurch, dass er von Konzernmassenmedien als Problembegriff angeeignet wurde. In Onlinesubkulturen steht beständig unter Verhandlung, was die Balance von Provokation und Spaß richtig trifft, die hier vom Begriff beschrieben werden soll. Während Zeitungen den Begriff verwenden, um russische Nachrichtenagenten zu bezeichnen, nutzen online-Kulturen ihn viel differenzierter und schreiben dem Troll (teilweise) die Rolle eines kritischen Hofnarren zu. Die Nutzung von provokativen Herausforderungen in der Trollkultur unterstellt aktiv, dass man es mit Anderen zu tun hat, deren Empörung leicht zu erregen ist, und unterstellt zugleich, dass es gerade diese Empörung ist, die lächerlich und in einer vernetzten Kommunikation unproduktiv ist: Ein Reflex aus Massenmedienzeiten, der in online-Interaktion nur eine endlose Schleife produziert, die der Troll gerne auszunutzen gewillt ist, um sich an der Stabilität dieser Schleife zu amüsieren. Damit ist die Unterstellung verbunden, dass die andere Seite weder die Schleife, noch die Nutzlosigkeit oder die Selbstvorführung erkennt, die ein Publikum ihr aufgrund ihrer Handlung zuschreiben kann. Wird auf 4chan eine Gruppe für politischen Aktivismus beworben, wäre dieser Handlung lange Zeit mit Abwehr und Ridikulisierung begegnet worden. Handeln andere jedoch genauso, hat sich eine geteilte Bedeutung etabliert. Das ist auf 4chan geschehen, als der geteilte Name „anonymous" zu „Anonymous" und darüber zum Symbol einer internetaffinen Gruppe wurde, die sich zum Ziel gesetzt hat, abgeschottete Informationen machtvoller Akteure zu publizieren und so Informationen zu „befreien". Diese Entwicklung hat im klassischen Trollspace einiges an Konflikt darüber ausgelöst, wie ernsthaft die eigene Aktivität sein sollte. Klassische Trollpraktiken und ihr Mantra „take nothing seriously" haben sich dagegen gestemmt (Phillips 2015) – und damit ihr eigenes Mantra zur Verteidigung desselben gebrochen.

Tumblr-Nutzerinnen, die Nacktbilder von sich auf blogs posten, die nicht ihre eigenen sind, weisen eine Reihe an Deutungen zu: nur exemplarisch weisen sie dem Körper durchaus einen geschützten Status zu, indem das Bild ohne Gesicht und nicht auf der eigenen Seite vor den eigenen followern gepostet wurde. Indem Texte hinzugefügt werden, die die Ästhetik und die Situation der Ablichtung, die Gefühle und Individualität des Posters etc. dramatisieren, weisen sie dem Bild eine nichtsexuelle Deutung zu. Damit, dass das Bild immer noch online gepostet wird, wird jedoch der Deutung widerstanden, dass es sich um eine Darstellung handelt, die unter völligem Verschluss gehalten werden müsste. Ihre Privatsphäre existiert nicht einfach und wird von Nacktbildern nicht einfach objektiv gestört oder gebrochen: der Umgang mit ihnen fordert nicht nur bestehende Ideen von Privatsphäre heraus und verschiebt sie, indem putative

„Privates" öffentlich gemacht wird. Vielmehr ist gerade der Einsatz von putativ „Privatem" geeignet, bestehende Praktiken des Umgangs und des Managements von Privatheit in digitalen Kontexten zu verschieben. Mit anderen Worten: nicht das Private wird veröffentlicht, sondern Areale, die zuvor als „öffentlich" galten, werden durch die Eroberung mit „Privatem" neu abgesteckt und erobert, womit sie für die Hinterbühnen-Selbstdarstellung sicherer gemacht werden. Das kann die ganze *Möglichkeit* privater Selbstdarstellung in digitalisierten Gesellschaften ausweiten und sichern. Es ist ein Widerstand zu puritanischen Erwartungen einer Gesellschaft vor Smartphones, in denen private Nacktbilder noch rarer waren (aber durchaus öfter aufkamen, als wir im Rückblick glauben, vgl. Waskul 2004), und es ist umgekehrt damit eine Verteidigung einer sozialen Praxis, mit dem eigenen Körper liberaler umzugehen, die aber die Rahmung aufrechterhält, dass da draußen immer noch große soziale Räume existieren, die dieser Liberalität mit harten und abwertenden Urteilen begegnen und vor allem Unterstellungen zur Persönlichkeit der so Agierenden von diesen Bildpraktiken ableiten, die negative Konsequenzen haben.

All diese Handlung geschieht nicht im sozialen Vakuum; in all diese Handlungen sind aufeinander bezogene Deutungen eingewoben, und die Ethnografie sucht nicht einfach „die Deutung" – die gibt es in dieser Eindeutigkeit gar nicht – sondern die verwobenen Prozesse, in denen diese Deutungen zustande kommen und verhandelt werden. Herbert Blumer bemerkt: „[t]he participants [...] have to build up their lines of action and fit them to one another through the dual process of designation and interpretation" (Blumer 1969, S. 18). Diese Einpassung ineinander, die Blumer betont, weist dabei darauf hin, dass solche zugeschriebenen Deutungen nur erfolgreich zustande kommen, wenn andere in ihnen mitarbeiten, mitmachen: „Humans define one another in developing (and maintaining) lines of action toward each other" (Prus 1997, S. 15). Handlungen und ihre Deutungen werden in ein soziales Miteinander eingeworfen: Das Handeln selbst schafft noch keine Bedeutung, und zu sagen, das Handeln beinhalte bereits intrinsisch eine Deutung, wäre simplistisch und einseitig. Wenn ein Spieler im augmented-reality-Spiel Pokemon Go vor sich Psyduck sieht, eine andere Spielerin hinzutritt und beide versuchen, es zu fangen, ist Psyduck für sie geteilt real, auch wenn es für Passanten ohne die app nicht „da" ist. Sie können sich über Strategien austauschen, über Levels, über Orte, an denen andere Pokemon zu finden sind und, wenn sie im selben Team spielen, gemeinsam eine Arena einnehmen. All diese Dinge sind real, sobald sie geteilte Realität von Menschen sind, die auf Basis dieser Realitäten handeln. Die Gefühle, die es auslöst, sind so real wie die Beziehungen, die damit gepflegt werden oder entstehen, so real wie die gemeinsamen Handlungen, die darauf aufbauen (Abb. 3.1).

Abb. 3.1 Screenshot
Psyduck an der Uni Kassel

Bei Charles Cooley (1902) kommt dieser Gedanke als „looking-glass self" auf, nach der ein Mensch zur Konstruktion seiner Identität – und in der Tat zur Konstruktion der Bedeutung aller Objekte, mit denen sie mit anderen interagiert – die Zuschreibungen anderer erwarten und diese Erwartung in die eigene Handlung einbeziehen muss. Wie Fine bemerkt, „[a]ction is always generated in response to other actions within a local scene" (Fine 2010, S. 356). Ein Avatar, der in einem online-Spiel kurz vor einem anderen Avatar stehenbleibt und diesen in einem Dialog anspielt, muss eine Erwartung einbauen, ob und wie die andere Person in dieses Spiel einsteigt, überhaupt ein ähnliches Spiel deutet und die Gesten, Symbole und Begriffe, die die Spielerin verwendet, versteht. Auch Sätze wie „Ich spiele keine Spiele" sind Symbole, die nur im Rahmen erwarteter Deutungen ihren Sinn entfalten: Wenn er, oft mit einem abschätzigen Gesichtsausdruck, gesagt wird, kann er damit dem Raum des Spiel Sinn- und Nutzlosigkeit, möglicherweise Schädlichkeit zuschreiben, sich selbst jedoch auf jeden Fall eine große Distanz zu dieser Welt, oft gepaart mit einer Selbstzuschreibung des Unwissens, das als *Vorteil* für das Selbst gewertet wird. Reaktionen wirken in einen sozialen Raum zurück, wo sie wieder zu „joint action" oder zu Neuaushandlungen und Anpassungshandlungen führen. So schreibt man Bedeutungen immer nur auf der Basis der Erwartungen zu, was andere wohl an Bedeutung zuschreiben könnten, gegen welche Bedeutungen sie Widerstand leisten würden, und welche Widerstände wie zu überwinden sein könnten. Diese Erwartungen und Unterstellungen sind nicht nur unsicher, weil ein „Hineinsehen" in andere nicht möglich und ein Abbild ihrer Erwartungen damit letztlich immer ein Raten wäre. Sie sind vor allem auch daher unsicher, da andere diese Erwartungen nicht fest mit sich herumtragen, sondern diese sich ebenso wie man selbst erst in einer Situation konkretisieren. Selbst wenn Menschen mit festen Erwartungen in Situationen gehen, ist die konkrete sich ihnen präsentierende Situation immer wieder Anlass, diese *on the spot* zu aktualisieren, was gegebenenfalls dazu führt, die vorformulierten Erwartungen nicht nur abzulegen, sondern sie nie offen zu legen und einzusammeln, bevor andere diese Erwartungen in ihr Verhalten hineinlesen. Das kann geschehen, weil man in der Situation doch noch einmal überdenkt, ob man mögliche Widerstände nicht unterschätzt oder mögliche Folgen nicht genügend gewürdigt hat – oder nicht bedacht hat, dass Definitionen keine innerpsychischen Dinge sind, sondern eben konzertierte soziale geteilte Leistungen. Das alte Bonmot, dass die Einzelperson, die erklärt, Gott rede mit ihr, verrückt sei, die kleine Gruppe, die dies erklärt, eine Sekte darstellt, die große Gruppe jedoch eine Religion konstituiert, ist damit in einem tieferen, soziologischen Sinne durchaus plausibel: Erst gemeinsame Deutung ist eine sozial und handlungspraktisch tragfähige Deutung. Mehr noch, was eine Deutung eigentlich beinhaltet, ist ebenso dieser geteilten Handlung unterworfen; für Schriftstücke hat Jo Reichertz bemerkt, sie sind ein Gemeinschaftsprodukt von Forscherin und Leser (Reichertz 1992), und für Autorenschaft ist lange bemerkt worden, dass Autorinnen das Eigentum am Text im Moment ihrer Publikation verlieren.

Handlungen sind damit genausowenig wie Objekte *einseitige* Repositorien von Deutungen, sondern schaffen erst in sozialen Prozessualitäten eingebunden Deutungen: Erst in einer *geteilten* Bedeutung ist der Körper handlungspraktisch als solide markiert, eine Markierung, die er ansonsten nicht innegehabt hätte. So „passen Akteure ihre Handlungen ineinander", wie Blumer bemerkt: In der geteilten, gemeinsamen Handlung entsteht, verfestigt sich und verhandelt sich geteilte, gemeinsame Bedeutung. In dem Maße, in dem im Körperbeispiel zwei Gruppen parallel in demselben Raum aktiv sein, die unterschiedliche Handlungen gegenüber den Avatarkörpern an den Tag legen – durchlaufen, nicht durchlaufen – definieren diese lebensweltlich tatsächlich zwei verschiedene Körperlichkeiten. Fänden diese in derselben Welt statt, müsste auf diesen Konflikt reagiert werden: jene, deren Erwartungen nicht erfüllt werden, könnten empört reagieren, bitten, diese Handlungen einzustellen, etc. In einer Szene in der Fußgängerzone wäre das zu erwarten, wenn andere den Körpern nicht ausweichen und „durch sie durch"- also in sie hinein – laufen würden. Im Kontext der Spielwelt jedoch etablieren sich de facto zwei parallele Welten: Die Contentspielerinnen passieren durch Körper hindurch und werden dafür von den Rollenspielern ignoriert. Die Rollenspielerinnen halten vor den Körpern an und werden in ihrem Rollenspiel von den Contentspielern ignoriert. Aus unterschiedlichen Perspektiven sieht diese Welt nicht nur anders aus, diese Prozesse produzieren zudem unterschiedliche, für diese Akteure jeweils „offensichtliche" Ergebnisse, die den verschiedenen Teilnehmern gleich offensichtlich scheinen.

Wie im Fall der tumblr-Selbstpräsentation werden die Räume des unterschiedlichen gemeinsamen Handelns im World of Warcraft-Beispiel gegenseitig getrennt und weitgehend in Frieden gelassen. Anhand geteilter Bedeutungen konstituieren sich so geteilte Räume; das gilt auch für das Beispiel des Trollens, wo ein geteiltes, interpretationsgemeinschaftliches Verständnis von „Trollen" klarmacht, dass Akteure Mitglied einer Innengruppe sind – wogegen jene, die den Begriff für russische Internetagentinnen verwenden, sich durch diese Verwendung klar ausschließen. Wie in anderen Kontexten ebenso wird auch online durch „Tests" der geteilten Deutung, die tatsächlichen Tests der geteilten Handlung sind, festgestellt, wer dazugehört. Wer auf 4chan auf posts empört reagiert, gehört nicht in dieses Umfeld und hat die Zielsetzung des Amüsements durch Provokation in diesem Umfeld nicht verstanden; er bringt stattdessen Außendeutungen mit, die diesen Akteur gerade als Nichtmitglied ausweisen. Auch, wer auf tumblr-Nacktbilder mit besorgt-moralisierenden Kommentaren reagiert, zeichnet sich als ignorantes Nichtmitglied aus, nicht etwa ein Akteur der moralischen Bildung, sondern als Fremdkörper, dessen puritanische Moralisierung ausgeschlossen wird; hier ist es jedoch vor allem eine kritische, den Körper abwertende Form des Kommentars, die harsche Negativreaktionen hervorruft. Während solche Reaktionen auf 4chan wiederum normal gewesen wären und andere sich über diese Empörung lächerlich gemacht hätten, wird in diesem Raum der Onlinekultur der tumblr-Nacktheit die Regel der positiven Interaktion und der Unterstützung auch abweichender Körper verteidigt. Das schreibt nicht nur dem Körper Bedeutungen zu – oder den Provokationen –, sondern auch dem Raum und der normativen Ordnung, die in diesem Raum aufrechterhalten wird.

Kern dieses Zugangs zu den Prozessen der Deutung ist damit eine Ausrichtung, die in seinen besten Varianten die Absurdität von Gewissheit herausstellen kann. In Alltagssituationen begegnet der Forscherin dagegen überall, wo sie hinsieht, Gewissheit: Menschen hängen an ihren Deutungen. Gleichzeitig hängen sie an sehr unterschiedlichen Deutungen, bei denen es vermessen wäre, von außen feststellen zu können – oder besser: zu dürfen – wessen Deutung nun privilegiert werden soll; „disagreements about the facts of an event ... are quite common", und es existiert „no easy way to determine what are ‚the facts'" (Lofland und Lofland 1984, S. 50). Die eben dargestellte Perspektive hat hoffentlich zu erkennen gegeben, wie beschämend simplistisch es wäre, das als eine „alle sind anders"-Perspektive zu verstehen und zu behaupten, die Perspektiven der Teilnehmerinnen unterschieden sich eben einfach. Das Beharren der Ethnografie auf den genauen Blick und die Abkehr von reiner Tabulation scheinsolider Elemente beruht auf der Verpflichtung, die Fluidität, Pluralität und das Chaos der Welt ernst zu nehmen und solchen Fixierungen zu widerstehen. „The problem [...] is not so much that the thing in itself is unknowable in principle, but that it can be known in so many different ways; one thing can function as many different objects". Was eine Realität ist, wie sie interpretiert und mit diesen Interpretationen gehandelt wird „is determined in the course of interaction between the thing in question and other things" (Shalin 1986, S. 11). Diese Pluralität ist Teil der sozialen Welt, und als solcher Teil ist sie Ziel der ethnografischen Forschung. Gusfield warnt,

> „those of us who have done fieldwork or historical research know that if you talk to or read descriptions by plural observers of the same event, you are likely to get as many accounts of what happened as there were participants" (Gusfield 2003, S. 130).

Das macht es zentral, nachzuvollziehen, welche Konflikte zu Deutungen aufkommen und welche Koalitionen dazu führen, dass Menschen die Definition von einer Person annehmen und mitspielen würden, dieselbe Definition von anderen jedoch empört ablehnen würden (es wäre tatsächlich nicht dieselbe Definition). Wer macht mit wem gemeinsam Deutungen? Wer ist in der gemeinsamen Deutung alliiert? Welche Formen der Unterstützung liefern sie? Es macht einen Unterschied, ob es sich um offene Unterstützung handelt, um stille Ablehnung einer Herausforderung, um die Feststellung, dass alles doch offensichtlich sei oder um offene Auseinandersetzung mit einer anderen Deutungsposition. Viele dieser Deutungen werden implizit geschehen, ohne dass jemand auch nur ein Wort sagt.

Diese Deutungszuschreibungen gilt es zu erkennen. Am deutlichsten werden sie in Irritationen, aber auch der glatte Ablauf einer Situation kann reichhaltige Hinweise an handlungspraktischen Deutungen liefern. Dabei werden Bezüge zu Außenwelten aufkommen: In einigen dieser Bezüge werden Außendeutungen bekämpft, in anderen werden sie zu Teilen internalisiert; und da sich ein Feld verschiedenen Außenwelten ausgesetzt sieht, werden hier verschiedene Annahmen und Ablehnungen auftauchen. Mitglieder des Feldes, die mit einigen dieser

Außenwelten keinen Kontakt haben, können es sich leisten, diese Deutungen völlig zu ignorieren; Menschen, die diesen Kontakt halten (müssen), haben diesen Luxus in der Regel nicht. Das bedeutet, dass die untersuchten Deutungen in einer pluralistischen Welt von Positionalitäten stehen, die in einer Ethnografie durchschaut werden sollten. Zusammen entsteht daraus die Haltung, Arbeiten dann für wertvoll und einsichtsreich zu halten, wenn sie eine tiefe Kenntnis des Feldes nachweisen können, über das sie schreiben, indem sie Zugang zu Felddeutungen erlangen konnten, statt das Feld nur als Lieferant für Material für Fremdordnungen zu verwenden.

Welche Deutungsleistungen und -ordnungen gewinnbringend untersucht werden können, kann und will diese Einführung nicht vorgeben. Die Konstruktionen, die untersucht werden können, ergeben sich vor allem aus dem Kontakt mit dem Feld, und die interessantesten Untersuchungen verfolgen sicherlich Realitätskonstruktionen, die zuvor einfach als selbstverständlich verstanden wurden und deren Konstruktionscharakter im Feld nicht nur einsichtsreich, sondern dazu noch überraschend sein kann. Auf der anderen Seite kann festgehalten werden, welche Konstruktionen in der Ethnografie als online-Forschung bisher gewinnbringend untersucht wurden. Diese Orientierung erlaubt es, wie Lofland über die Zielsetzung Goffmans Arbeit sagt, „to change the way we see" (Lofland und Lofland 1984, S. 13): Perspektiven zur Welt zu gewinnen, die die mitgebrachten Deutungen und jene, die alltäglich als selbstverständlich gelten, zu irritieren.

Naturalistische Forschung

Eine Welt aus Deutungen erfordert es somit, dass Deutungen untersucht werden, nicht Dinge. Dass Deutungen sich im Miteinander von Akteuren und ihren Praktiken konstituieren erfordert, diese Praktiken in den Kontexten zu untersuchen, in denen diese Deutungen tatsächlich aufkommen. Versuche, diese von den Praktiken zu lösen, produzieren *andere* Deutungen, die nicht mehr unbedingt Rückschlüsse auf die geteilten Welten zulassen, die wir eigentlich untersuchen möchten. Das führt zum zentralen Desiderat einer ethnografischen Forschung: Die Kontexte zu erhalten, in denen Deutungen aufkommen, anstatt durch künstliche Trennung Deutungen und Praktiken zu verschleiern. Diese Zielsetzung, diese Kontexte soweit wie möglich zu erhalten, ist als *Naturalismus* bekannt.

Der Begriff des Naturalismus für diese Forschungsform soll dabei nicht auf Natürlichkeit im Sinne einer biologisch bereits gegebenen Struktur verweisen. Das würde der oben explizierten Ausrichtung an Deutungen auch dezidiert widersprechen. Vielmehr stammt er aus einer metaphorischen Verwendung der Ökologie als Begriff zur Erforschung der Eigendynamik eines sozialen Kontexts,

z. B. im Rahmen der Chicagoer Schule als „Stadtökologie"; es handelt sich hier gerade *nicht* um die Behauptung einer vorgegebenen Natürlichkeit. Die Ausrichtung an naturalistischer *Forschung* beinhaltet vielmehr die Überzeugung, dass Handeln nicht unsituiert aufkommt und daher nicht aus den Situationen enthoben werden kann, in denen es auftritt, ohne dass die Sinnstrukturen dieses Handelns damit verloren gehen. Naturalistische Forschung hält daran fest, dass die Deutungen, nach denen Menschen handeln, mit den Situationen, in denen sie sich befinden, untrennbar verwoben sind – und nicht etwa im Subjekt oder im Objekt abstrakt und stabil vorhanden sind, um von dort einfach in Situationen getragen werden zu können. Damit bedeutet ethnografische Forschung zuvorderst, diese Eigendeutungen in ihren eigenen Umfeldern zu untersuchen (Blumer 2012, S. 113, 121): in diesen Situationen. Naturalistische Forschung ist „Forschung, die auf eine gegebene empirische Welt in ihrer natürlichen, fortlaufenden Eigenart ausgerichtet ist und nicht auf eine Simulierung einer solchen Welt oder auf eine Abstraktion von ihr (wie es im Fall von Laborexperimenten geschieht) oder auf einen Ersatz für diese Welt in der Form einer vorgefertigten Vorstellung von ihr" (Blumer 2012, S. 122). Der Naturalismus referiert damit lediglich ein „natürliches" Umfeld in dem Sinne, dass es nicht „künstlich" durch die Forscherin geschaffen wurde; dass es immer noch von den *Beteiligten* geschaffen wurde, steht dem nicht im Weg; im Gegenteil, denn genau um *deren* Schaffung ihrer Deutung soll es gehen. Matza (1969, S. 3) erläutert diese Orientierung zum Naturalismus als eine, deren erste Loyalität zur Welt hin orientiert ist: „It stands for observation or engagement of course for that is implicit in fidelity to the natural world", wo „natürlich" wieder weit gefasst für die Organisation steht, die sich auf dem Forschungsfeld eben entwickelt hat.[2]

---

[2]Hammersley und Atkinson (1983, S. 11) warnen, „the very notion of ‚natural' and ‚artificial' settings is misleading. Even to make this distinction s to take the positivists' rhetoric for reality … ‚Artificial' settings set up by researchers re still part of society. Indeed, the real force of the naturalist critique of experiments and survey interviews is precisely that they are social occasions subject to all those processes of symbolic interpretation and social interaction to be found elsewhere in society, and which constantly threaten to undermine positivist attempts to manipulate variables". Sie weisen also darauf hin, dass, genau wie „Deutung" und „Realität" in einem sozialen Prozess ihrer Konstruktion eingebettet sind, das natürlich auch für die Idee des „naturalistischen Umfeldes" gilt. Das stimmt, und zugleich hilft es nicht, wenn es darum geht, die Forschung auszurichten: so sehr „Naturalismus" konstruiert wird, so sehr ist es ebenso möglich, das Feld einfach mit mitgebrachten Konzepten zu überschwemmen oder aber sich in Bescheidenheit und ein wenig Demut erst einmal umzuhören, einzugliedern und zurückzuhalten.

Das macht Fragebögen, Interviews und Experimente als Methoden zur Erhebung von Deutung zumindest problematisch, da diese die Praktiken aus ihren Situationen entfernen: Interviews fragen nachträglich nach ihnen (und generieren damit Idealismen, Selbstverständnisse, strukturell plausible Narrative und Selbstpräsentationen in der Situation des Interviews). Frage ich Menschen, wie sie mit Dienstleistungspersonal in der Gastronomie umgehen, können sie geglättete und geschönte Erzählungen bieten, die auch die Idealisierungen beinhalten, die sie selbst über sich glauben. Experimente situieren sie in nicht-naturalistischen Umfeldern und stehen damit auf der Basis der Illusion, dass diese Handlungen in diesen künstlichen Umfeldern gleichermaßen aufkommen würden, wie das in tatsächlichen Situationen der Fall wäre. Eine Forschung beispielsweise, die Schiedsrichter hypothetische Situationen entscheiden lässt, lässt ihnen alle Freiheit, den Idealbildern der Profession zu entsprechen, da sie von all den Kontexten, Schwierigkeiten, Unwägbarkeiten, sozialen Beziehungen und sozialen Konsequenzen befreit sind, die mit einer tatsächlich situierten Entscheidung einhergehen. Fragebogenforschung muss in seiner Enthebung aus der Situation noch weiter gehen, indem die Antworten der Beteiligten in mitgebrachte, vorher festgezurrte Kategorien eingeordnet werden, die mit den lebensweltlichen Deutungen nicht viel zu tun haben müssen. Durch diese Formen der Forschung können auch Ergebnisse generiert werden – aber es ist fraglich, inwieweit sie an die praktischen Deutungen gelangen, die das Ziel ethnografischer Forschung darstellen. Die Ethnografie wählt die teilnehmende Beobachtung als forscherische Kernpraxis aus eben jenem Grund, da sie nämlich davon ausgeht, dass Handeln nur dann einen Zugriff auf die Realitätskonstruktionen der untersuchten Felder erlaubt, wenn es sich um Handeln handelt, dass auf den Feldern, zu seinen Bedingungen, in seiner üblichen Besetzung und in seinen üblichen Umwelten etc. aufkommt. Das bedeutet wiederum, dass die Ethnografin sich diesen Bedingungen, Besetzungen und Umwelten aussetzen muss, um Zugang zu diesen Bedeutungskonstruktionen zu erlangen.

Bescheidenheit: Normative und theoretische Außendeutungen

Eine zentrale Gefahr für den Erfolg ethnografischer Forschung besteht damit darin, Außendeutungen an das zu erforschende Feld zu tragen und damit den Blick für die eigenen Bedeutungskonstruktionen des Feldes zu blockieren. Es sind vor allem drei Formen der Außendeutung, die ethnografische Arbeit vermeiden sollte: normative, die Alltagsmoral weitertragen, methodische und theoretisierende, die mitgebrachte Begriffsdeutungen und methodische Ordnungen zur Rahmung von Situationen und Dynamiken im Feld nutzen.

Mit diesen drei Gefahren gehen drei Bescheidenheiten einher: moralische Bescheidenheit, Realitätsbescheidenheit und methodische Bescheidenheit. Moralische Bescheidenheit beinhaltet die Zurückhaltung, eigene moralische Einordnungen an die Praktiken des Feldes zu tragen. Methodische Bescheidenheit bedeutet, das Feld nicht nach den Vorgaben einer mitgebrachten Forschungsmethode zu ordnen. Realitätsbescheidenheit bedeutet, die eigenen mitgebrachten Ideen von wahr und falsch nicht dem Forschungsfeld überzustülpen: Fritz Schütze benennt als Kern einer „ethnographische[n] Betrachtungsweise" eine „Erkenntnishaltung des ‚empathischen Fremdverstehens'" (Schütze 1994, S. 201). Hammersley (1992, S. 45) identifiziert das als „commitment […] to understand the perspectives of others, rather than simply judging them true or false." Ethnografische Forschung soll nicht im Glauben ans Feld gehen, besser zu wissen, was dort „wahr" ist, sondern zunächst einmal erlernen, wie sich die Realität des Feldes *für* seine Mitglieder konstituiert, um in einem zweiten Schritt daraus feststellen zu können, *wie* sie sich *durch* die Mitglieder des Feldes konstituiert. Vor allem letztere Bescheidenheit unterscheidet die ethnografische Untersuchung von einem journalistischen Zugriff, wie Shaw spezifisch für den Fall von online- und speziell: Spielestudien bemerkt: „Video game scholars […] tend to write about the culture from the inside, as many of them identify as gamers. Journalists, however, tend to write about video gaming from the outside" (Shaw 2010, S. 406). So sind ethnografische Studien viel mehr darauf ausgerichtet, sich auf die Deutungen der Beteiligten einzulassen.

Die alltäglich häufigste Variante, in der die Realität des Feldes von mitgebrachten Thematisierungen überschrieben wird, besteht darin, Alltagsmoralisierungen an es heran zu tragen. Wir leben in einem Alltag, in dem der Druck der moralischen Deutung, der Beurteilung, Abgrenzung und Unterstützung allgegenwärtig ist. Nicht nur kann alles, was wir tun, potenziell als mit einem Moralurteil behaftet ausgelegt werden; in vielen Kontexten werden Urteile erwartet und das Fehlen offener Verurteilung kann als Unterstützung ausgelegt werden. Das behindert forscherische Arbeit besonders in unbekannten Umfeldern schnell. Girtler fordert hier auf, „[d]enke und berichte über diese Menschen ohne jegliche Geringschätzung!" (Girtler 2004, S. 42 ff.). Robert Prus sekundiert, Ethnografie ist „not interested in what people should or should not do, but […] what they did" (Prus 1998). Hans-Georg Soeffner bemerkt, „Krankheit oder Gesundheit, Pathologie und Normalität … sind in einem [ethnografischen, M. D.] Beobachter weder Gradmesser für das Verhalten anderer noch Kategorien einer Gesellschaftstheorie. Er sieht sich von diesen Klassifikationen ebenso gern verschont wie seine Mitmenschen" (1992, S. 19).

Das Qualitätsmerkmal guter Ethnografie ist es, Kenntnis über das Feld zu beweisen – und das bedeutet, sich auf die Eigenurteile des Feldes erst einmal einzulassen und sie nicht sofort mit mitgebrachten Gefahrendiskursen, Empörungsstrukturen oder Moralerwartungen zu überschreiben.

Dass Wissenschaft nicht Moralurteil bedeutet, ist als Grundeinstellung weit jenseits der Ethnografie verbreitet. Das betrifft weit mehr als nur offene Geringschätzung. In der Tat finden sich viele Urteile in Grundorientierungen von Arbeiten. Moralurteile sind teils so tief in die Betrachtungen von Feldern integriert, dass sie gar nicht mehr als Urteile auffallen: Untersuchungen von Taschendieben werden regulär Möglichkeiten der Verhinderung thematisieren, eine Parteinahme, die so selbstverständlich geschieht, dass sie überhaupt nicht mehr als solche auffällt. Schulforschung über Unterrichtsstörung wird implizit das Urteil beinhalten, dass Störungen schlecht seien – und damit automatisch die verdeckte Struktur stützen, nach dem Lehrende über Schülerinnen Zuschreibungen der „Störung" vornehmen dürfen, Schüler dies umgekehrt aber nicht dürfen. Damit werden stillschweigend die Kriterien der Schule übernommen, als wären diese Kriterien im Interesse aller Beteiligten. Das ist eine Fiktion, die die Schule gerne verbreitet, die jedoch in einer komplexeren Auseinandersetzung mit dem Feld schnell an den Deutungen der Schülerinnen scheitert, die durchaus erkennen, dass die Schulkriterien nicht immer in ihrem Interesse sind und ihr Widerstand gegen schulische Ordnung und schulische Ordnungskriterien durchaus legitim sein kann. Solche Setzungen als selbstverständlich anzuerkennen untermauert Machtstrukturen, die so verfestigt sind, dass ihre Rolle als Machtstruktur in der Forschung hinter scheinselbstverständlichen Verursachungs- und Präventionsfragen versteckt liegen kann und dies sehr oft auch tut.

Naturalisierende Forschung in einer teilnehmenden Rolle zu vollziehen heißt, denselben Anfeindungen ausgesetzt zu sein, denen Teilnehmende ausgesetzt sind; Anfeindungen, die nun auch das eigene Handeln betreffen und die ein tieferes Verständnis der Position der untersuchten Gruppen mit sich bringen. Howard Becker bemerkt, dass mit einer Ethnografie fast zwangsläufig eine Sympathie mit jenen einhergehe, die da untersucht werden; die Zielsetzung der Intersubjektivität trägt das im Begriff der „sympathetic introspection" bereits in sich. Das gilt auch und gerade für Felder, bei denen man ansonsten auch Berührungsängste hätte: Gerade hier ist es wesentlich, den Schritt zu gehen, die internen Handlungen des Feldes zu verstehen, die Eigendeutungen der Beteiligten nicht durch die Brille einer Abwertung zu verstehen. Das wird bei Whitney Phillips (2015) eindrucksvoll sichtbar, die die Welt des Trollings untersucht, zuvorderst auf 4chan, und dazu auch in diese Welt eintaucht: 4chan wird oft vilifiziert, und das ist für die Form, die die Plattform gegenwärtig angenommen hat, auch durchaus nicht unverständlich. Auch und vielleicht gerade dann leidet eine Forschung darunter, diese Vilifizierungen in die Forschung mitzunehmen: Die Gangforschungen der Chicago School werden gerade an dem Punkt erst wirklich einsichtsreich, an dem sie nicht einfach Abwertungs-, Kriminalisierungs- und Vilifizierungsdiskurse mittragen und sich stattdessen auf die Innenleben dieser Gruppen einlassen. Auch Trolling wird in der breiteren öffentlichen Diskussion mit genereller Provokation und Antagonismus online gleichgesetzt und nicht selten mit russischen Internet-Agenten assoziiert; beides sind Verbindungen, die in der internen Verwendung auf den „Heimatbasen" des Trolling online, bei 4chan, nicht nur nicht im Vordergrund stehen, sondern dort gar nicht als genuines Trolling gerahmt werden. Trolling bedarf eines Sinns für Spaß und einer damit einhergehenden Abkehr von Ernsthaftigkeit, um als solches intern verstanden zu werden; wer online nur bösartig agiert, ist in diesem Sinne kein Troll, und wer feste politische Ziele hat, war das im originären Sinn oft ebenso nicht. Zudem betont Phillips, wie Trolling zur Offenlegung einer Konzernmassenmedienlogik beitragen kann, die bereits seit langer Zeit auf Skandalisierung und Empörung fußt, eine Logik, die den online-Dynamiken vorausgeht; das Internet hat Empörungsstrategien zur Aufmerksamkeitsgewinnung nicht erfunden, wie gerade die Soziologie zur Moralpanik aufzeigen kann, die ihren Ursprung in den 1970erjahren hat (Cohen 1972). Trolling führt diese Form der Empörung nicht ein, sie nutzt sie lediglich, wodurch sie diese beständig jedoch durch gezielte Herausforderung dieser Logik gegen sie wenden kann: „trolls knew exactly how to manipulate the news cycle, and in the process forwarded an implicit critique of the ways in which media research and report the news" (2015, S. 6). Gerade, wenn Massenmedien abwertend über Trolling berichten, ist damit eine komparative Selbstaufwertung durch diese Folie zu erkennen, die, wenn sie genauer betrachtet wird, jedoch als scheinheilig erkannt werden kann. Phillips ist aufgrund dieser Betrachtung vorgeworfen worden, die „Gefahr" des Trolling nicht zu erkennen und somit eine bösartige Praxis zu verharmlosen; das trifft beides nicht zu. Erstens hat sie eine Differenzierung vorgenommen, die zeigt, dass das mit „Trolling" verbundene Handeln auch im Feld abgewertet würde; zweitens unterstellt „Verharmlosung" eine Schädlichkeit, und Phillips' Untersuchung lässt an der selbstverständlichen Schädlichkeit dieser effektiven Streiche gegenüber der Skandalisierungsmaschine der Massenmedien durchaus zweifeln. Wenn ihr vorgeworfen wird, die Gefahrendiskurse nicht mitzugehen – eine Übersetzung der Formulierung die „Gefahr zu verharmlosen", die in dieser Übersetzung aber diese Gefahrenzuschreibung nicht einfach mitgeht – geschieht das in der Regel durch Akteure, die die Innendeutungen dieser Felder nicht ausgiebig kennen und deren Urteil stattdessen von den massenmedial strukturierten Außendeutungen dieses Feldes geschärft ist. Diesem Urteil sollte eine Kritik sich nicht ergeben, würde sie doch dadurch gerade die Grundlage ihrer Einsichten verlieren. Phillips' Reaktion auf diese moralisierende Kritik von außen, die ohne Verständnis der Innendeutung voranschreitet, lautete, wie sie berichtet, „(how dare you), you don't even know what memes are!" (2015, S. 46). Das beinhaltet die korrekte Feststellung, dass hier ein Außendiskurs, der die Strukturen der Bedeutung im Feld nicht kennt, Außendeutungen zur Ordnung des Feldes verwendet und einfordert, dass auch Expertinnen des Feldes diesen hochgradig wertenden Außendeutungen folgen sollen. Dasselbe gilt für Spieleforschung. Wenn im öffentlichen Diskurs Suchtdiskurse oder Gewaltdiskurse verbreitet werden, die die Realität dieser Welten weder verstehen noch reflektieren. „Rumhängen" und „Immersion" bedeutet hier, die Praxis soweit mitzugehen, dass ein eigenes Feldwissen entstehen kann, das sich aus den Interaktionen mit Mitgliedern gespeist hat und durch Teilnahme an ihren Handlungen geschärft wurde (Dellwing und Tietz 2019).

Ethnografische Distanz bedeutet damit, sich diesen verdeckten Urteilen auch und gerade dann zu widersetzen, wenn sie in andere Annahmen gegossen sind. Neben offenen Moralisierungen, die über die Jahrzehnte zumindest subtiler wurden, stehen somit jene, in denen bestimmte Ordnungen der Welt unreflektiert einfach für normal gehalten werden. Theoretische Außendeutungen tragen normative Urteile in sich, und normative Außendeutungen gehen mit (Alltags-)Theorien zum betrachteten Feld einher. „Den Versuch, das Feld durch ‚Operationalisierung' zu sterilisieren, hält die Ethnografie für eine viel umfassendere Form von Parteilichkeit als jene, die von Operationalisiern abgelehnt wird: sie bringt die parteiischen, von versteckten Moralurteilen durchsetzten Fremdkategorien ins Feld" (Dellwing 2016a). Wer Operationalisierungen mitbringt, bringt bereits Deutungen mit, und Rosalie Wax warnt, „a researcher who is determined or ordered to do nothing but administer and analyze sample surveys can work only with respondents who live in the same world of meaning as he does" (Wax 1985, S. 6). Der gesamte Fokus der Ethnografie liegt jedoch darauf zu bemerken, dass unterschiedliche Segmente der Gesellschaft eben nicht in kohärenten, einheitlichen Bedeutungswelten leben und dass die Unterstellung, das wäre der Fall, tatsächlich eine Form der (weiteren) Bemächtigung einer Seite – oft der Seite der staatlich verbrieften, legitimen, bürgerlichen Deutung – über die Seiten darstellt, die nicht in der Lage sind, einen solchen Deutungseinfluss geltend zu machen. Solche Deutungen transportieren unausgesprochene Annahmen, Wertungen und Moralisierungen, die der kritischen Hinterfragung ausgesetzt werden müssen. Charmaz und Mitchell warnen daher, „never force data into pre-existing codes" (2001, S. 165), und Prus sekundiert das; „the study of group life should not be forced into ‚nice, neat little boxes'" (1997, S. 214). Das betrifft bereits die Kategorien, die als „vorhanden" verstanden werden, wenn z. B. einfach „kriminelle Handlungen" untersucht werden, ohne ein Bewusstsein dafür, dass Kriminalität eine Deutung der Situation ist, die in einem scharfen Machtgefälle steht und keineswegs einfach eine objektive Tatsache darstellt. Wenn die Betrachterin dann noch Teil einer Gruppe ist, die soziale Herrschaft über diese betrachtete Gruppe ausübt (was im Fall von Menschen in Erziehungspositionen gegenüber Menschen, die in einer durchweg digitalisierten Welt aufgewachsen sind, oft vorkommt), muss sie sich vorwerfen lassen, dass ihre Deutungen keineswegs objektiv, abstrakt oder „wissenschaftlich" sind (gegenüber „verklärten" Alltagsdeutungen der Betrachteten), sondern dass es sich um Wissen handelt, das diese Herrschaft potenziell befördern oder untermauern könnte. Gerade Felder, die dem sozialen Mainstream nicht entsprechen, und die (oft damit überlappende) Erforschung sozial benachteiligter Felder und Randgruppen jeder Art tragen häufig eindimensionale Außenordnungen in sich, auch in wissenschaftlichen Kontexten. Hammersley warnt daher, „history and ethnography [...] share [...] a distaste for theories which [...] ride roughshod over the complexity of the social world" (1992, S. 32). Sie alle weisen damit auf die Offenheit, Pluralität, Unabgeschlossenheit und Prozesshaftigkeit der sozialen Welt und ihrer Deutungen hin, die in einer Außenordnung alle nivelliert werden; es handelt sich nicht nur um den Fehler, eigene Deutungen über jene der Mitglieder des Feldes zu stellen, sondern auch um jenen, eine eindeutige Deutung an die Stelle einer lebhaften, pluralen Welt zu setzen.

Eine der Gründungsinteressen der soziologischen Ethnografie liegt in der Stadtforschung. Die Chicago School kann als Ausgangspunkt der Anwendung ethnologischer Methoden des „Reisens" zu fremden Gruppen und Integration in ihren Alltag auf die eigene Gesellschaft gelten: Ihre Doktoranden wurden angehalten, sich „den Hosenboden schmutzig zu machen", um den lebensweltlichen Alltag der Gruppen, die vor ihrer Nase lebten, aber von einer Mauer der sozialen Trennung versteckt waren, zu ergründen. Die klassischen Chicago-Ethnografien wollten solche Außenordnungen zugunsten der Innenberichte ablösen. Wenn eine Stadt ein Viertel als „unordentlich", „chaotisch", „rechtsfreier Raum", „kriminell" etc. deutet, deutet sie sich damit als ordentlich und als Ordnungsbringer, als zivilisiert gegen das wilde Andere, seinen eigenen Rechtsraum als überlegen gegenüber den Urteilen derer, auf die mit diesem Recht zugegriffen wird. Spätere Ethnografien greifen das als Kernelement auf: Howard Becker stellt die von ihm untersuchten Jazz-Musiker – in den Vierziger- und Fünfzigerjahren noch nicht so hochkulturell konnotiert, wie Jazz es heute ist – gerade im Rahmen einer Studie vor, in der es ihm darum geht, wie Zuschreibungen Außenseiter schaffen. Patricia Adler (1993) untersucht den Drogenimport als ökonomisches Feld mit Strategien, Strukturen, Netzwerken und banalen Alltagspraktiken. Sudhir Venkatesh (2008) geht zurück in die Ghettos Chicagos und widerlegt den Mythos des desorganisierten, verwilderten Lebens amerikanischer Großstadtarmut.

Das zeigt eine interessante Trennung auf: Über prestigereiche Umfelder sind vorrangig repräsentative Fiktionen im Umlauf, die an den Idealbildern dieser Felder orientiert sind. Es sind Fiktionen, die von diesen Institutionen befeuert werden, indem sie ihre Position in der „Hierarchie der Glaubwürdigkeit" (Becker 1967) verwenden, um sie zu verbreiten und auch jene scharf zu sanktionieren, die diese infrage stellen. Theoretisierenden Außenfiktionen stützen diese Institutionen. Das gilt für Fiktionen über sie selbst und häufig auch für andere prestigeträchtige, in der Hierarchie der Glaubwürdigkeit hochrangige Institutionen, die sich häufig – aber nicht notwendigerweise – gegenseitig stützen. Über prestigeschwache, ausgegrenzte Umfelder dagegen sind parallele negative Fiktionen im Alltag verbreiteter. Es ist daher kein Zufall, dass Ethnografien in „abgewerteten" Umfeldern deutlich häufiger forschen als in „machtvollen", prestigereichen Umfeldern. Gangs, Slums, „Hobos", Drogendealer, informelle Ökonomien – diese Umfelder haben eine Masse an Ethnografien hervorgebracht, in denen die verzerrten Abgrenzungsbilder, die von außen über diese Umfelder konstruiert werden, infrage gestellt werden. Das „Ghetto" mit seiner Gangstruktur beispielsweise kommt hier nicht als Hort des Chaos, sondern als eigenorganisierter und durchaus in nachvollziehbaren Abläufen geordneter Raum zum Vorschein, dessen „Wildheitszuschreibung" den von außen erwartbaren Zielsetzungen der Außenakteure folgt, die diese Zuschreibungen vornehmen (Whyte 2012; Thrasher 1927; Venkatesh 2008). Ein Bruch der Außenfiktionen über Forschungsfelder wertet prestigeniedrige Räume auf, wertet prestigehohe Räume dagegen ab.

In einer pluralistischen Gesellschaft ist die Frage, welches Umfeld welches ist, dabei jedoch gar nicht so einfach, wie es zunächst erscheint: Man kann ein idealisierendes Bild des Bankbetriebs zeichnen oder ein abwertendes, und für beide Arten sind Idealismen vergleichsweise leicht auffindbar, die mit diesen Bildern gestützt werden können. Die Zeit, in der ein großes Mainstream-Narrativ klar entschieden hat, welche Idealismen die „richtigen" sind, ist ohnehin eine Fiktion, die die in engen Massenmedien ausschließlich kommunizierten Idealismen für die ausschließlich existierenden hielt. Umgekehrt existieren abgeschirmte Teile der Gesellschaft, die zwar als Teil der „Mehrheitsgesellschaft" markiert sind, deren Abläufe aber dennoch unbekannt bleiben: Auf dieser Linie entstehen Studien über Polizei, Krankenhäuser, Amtsstuben, Hilfeeinrichtungen etc. Die inneren Abläufe dieser Gruppen, so eine Kernerkenntnis ethnografischer Forschung, entspricht weder der Art der Außendarstellung, die journalistisch geordnet wird, noch der Art, die der Klientel dieser Organisationen von ihren Außenvertretern präsentiert wird.

Die ethnografische Orientierung am Fremdverstehen versetzt die Ethnografie damit in eine besondere Position, Mythologisierungen, Moralisierungen und allgemein Zuschreibungen, die von außen an das Feld herangetragen werden, zu überwinden. Ethnografien eignen sich daher besonders dazu, Einsichten in Felder zu gewinnen, die ansonsten vorrangig von außen betrachtet werden: Teile der eigenen Gesellschaft, die nur durch die Berichterstattung Nichtbeteiligter gefiltert bekannt sind. Ziel der ethnografischen Distanz ist es damit, aus den pluralen, interessierten, kontextualisierten, positionalen Deutungen der Beteiligten – innen wie außen – die Praktiken zu extrahieren, in denen diese Deutungen und die damit einhergehenden Realitäten gemacht werden. Dafür darf keine festgehalten werden.

Eine Ethnografie, die Immersion und Teilnahme an Feldern zur Grundlage hat, ist hier jedoch in der Regel von vornherein von einer Art Sympathie der Intersubjektivität betroffen: Es war Howard Becker, eine der zentralen Figuren der neueren soziologischen Ethnografie, der bemerkt hatte, dass es unmöglich ist, eine Gruppe zu untersuchen, ohne eine Sympathie für sie zu entwickeln, vor allem dann, wenn die besagte Gruppe immer wieder Ziel vereinfachender Geschichten über sie wird, die ihre Welt, ihre Erfahrungen und ihre soziale Ordnungen und Urteile der Mainstreamgesellschaft für selbstverständlich setzen. Das ist nicht die Aufforderung, die Realitätskonstruktion der Untersuchten zu verteidigen; es ist die ganz empirische Feststellung, dass ein Mitmachen in der untersuchten Welt, ein Einlassen auf die Realitäten und Praktiken des Feldes zwangsläufig dazu führt, dass der Forscherin bewusst wird, wie simplistisch und innen-realitätsfern die gängigen Außendeutungen mit ihren mitgebrachten Moralurteilen und mitgebrachten scheinbar eindeutigen Kategorien doch sind – Deutungen und Kategorien, die der Forscher womöglich vor der Forschung ebenso für selbstverständlich gehalten hatte. Beckers Einwurf ist die Warnung an Wissenschaftlerinnen – oder das Versprechen an sie –, dass diese Außendeutungen ihre Forschung nicht überleben werden. Das ist kein Verfehlen, im Gegenteil: verfehlt wäre die Forschung, wenn diese externen Deutungen nach ihr unangetastet blieben, denn dann wäre zu bezweifeln, ob die Forscherin im Feld irgendetwas gelernt hat.

Ein erster Schritt erfolgreicher ethnografischer Forschung besteht daher darin zu erkennen, welche Deutungen ein Feld aus der Perspektive der Außenwahrnehmung über dieses Feld strukturieren – erstens, um sie ausklammern zu können und sicherzustellen, dass sie in der Forschung nicht blind vorausgesetzt werden, zweitens, um die Umwelt zu verstehen, mit der sich jede interne Deutung des Feldes auseinandersetzen muss, und drittens, um den Grundstein zu legen, um in diesem Zusammenspiel die Pluralität widerstrebender, aber dennoch aufeinander bezogener Deutungen zu durchschauen, die auf jedem untersuchten ethnografischen Feld aufzufinden sein werden.

Exzeptionalismus

Die Forscherin darf die Lebenssituation der untersuchten Menschen nicht als ungeordnet oder chaotisch deuten, wenn sie ihrer bürgerlichen Idee von Ordnung nicht entspricht, der Forscher, der BDSM-Clubs untersucht, darf die Sozial- und Sexualpraktiken des Feldes nicht als unmoralisch oder gar gefährlich klassifizieren, weil sie seiner verkörperlichten Idee sexueller Moral nicht entspricht – und auch die Forscherin, die online-Kontexte untersucht, muss sich einer Reihe von Abgrenzungen verwehren, die das Feld immer wieder durchdringen. Gerade online-Forschung ist von einer schwierigen Ambivalenz durchzogen: einerseits leben wir heute alle online; nur kleine Teile der Bevölkerung westlicher Länder können von sich sagen, gar keinen Kontakt zu online-Kommunikation zu haben, und auch hier ist zu erwarten, dass ihnen die Kontaktpunkte einfach nicht bewusst werden. Andererseits ist diese Form der Verknüpfung von Menschen noch neu genug, dass auch und gerade jene, die heute in statushohen Positionen stehen, oft noch ohne Internet aufgewachsen sind. Das befreit sie nicht davon, dass auch ihr Alltagsleben ohne online-Komponenten undenkbar wird, auch wenn sie vielleicht nicht immer bemerken, wo diese auftauchen. Es bringt jedoch die ganze Breite der von Außennarrativen, die in der Pionierzeit des Internet geschärft wurden, mit sich und befördert anstrengende Trennungsdiskurse.

Narrative zu online-Umfeldern weisen in der Prävalenz von Außendeutungen daher ähnliche Strukturen auf, die auch in anderen abgewerteten, randständigen Feldern anzutreffen sind, und wie in vielen Außendeutungen zu randständigen Feldern sind auch diese besonders häufig Gefährdungs- und Niedergangsgeschichten, die online-zentrierte Handlungen in Problemnarrativen und Moralpaniken ordnen. Um diese ausgiebig zu diskutieren, fehlt hier der Platz (aber vgl. Dellwing und Tietz 2018; Dellwing 2018c; Markey und Ferguson 2017). Eine besondere Form der theoretisierenden Außendeutung, die starke normative Elemente enthält, ist die Trennung von online- und offline-Lebenswelten als „virtuell" und „real", eine Trennung, die in den Game Studies als Exzeptionalismusdiskurs (Malaby 2007) oder „digitaler Dualismus" (Jurgenson 2011) bekannt ist.

Der Exzeptionalismus- und Dualismusdiskurs kommt zur Beschreibung einer scharfen narrativen Trennung zwischen on- und offline-Kontexten auf. Kern dieses Trennungsdiskurses ist es, „das Internet" als „virtuelle Welt" oder „zweite Realität" in essentialisierenden Debatten gefangen zu nehmen, die sich an Fragen abarbeiteten, ob das Internet als „Raum" zu verstehen sei, die Anwesenden als „anwesend" und ob die darin verhandelten Identitäten als „echt" anzusehen sind. Exzeptionalismus- und Dualismusmusnarrative postulieren eine Trennung zwischen „Realität" und „Virtualität" und damit einhergehenden Annahmen, was es bedeutet, einen „richtigen Raum" mit „richtigen Menschen" und „richtiger Sozialität" vor sich zu haben.

Diese Trennung fand in wissenschaftlichen Betrachtungen der Neunzigerjahre seine Verankerung: „Much of this [internet-related; Autoren] work occurred in the 1980s and 1990s. The Internet was seen as a separate space and a potentially both utopian and dystopian space" (Shumar und Madison 2013, S. 255) – eine Einschätzung, die auch von ihrer Zeit und den Kontexten wesentlich getragen wurde. „It was common to talk about the Internet as offering up access to a new form of space", Zugang zu einer „new frontier, which could be colonized by whatever new structures and identities people wished to build" (Hine 2015, S. 33); so wurde das Internet dementsprechend auch als außeralltäglich gerahmt. Verbunden mit diesem Exzeptionalismus, der sich auf alte und überholte Unterscheidungen zwischen „realen" und „virtuellen" Welten stützt, tauchen Gefährdungsnarrative auf, die einen Niedergang des „Realen" postulieren und die Verschiebung weg von überkommenen Normalitäten als Geschichte von Verlusten rahmen. Als gefährdet, verloren oder ganz unmöglich gelten in diesen Narrativen Raum, Körper, Identität und Beziehung, ein Vierklang, der in gegenwärtigen Alltagsdiskursen weiterhin außerordentlich stark bleibt und „dem Internet" die Rolle des „Fiktionalen" zuweist. Nitsche bemerkt noch 2008, das Internet habe „never totally shed the element of the fictitious" (Nitsche 2008, S. 17).

Zentral im Exzeptionalismusdiskurs ist die Konstruktion einer Unterscheidung von „echtem" Raum gegenüber einem online-nicht-Raum und, damit einhergehend, zwischen Körper und nicht-Körper. „The Internet is often described as a non-lieux, using the well-known concept of the French sociologist Marc Augé (1992) – a non-place" (Isabella 2007, S. 6). Koch ergänzt, „(s)omit erscheint das Internet nur ein imaginierter Raum zu sein, der jenseits dieser Imagination nicht als Raum existiert" (Koch 2011, S. 36). Gerade der Begriff des „Cyberspace" steht für diesen klassischen Raumtrennungsdiskurs, in dem die Behauptung einer „zusätzliche[n] Realitätsebene, die ungeachtet der lebensweltlichen Kontexte der Akteur/innen eine Eigendynamik entfalte" und „eine[r] neue[n] Welt" (Greschke 2009, S. 10). Lehdonvirta (2010) bemerkt kritisch, das schaffe eine Quasi-Tabula-Rasa-Idee des Virtualitätsbegriffs: „In this perspective, MMOs are painted as separate worlds, located outside ‚the real world', in many ways mirroring it like a synthetic double, but carrying on independently of it like a distant planet." Das Internet als „Neuraum" oder „Nicht-Raum" ist nun als einer konzipiert, in dem Nutzer entweder nicht körperlich oder nicht-körperlich interagieren können; die erste Variante nutzt die Trennung zur Erzählung einer Behinderung, die zweite zur Erzählung einer Ermächtigung. In der „hinderlichen" Variante stellt die fehlende Körperlichkeit die Identität und die ganze Möglichkeit einer sozialen Beziehung infrage; in der Ermächtigungserzählung wird dagegen die Öffnung betont, die von einer Abkehr von der Körperlichkeit ausgeht.

Diese Abkehr von Körperlichkeit ruft seine eigenen Gefährdungsnarrative hervor. Sutter spricht von einem „Modell einer ‚Depersonalisierung der Interaktion'" (Sutter 2010, S. 74), die das „Modell interpersonaler Interaktionen" ablöse. „Es geht nicht um Beziehungen zwischen konkreten Personen, die sich als Personen wahrnehmen und identifizieren, sondern um Intertextualität, um Beziehungen zwischen Texten, die nicht mehr wie bei Büchern massenmedial verbreitet werden" (ebd). Turkle diagnostiziert, die Idee von Unpersönlichkeit aufgreifend, ein „gemeinsames Alleinsein" online, in dem echte und tiefe soziale Kontakte fehlten (2011). Hartmut Rosa unterscheidet hier gar zwischen „echter" und „unechter" Kommunikation (2013), wobei ihm letztere als „technisch beeinträchtigt" gilt und „soziale Entfremdung" zur Folge hätte: Diese mache „strukturell unwahrscheinlich, dass wir wirklich in Beziehung' zueinander treten. Auch unter Zeitdruck ist es möglich, Informationen auszutauschen und sachbezogen zu kooperieren, aber über die Lebensgeschichte des anderen und seine persönlichen Probleme will man lieber nichts erfahren" (Rosa 2013, S. 142). Diese Alien-Figur, dieses fremde Moment der Unsicherheit speist sich aus der Idee, dass vor allem althergebrachte Ideen von Nähe und Unvermittelbarkeit (gelesen als Zugpferd des ‚klassischen sozialen Miteinanders') aufgelöst werden könnten.

> „There is a fear of abandoning local community values as we move into a cyberspace of global communities. There is fear of diminishing physical closeness and mutual interdependence as electronic networks mediate more and more activities. [...] There is a fear of losing the autonomy of our private bodies" (Heim 1998, S. 37).

Das „Internet" galt somit als Bote „of a looming dystopia of alienation" (Boellstorff 2008, S. 32): Menschen in online-Kontexten, so schließt Isabella aus dieser Deutungslinie, besäßen „no possibility to develop identity and genuine relationships" (Isabella 2007, S. 7), Robert Putnam machte Computerspiele bereits zur Jahrtausendwende für eine „Vereinsamung" in den USA verantwortlich (Putnam 2000; fälschlich, wie lange klar ist: Ducheneaut und Moore 2004, S. 1; Shaw 2010, S. 413; Williams 2006; Crawford 2012).

Während diese Trennung in den einschlägigen Disziplinen heute als obsolet gilt, übt dieses Narrativ jedoch weiterhin einen starken Einfluss auf journalistische und vor allem alltägliche Betrachtungen von online-Kontexten aus, eine Stärke, die immer wieder in gegenwärtige wissenschaftliche Diskurse gerade außerhalb der Disziplinen im Kern der online-Forschung zurückwirkt. Gerade sozialphilosophische Zugriffe auf Onlineethnografien haben Versuche vorgenommen, abstrakte Eingrenzungen von Forschungsfeldern zu betreiben – und sie folgen dabei den Linien des Trennungsdiskurses. Andreas Hepp weist zudem auf die popkulturellen Wurzeln dieses Diskurses in dieser Zeit hin, wenn er feststellt, „Vorstellungen von Cyberkultur sind geprägt von Romanen wie William Gibsons Cyberpunk-Erzählung ‚Neuromancer' (1986) oder Pat Cadigans Cyborg-Erzählung ‚Synners' (1991) sowie von Filmen wie ‚Bladerunner' (1982) oder ‚The Matrix' (1999)" (Hepp 2013, S. 21–22).

Diese Trennung und ihre Narrative sind Produkte der Neunzigerjahre, als Wohnungen „Computerzimmer" hatten, die Einwahl ins Internet die Telefonleitung blockierte und die Praxis nur einer geringen Zahl vorrangig junger, gebildeter, wohlhabender – und vorrangig männlicher – Menschen vorbehalten war. Dieser Diskurs war zudem westlich zentriert: weite Teile Asiens und Afrikas z. B. sind nicht durch die PC-Ära gegangen, um online zu gehen, sondern haben durch späte Digitalisierung einen Überholschritt (so genanntes „leapfrogging") direkt zu einer smartphone-Gesellschaft geleistet: Die parallele Existenz einer physisch an einen Tisch in einem Raum gebundenen online-Interaktion *neben* einer offline-Interaktion haben diese Umfelder niemals auf breiter Basis erlebt, und das Internet wird hier bereits zum Punkt der Digitalisierung als alltägliche Technologie popularisiert.

Ein Großteil dieses Diskurses des „außergewöhnlichen Internets" ist zudem auf zwei weitere Perspektiven zurückzuführen: Auf der einen Seite steht ein Kulturpessimismus, der alles, was nicht in physischer Interaktion geschieht, nicht als Interaktion und in schärferen Lesarten als „unecht" klassifizieren möchte, auf der anderen Seite steht eine klassische Linie der Game Studies selbst, die klassische Diskurse zum Spiel als „nicht-Realität" (Huizinga 2009, Callois 2001; Juul 2011) zum Ausgangspunkt nimmt, das (online-)Spiel in diesen Raum der Unrealität aufzunehmen. Malaby schließt daher, „the older and still extant marginalization of games and its contemporary, almost utopian treatments are actually two sides of the same coin; they both follow from an exceptionalist position: that games are play and therefore set apart" (Malaby 2007, S. 97). Gegen diesen Exzeptionalismusdiskurs stellt Marotzki bereits 2003 die Feststellung, dass „die Aktivität ‚doing Internet'" impliziert, „dass diese Aktivität immer lebensweltlich verankert sei und als kommunikative, informative oder selbstpräsentative Aktivität wie jede andere auch zu sehen sei" (2003, S. 151). Sims-Bainbridge sekundiert, „If there is a clear place called real life! Many social scientists have written about multiple realities, subcultures, provinces of meaning. What goes on in a church, school room, or battlefield may be as unreal as what happens here" (2010, S. 12) – und, sollte hinzugefügt werden, so real zugleich, auf beiden Seiten. Apperley und Jayemayne bemerken trocken, „[d]igital games are objects that exist in the world" (2012, S. 15) und nennen sie in diesem Zug „strikingly visceral" (15). Jeder Versuch einer Trennung von „realen" und „virtuellen" Umwelten scheitert zunächst an der Notwendigkeit, auch putativ als „real" von online-Kontexten abgegrenzte Räume zu bauen, zu konstruieren, zu deuten und zu verhandeln. Zudem ist, wie Bainbridge dann bemerkt, eine solche scharfe Trennung schon an den Notwendigkeiten der Situation schwer aufrechtzuerhalten: „it takes a lot of work, probably too much work, to try and maintain a clean separation between the two: play takes place in an environment (the home, most often) that places its own demands on the player and affects their experience (,gtg [got to go], dinner time!', ,AFK [away from keyboard], kid needs attention')" (Sims-Bainbridge 2010, S. 13).

Das Feld war somit gerade zu Beginn von einer Geringschätzung des Digitalen durchzogen, und unter dem Gesichtspunkt gefährdungsängstlicher Außendeutungen ist es nur zu verständlich, dass man den ,Cyberspace' in einer Quarantäne halten will, indem man ihn im Reden virtualisiert und exzeptionalisiert.

Letztlich gilt, wie Boellstorff et al. festhalten, „what interests us about virtual worlds is not what is extraordinary about them, but what is ordinary" (Boellstorff et al. 2012, S. 1). Das Internet „ist" weder alltäglich noch außergewöhnlich, es wird in der Alltagspraxis der Menschen, die wir untersuchen, zu solchem *gemacht* – und in unterschiedlichen Gruppen, auf unterschiedlichen Feldern durchaus unterschiedlich.

Diese Debatte kann mittlerweile einerseits als veraltet und auch überwunden gelten, auch wenn ihre Ausläufer weiterhin durch Wissenschaft und Journalismus geistern. Seitdem hat sich die Geschichte von den „zwei Welten" trotzdem hartnäckig gehalten; sie kann als Grundmythos gelten, der wissenschaftliche und auch alltägliche Auseinandersetzung mit „dem Internet" – schon diese Bezeichnung ist ein generalisierendes Narrativ auf ein vielschichtiges Phänomen – nachhaltig strukturiert.

Zugleich jedoch hat diese Form des Kulturpessimismus sozial Verbeitung gefunden. Gerade in einer Welt, in der ein Leben ohne Online-Einbindung nicht mehr möglich ist, bedeutet das, dass diese Trennung auch Eingang in den Eigendiskurs der online aktiven Menschen gefunden hat. Das führt zur paradoxen Situation, dass gerade die Unmöglichkeit der Trennung zwischen „real" und „virtuell" diese Trennung als Diskus online verwurzelt hat: In vielen Kontexten ist es normal und auch alltagsdiskursiv verständlich, über „real life" zu sprechen und diesen Begriff als Referenten verstanden zu wissen: Es geht um nicht unmittelbar online vermittelte Kommunikation, wenn z. B. in Onlinespielen „AFK, real life is calling" als Erklärung verwendet wird, kurz nicht mitzuspielen – auch dann, wenn „real life" den Anruf einer Person bedeutet, die ebenso nicht unmittelbar körperlich präsent ist oder die Interaktion mit der/m Lebenspartner/in, die die Person vielleicht in einem Onlinespiel getroffen hat; wenn auf Youtube eine Darstellung als „I wouldn't do this in real life" beschrieben wird, auch wenn die Interaktion völlig körperlich und körperlich vermittelt ist; oder wenn Bitcoin als „virtual currency" bezeichnet wird, auch wenn ich mit Bitcoin genauso Pizza bestellen kann wie mit einer Kreditkarte, in keinem der beiden Fälle physisches legacy-Geld in der Hand halte und „klassisches" Geld heute zur großen Mehrheit digital generiert und gehandelt wird, ohne dass jemals Scheine dazu existieren, dieses Geld aber nicht als „virtuell" betitelt wird. Bitcoin (und Ethereum, Tether, Monero, etc.) entsprechen als banken- und staatsfreies Geld der klassischen Struktur des Geldes nicht, aber nicht, weil sie digitalisiert und online existieren – das gilt heute für fast alles Geld. „Virtuell" und „real" sind damit Marker für die Zugehörigkeit zur Onlinekultur geworden, die eine Trennung nun aufmacht, um eine kulturelle Abgrenzung damit zu leisten – gerade von jenen, die der Herabwürdigung des Digitalen mit Frustration begegnen würden, und gerade in den Kontexten, in denen eine „exzeptionale Digitalität" mit einer solchen Trennung untermauert werden kann. Wie so viele zuerst abschätzig verwendeten Begriffen hat damit auch dieser Begriff eine Aneignung durch jene erfahren, die damit ursprünglich abgewertet werden sollten. Das lässt die Probleme, die mit der akademischen und oft abwertenden Verwendung des Begriffes verbunden sind, natürlich – wie immer in solchen Fällen – nicht verschwinden.

Unmöglichkeits- und Anpassungsdiskurse

Dieser Exzeptionalismusdiskurs hat in der online-Forschung zum Teil kuriose Diskussionen angeregt, schon lange bevor er zu einem Teil der (auch, aber nicht nur ironischen) Onlinekultur wurde: er hat Unmöglichkeitsnarrative produziert, die ethnographische Forschung online generell infrage stellen wollten, und Anpassungsnarrative, die die Möglichkeit dieser weit verbreiteten und erfolgreich getätigten Forschung zwar konzedieren, dabei aber wesentliche Anpassungen vornehmen möchten, um dieser „Ausnahme" Genüge zu tun.

Ein Kernaspekt ethnografischer Materialgewinnung liegt in der Verkörperlichung jenes Wissens durch die Forscherin, das die Feldteilnehmerinnen bereits mit sich tragen. Nicht nur das Wissen ist hier körperlich gedacht, auch die Erfahrung, die Immersion, die Interaktion: Indem die Ethnografin sich in diese Umfelder mit ihrem *Leib* begibt, hat sie erst die Chance, diese Wissensbestände zu ihren eigenen zu machen, eine Chance, die in reinen Interviews oder Fragebögen – oder in allen anderen Formen der Sammlung aus der Distanz zum naturalistischen Kontext – ausbleibt. Als Nicht-Ort mit Nicht-Körper, so die auf dem Exzeptionalismusdiskurs beruhende Kritik, sei jedoch gerade diese Sammlungschance gestört: die mangelnde Körperlichkeit, die sich in einer mangelnden Vollständigkeit der face-to-face-Interaktion niederschlage, ließe diese klassische Form der Materialsammlung stocken. „Whereas a face-to-face dialogue not only includes the spoken words, but also gestures an online communication is limited to the written word and a handful of so called emoticons" (Wittel 2000, S. 18). Auch Kardoff bemängelt, „in der virtuellen Kommunikation [fehlen] aufgrund der Körperlosigkeit in der Regel gestische, mimische, prosodische und andere Merkmale wie Aussehen, Kleidung, etc., die Hinweise auf Emotionen, Glaubwürdigkeit und Engagement der Interaktionspartner liefern" (Kardoff 2008, S. 34). Strübing hält es auf dieser Basis gar für eine „eigentümliche Entwicklung", ethnografische Arbeit in einem Umfeld zu machen, in dem Körper fehlen, wo solchen Forschungen doch „die Herstellung von Forschungssituationen in physischer Kopräsenz mit den Akteuren des zu erforschenden Feldes voraussetzen", wogegen „das Internet vor allem durch das Prinzip der Kommunikation unter physischer Abwesenheit … charakterisiert zu sein" scheint (Strübing 2006, S. 250).

Das sind alte Quellen; die Linie führt jedoch noch 2011 zum Vorwurf, dass online-Ethnografien „where the researcher could not physically be present … hampers careful and informed interaction of researcher and participants, usually one of the main strengths of ethnographic research" (Beneito-Montagut 2011, S. 718). Auch schließt Wittel für online-Umgebungen: „observation can only take place in a rather reduced and limited mode. One cannot observe ‚real people'" (Wittel 2000, S. 17), sondern ihre „virtuellen" Repräsentationen. Gnambs und Batinic (2010, S. 329) bemerken hier, mit einem Hauch der leichten Ungläubigkeit von Eltern gegenüber den sich verändernden Welten ihrer Kinder,

"Im Internet ist es einfach möglich, Unwahrheiten über sich und andere zu verbreiten, da kaum direkte negative Konsequenzen zu befürchten sind. Es ist daher auch kaum möglich, den Wahrheitsgehalt internetbasierter Aussagen (z.b. Alter oder Geschlecht von Befragten) zweifelsfrei zu verifizieren. Es ist sogar möglich, unter unterschiedlichen ‚Nicknames' in einem Forum Beiträge zu veröffentlichen".

Das ist natürlich eine der Chancen der Rollentrennung online, die sich auch nicht prinzipiell von „klassischer" Rollentrennung unterscheidet; die Durchsuchbarkeit des Internets macht es jedoch absolut notwendig, pseudonym unterwegs zu sein, um Rollentrennung zu ermöglichen. Pseudo- und Anonymität online sind damit fundamentale Grundlagen dafür, Mensch sein zu können. Stattdessen schließen die Autoren jedoch, dass „die Authentizität virtueller Selbstrepräsentationen infrage" gestellt werden müsse (Gnambs und Batinic 2010, S. 329) – mit einem sehr alltagsnaiven Begriff von Authentizität ausgestattet (vgl. Dittmar und Dellwing 2016). Auch Argyle und Shields werfen die Frage auf, ob eine kopräsente, d. h. körperliche Interaktionserfahrung noch möglich ist, wenn das Physikalische zurückgelassen wird. Sie schreiben,

„If we believe that the body must be present in a physical sense to be a factor amongst individuals, that there is separation, and that we can communicate from one level without other levels being present, then it will be very difficult to find physicality on a computer net. The body is not there. The screen, keyboard and monitor are physically in contact with the user, with the flesh up against barrier after barrier. But if we argue for a multiplicity, multiple layers of being, a way to be in the body at all times, to express the whole of the person so there can be no separation, […] then how can we eliminate the physical at all?" (1996, S. 68)

Diese Zugriffe konstruieren online vermittelte Interaktion als solche mit „Barrieren", face to face jedoch als solche ohne; das ist eine Frage der Idee von Barrieren, und als solche reproduziert das Romantizismen der face-to-face-Kommunikation. Diese Kritiken schließen aus diesen Argumentationen häufig, dass ‚online' „die zentrale Bedingung [klassischer] sozialer Interaktionen, nämlich die Anwesenheit der Beteiligten, nicht erfüllt" sei (Sutter 2006, S. 1876); Farnsworth und Austrin (2010, S. 1123) gehen damit soweit, den Begriff „Ethnografie" für online-Arbeit völlig zu verwerfen: Für sie gilt, „the complexity of real and virtual networked worlds, and the multi-sited research they require, suggests it may be appropriate to dispense with the term ‚ethnography' altogether in favour of conversation, text or discourse analysis" (Wittel 2000, S. 8).

Auch wenn Teile dieser Thematisierung nunmehr zwanzig Jahre alt sind, finden sich wie gesehen auch neuerer Texte, die diese Diskurse weiter in sich tragen. Diese Formen von Ort- und Körperargumenten sind jedoch problematisch.

„Virtual worlds [...] do not mediate between places; they are places in their own right" (Boellstorff 2015, S. 4). Ähnliche Kritiken kommen nicht in Bezug auf Ethnografien auf, die z. B. telefonvermittelte Felder untersuchen, wie Notrufe oder Telefonsex: sie werden selektiv für online-vermittelte Felder verwendet, was ein Indiz dafür liefert, dass es sich um romantisierte Technikpessimismen handelt, die mithilfe des Körperarguments verhandelt werden. Fragen nach der „Realität" von Präsenz in online-Kontexten aufzuwerfen zeigt in diesem Kontext vielmehr, dass von betreffenden Arbeiten zuvor bereits eine Entscheidung getroffen wurde, eine Unterscheidung anzunehmen, die Präsenz auf körperliche Kopräsenz limitiert und diese als „unmittelbar" und medial „unvermittelt" versteht – eine Konstruktion, die auf viele Arten angreifbar ist und so die vielfältigen Arten gegenwärtiger Kopräsenz als „unecht" vorverurteilt.

Gerade, wenn sie als „Wahrheit" herangezogen werden, um Ethnografie zu verunmöglichen, sollte sich die Forscherin die Frage stellen, ob die praktische Möglichkeit praktisch und tatsächlich durch eine theoretische Argumentation dieser Art behindert wird. Unsere Forschungserfahrungen, die sich mit dem großen Korpus bestehender Internetforschung decken, sprechen hier eine eindeutige Sprache: Im Licht der Tatsache, dass Ethnografie die bei weitem dominante Form der Forschungsorganisation in Game Studies darstellt, verwundert die Frage nach der Möglichkeit dieser Anwendung uns lediglich: Es ist die kuriose Behauptung, etwas praktisch und konkret weit Verbreitetes sei unmöglich. „Describing virtual spaces as fieldsites is no longer unusual; while some ethnographers still maintain that only a prolonged, immersive, on-the-ground encounter with an unfamiliar culture constitutes genuine fieldwork, there are now so many people interacting in virtual contexts that an ethnographic approach to their doings has gained broad acceptance" (Miller 2008, S. 27). Das geschieht bereits seit mehr als zwanzig Jahren: „the first ethnographies of virtual worlds were probably Michael Rosenberg's 1992 ethnography of WolfMOO and John Masterson's 1994 ethnography of Ancient Anguish" (Boellstorff 2008, S. 53). Praktisch, so können wir festhalten, ist Ethnografie de facto die stilbildende Forschungsform der Game Studies und damit ein zentraler, praktisch häufig äußerst gewinnbringend verwendeter Modus der online-Forschung.

Eine Reihe von Beschäftigungen mit Ethnografie als Methode der online-Forschung möchte eine Neuausrichtung der „klassischen" Methode der Ethnografie vornehmen, um sie an die speziellen Voraussetzungen von online-Interaktion „anzupassen" – entweder anstelle der Behauptung einer gegerellen Unmöglichkeit oder als Konsequenz der Behauptung, dass „lediglich" die Anwendung einer klassischen Ethnografie auf diesem Feld unmöglich sei. In Abkehr von harten Unmöglichkeitsnarrativen bleibt auch das letztere der beiden Narrative weiterhin in der argumentativen Linie, dass eine qualitative Differenz zwischen „offline"- und „online"-Kontexten bestünde, die es notwendig mache, die Ethnografie an diese Unterschiede anpassen zu müssen. Steinmetz schreibt, „[t]he Internet provides interfaces for interaction which are substantively different than those available offline" und „[m]ethodologies must be tempered to cope with and explain a phenomenon in this setting" (Steinmetz 2012, S. 27), da online-Kommunikation „eine Reihe methodischer Umstellungen erforderlich macht" (Strübing 2006, S. 252). In diesem Rahmen wird „cyber-ethnography" als „a new research methodology" angeboten (Keeley-Brown 2010, S. 331), „Internet-Ethnografie" als „a fairly new methodological approach" (Keim-Malpass 2014, S. 1686), Netnografie (Kozinets 2002) als Forschungsform für ein eigenes Feld, das eigene Methoden und Praktiken erfordere.

Insoweit Ethnografie in ihrer Geschichte auf einem weiten Feld Anwendung gefunden hat, von Gangs und Ghettos über Sozialarbeit zu Management, von Fabrikarbeit und Universitätsumfeldern zu Hobbys und alternativen Lebensstilen, ist die selektive Auswahl von Onlinekontexten als jene, der nun im Gegensatz zu allen anderen Anwendungen eine „Umdotierung" notwendig mache, bemerkenswert: Ethnografie ist immer bereits eine an Felder angepasste, offene Praxis gewesen, die sich nicht durch strikte Methodik, sondern durch „unmethodische" Flexibilität und Offenheit auszeichnet und vor allem die Realitätskonstruktionen der Anderen in den Vordergrund rückt – wozu die Mittel, diese Konstruktionen zu erfassen, ebenso am Feld ausgerichtet werden müssen, das untersucht wird. Nicht nur ändert sich diese Offenheit „online" nicht; diese Offenheit macht die Praxis vielmehr spezifisch geeignet, um auch neue und sich verändernde Umfelder beständig flexibel zu erfassen. Das ist für Felder, die sich völlig, mehrheitlich, teilweise oder schwer separierbar online konstituieren, zuerst einmal genauso und schafft gerade auf der Basis ethnografischer Offenheit im Vergleich zu strikteren Forschungsformen keine besonderen Probleme. Tom Boellstorff, Autor und Koautor einer Reihe von Ethnografien in der online-Forschung, z. B. zur Plattform *Second Life* (2008), hat auf dieser Basis die Ausbreitung „alternativer Begriffe" wie „Cyberethnografie", „Netnografie", „virtuelle Ethnografie", „Digitalethnografie" etc. bemängelt, die auf diesem Feld aufgekommen sind (Boellstorff et al. 2012, S. 4). Auch Kozinets, selbst ein Urheber eines solchen Begriffes, bemerkt, „ethnography is ethnography, prefixing it with digital, online, network, Internet, or web is entirely optional" (Kozinets 2010, S. 5).

Das allerdings gilt für jedes Feld: Die Ethnografie ist *immer* eine aufs Feld zugeschnittene, emergente Praxis, die feldspezifisch abgewandelt ist. Jede Argumentation, dass online-Forschung eine „neue Ethnografie" benötigen würde, missversteht die alte. Wie auch Sutter (2010, S. 61) bemerkt: „muss die Medienforschung angesichts neuer Medien alles über Bord schmeißen und von Grund auf neue Begriffe und Instrumente entwickeln? Ganz und gar nicht, wenn man nicht immer wieder alte Fehler wiederholen will."

Folge dem Feld

Das bringt uns zum zentralen Punkt einer Erforschung von Deutungen auf Onlinefeldern mit ethnografischen Mitteln. Die Suche nach „verkörperlichtem", implizitem Wissen zum intersubjektiven Einlassen der Forscherin auf die „Realität des Anderen" (Dellwing und Prus 2012, S. 83; vgl. weiter Schütze 1992) kann in der Tat nur dadurch erreicht werden kann, dass der Körper der Forscherin sich selbst in die Interaktionen begibt, an der die Mitglieder bereits teilnehmen. Mittel zum Naturalismus ist die Immersion der Forscherin in die bereits laufende, gelebte Alltagsrealität des zu erforschenden Feldes. Das Internet ist heute Teil einer vermengten Realität, in der „online" und „offline" nicht einfach zu trennen und Übergänge unklar sind, und „[i]t is important to keep alert to the [...] different sets of conventions and constraints that shape what counts as acceptable behavior in each setting," (Hine 2015, S. 164). Damit ist es auch Teil einer verkörperlichten Realität, und online-Kommunikation kann in der Tat als immer bereits körperlich gefasst werden, da Existenz ohne Körperlichkeit wohl nur in Science-Fiction-Fantasien und religiösen Glaubenssystemen vorkommt; auch eine Verhandlung von Deutungen in Spielen, Netzwerken und Messageboards ist für alle Beteiligten eine körperliche Interaktion. Vielleicht auf andere Weise körperlich, als sie das am Wohnzimmertisch wäre, aber auch die Verhandlung am Wohnzimmertisch ist auf andere Weise körperlich als im Büro, auf der Straße, im Sportstudio, im Schwimmbad, in der Sauna, beim Sex oder übers Telefon – und online ist die Verhandlung ebenso unterschiedlich zwischen *VR Chat, Werewolves Within* und anderen Multiplayer-VR-Spielen, avatarbasierten Onlinespielen unterschiedlicher Art, Onlinechats, Messageboards, blogs, etc., und innerhalb von sozialen Netzwerken. Das wird zudem dadurch weiter diversifiziert, welche Art der Nutzung vorherrscht. Beauty-blogs auf instagram verhandeln Körperlichkeit ebenso anders, und produzieren damit auch andere Körperlichkeit, als Autoblogs das tun. Die Trennung „körperlich" gegen „nicht-körperlich" ist damit schon *innerhalb* online verhandelter Räume hochgradig unterschiedlich. Dazu kommt, welche Überlappungen dieser Körperlichkeiten aufkommen, und wie das geschieht: auf nude selfie-communities auf tumblr oder auf reddits *gonewild*-Ökosystem sind Körperverhandlungen zu finden, die Überlappungen mit „face to face"-Körperverhandlungen aufweisen, wie auch auf snapchat-Videochats oder Omegle, die allerdings weiterhin vollständig online vermittelt bleiben;

Körperverhandlungen auf tinder oder okcupid gehen dagegen oft (aber nicht notwendigerweise) mit der Erwartung einher, dass die Körperverhandlung online Vorlauf zu einer Körperverhandlung bei einem Treffen ist, was die Antizipation dieser Verhandlung in die vorherige Verhandlung einfließen lassen kann. Auch bei Gamertreffen kann das passieren, da aber unter ganz anderen Vorzeichen: Hier ist die online geführte Verhandlung nicht so häufig mit der Erwartung des Treffens vorstrukturiert. Diese diversen Körperlichkeiten dürfen nicht einfach in einer ideologischen Setzung vorentschieden werden, wie „es gibt keine Körperlichkeit online" eine wäre. Diese Körperlichkeiten und ihre Ausformungen sind gerade Teil des Untersuchungsgegenstands, nicht dessen Rahmenbedingung: sie müssen erforscht werden, nicht vorangenommen.

Das hält einen digitalen Naturalismus dazu an, zu überblicken, *wie* die konkrete Deutung dieser jeweiligen Communities sich geriert, wie sie verhandelt wird, wie sie umkämpft wird. Das kann rein online geschehen, und auch das ist immer noch häufig der Fall; es kann in Migrationen geschehen, in denen Interaktionen, die in bestimmten online-Kontexten begonnen wurden, sich jenseits ihres originären Kontexts ausdehnen. Dass „offline" begonnene Interaktionen eigentlich nie wirklich ohne online-Komponente auskommen, ist ein Produkt des digitalisierten 21. Jahrhunderts, in dem über verschiedene das Internet berührende Formen kommuniziert wird (schon alle Bilder auf dem eigenen Handy sind prinzipiell online, da jedes Smartphone als vernetztes Gerät Teil des Internets darstellt; sie werden nicht erst durch Cloudspeicherung zu online-Daten).

Gerade, da on- und offline heute kaum mehr getrennt werden kann (auch wenn es in der Deutung aber weiterhin oft genug getrennt wird), beinhalten unsere Felder Interaktionen jenseits der digital vermittelten Interaktion. Viel physische *face-to-face*-Kommunikation ist in der Tat im Feld selbst wichtig: LAN-Parties (Jansz und Martens 2005), online-Cafés (Apperley und Leorke 2013), Meisterschaften in eSports-Kontexten[3] finden nur allzu offensichtlich in physischer Kopräsenz statt, Spielergruppen treffen sich, nachdem sie zusammen gespielt haben, auch außerhalb des Spiels – inklusive in Cafés und zu Hause –, und so tritt ein Element jenseits der Kommunikation online hinzu. Hookup- und Datingplattformen wie tinder oder okCupid werden – aber auch nur teilweise – gerade dazu genutzt, Kommunikation

---

[3] Die Meisterschaften könnten auch online ausgetragen werden; geschlossene Netze werden als Schutz vor Einflussnahme von außen verwendet. Da in eSports-Kontexten hohe Preisgelder ausgeschrieben sind und auch Wetten über den Ausgang des Spiels abgeschlossen werden können, spielen die Teilnehmerinnen in einem LAN, in dem Spielerinnen vor DOS-Attacken zumindest sicherer sind, als sie das in einem online-Turnier wären.

ohne Beteiligung der Plattform zu initiieren. Das können verschiedene Grenzziehungen in unterschiedlichen Onlineplattformen sein, oder es kann sich jenseits davon ausdehnen; das wäre zu erforschen.

Face to face-Interaktion kann in einigen Onlinefeldern durchaus häufig aufkommen. Gamer treffen sich häufig außerhalb des Spiels, nachdem sie eine zeitlang miteinander gespielt haben; LAN Parties, Internet Cafés und eSports-Meisterschaften bieten „physische" Interaktion auf verschiedenen Ebenen. T. L. Taylor hat Conventions besucht, auf denen sich Everquest-Spielerinnen getroffen haben (2006), und Fanconventions sind Orte, an denen viel Onlineinteraktion offline komplementiert wird. Während Treffen von Menschen, die zusammen spielen oder LAN-Parties kleine, spezifisch Spielergruppen in physische Kopräsenz bringen, bringen Conventions wie GamesCon oder ComicCon große, allgemeine Gruppen zusammen.

Dating apps scheinen dafür gemacht, dass Verbindungen, die online zustande kommen, offline getragen werden; auch hier ist es jedoch bereits schwierig, das zu generalisieren. Wenn Menschen dating apps zur Unterhaltung, zur Interaktion innerhalb der app (ohne sich außerhalb der app zu treffen) oder zu Fern-Sexfantasien nutzen, werden sie sich wahrscheinlich nicht „physisch" treffen (eine mittlerweile hoffentlich as hochgradig problematisch erkannte Benennung – denn auch ferne Sexfantasien können ohne größere Probleme in eine Form der Verhandlung von Körperlichkeit gefasst werden!).

Aber nicht alle Onlinegruppen gehen problemlos in Offlinekontexte über. Der tatsächliche Impuls, Interaktion „offline" zu verschieben, kann auch vom Management von Plattformen schwer fehleingeschätzt werden. 2014 lädt die soziale Plattform tumblr ihre user zu einem „meetup" ein, DashCon, die so spektakulär erfolglos war, dass aus ihr ein Meme wurde (Abb. 3.2):

Es ist gerade tumblrs Status als anonymitätszentrierte Plattform, die ihre tiefe und austauschintensive Sozialität ausmacht; diese Sozialität emergiert gerade auf Basis des Verständnisses, dass die hier geformten sozialen Beziehungen sich erstens nicht mit dem Rest des sozialen Nahbereichs vermischen, zweitens aber auch hinter einem Schleier der Ferne gerade intimisieren können. Ein Event, das Gefahr läuft, eine solche Intimisierung zu stören, wurde von den Nutzern des Netzwerks mit Fernbleiben gestraft (so jedenfalls das Meme; die Convention war nicht tatsächlich leer).

Kommunikation kann auf viele Arten aus den Grenzen der Ursprungsapp wegbewegt werden, auch ohne die digitalisierte Vermittlung hinter sich zu lassen. Dabei ist diese Bewegung oft bereits ein Signal für unterschiedliche Ziele, die in der Interaktion verfolgt werden können. Ob z. B. von tinder

Abb. 3.2 tumblr.com (Beispiele für Memes, die die DashCon thematisieren, finden sich z. B. in einem YouTube Video des users Jebus Matoi und auf dem Internetportal *Know Your Meme,* eine Art Wikipedia für Memes (vgl. Jebus Matoi (2014) o. S.; BalisticDerr et al. (2014ff.)). Meetups sind weiterhin ein von tumblr offiziell unterstütztes Format, meetup.tumblr.com, das jedoch auf die Interaktionskultur auf der Plattform keine große Auswirkung hat; die Anonymitätskultur tumblrs und das meetup-Format sind offenbar nicht vollständig kompatibel, Bei Bildern, die aus tumblr-posts stammen, werden die kompletten Adressen aus Anonymisierungsgründen nicht mit abgedruckt, wie im Kapitel zur ethnografischen Ethnk weiter ausgeführt)

zu whatsapp, kik, telegram oder wickr, zu snapchat oder Skype gewechselt wird, trägt unterschiedliche implizite Deutungen in sich. Privatsphärezentrierte Apps wie wickr oder unverifizierte pseudonyme apps wie kik erlauben es, auch visuell zu kommunizieren, ohne dass die Interaktion die mediatisierte Distanz und Ano- oder Pseudonymität dadurch verliert. Snapchat schafft bildbasierte Kommunikation, die außerdem Zugang zu Darstellungen zu breiterem Publikum ermöglicht, wie auch eine Verknüpfung auf instagram. Die technischen Rahmen dieser Plattformen machen damit bestimmte Kommunikationsformen wahrscheinlicher und unwahrscheinlicher, ermutigen und entmutigen bestimmte Formen der Interaktion, machen andere möglich und unmöglich; dazu werden sie mit unterschiedlichen Anonymitätsdeutungen gerahmt. Nachrichtenapps, die Telefonnummern benötigen, um sich zu verbinden (wie Whatsapp) und Verbindungen auf öffentlichkeitsorientierten Plattformen wie instagram vermitteln eine Deanonymisierung der Kommunikation, die eine zukünftige Verschiebung der Interaktion weg von online-Kommunikation bereits andeuten kann, aber nicht muss. So kann es im Laufe der emergenten, entdeckerischen Praxis der

Ethnografie dazu kommen, dass im Folgen dieser Verbindungen neue Aspekte des Feldes und neue Forschungsinteressen aufkommen: „following connections, rather than being focused on a specific place" (Hine 2015, S. 24) erlaubt so die Ausweitung der ethnografischen Offenheit. Pearce und Artemesia[4] haben in ihrer klassischen Studie der Uru-Diaspora dargestellt, wie die Spielerinnenschaft des eingestellten *Uru Online* sich auf anderen Portalen etablierte, und ist diesen Spielern dorthin gefolgt (Pearce und Artemesia 2009).

Eisewicht und Kirschner bemerken: „One of the main characteristics of delocalized copresence is that different monitoring and communication possibilities (such as webcam video, chatrooms, videogames, skype, etc.) are being used simultaneously, while each participants' actions and her or his points of view are continuously synthesized by feedback channels and result in a subject-centered ‚screen reality'" (Eisewicht und Kirchner 2015, S. 663; Zitat aus Knorr-Cetina 2009, S. 72). Delokalisierte Kopräsenz ist daher häufig auch dann nicht lokalisiert, wenn es digital vermittelt bleibt: auch das Internet weist viele verschiedene Lokalitäten auf, und Forscher müssen diese Überlappung von Lokalitäten erfassen. Wenn diese Realität die der Beteiligten ist, muss sie auch als solche untersucht werden.

Das bedeutet ein sich-Einlassen in die Raumkonstruktionen des Feldes: Dass eine Körperlichkeit erzwungen werden müsste, die im Feld nicht vorkommt, ist ein in der Literatur manchmal auftauchender Fehlschluss, der letztlich aus dem Exzeptionalismusdiskurs des „Nicht-Raums" und des „Nicht-Körpers" heraus entsteht. Wenn man glaubt, online-Kommunikation wäre unkörperlich, dann wird die Vorgabe, dass Ethnografie die Erforschung von verkörperlichtem Wissen darstellt, in der Tat zum Problem. Wenn jedoch dieser Glaube als Mythos gerahmt wird, fällt das Problem sehr einfach weg. „[T]o demand that ethnographic research always incorporate meeting residents in the actual world for ‚context' presumes that virtual worlds are not themselves contexts ... most residents of virtual worlds do not meet their fellow residents offline" (Boellstorff 2008, S. 61). Diese immer noch ein Jahrzehnt alte Formulierung von Boellstorff trennt Einwohner „virtueller Gemeinschaften" von Einwohnern „tatsächlicher Gemeinschaften" – *tatsächlich* sind sie jedoch auf verschiedene Weise alle, und es ist die Trennung, wie sie im Feld aufkommt, die uns interessiert, keine mitgebrachte. Gegenüber Anleitungen, die darauf bestehen, dass es sich nur um Ethnografie handele, wenn die untersuchten Menschen *auch* offline begleitet werden und

---

[4]Artemesia ist Celia Pearces eigener Avatar im Spiel.

auch dort durch Beobachtung und Interviews Material gesammelt wird, kann eine naturalistische Perspektive also eine Orientierung am Feld vorschlagen: Es geht nicht um abstrakte face-to-face-Interaktion oder um die, die die Forscherin dafür hält; es geht darum, die Eigenstrukturierung der Interaktion des Feldes mitzumachen. Sie folgt der Gruppe bis dorthin, wo sie selbst die Grenze ihres Raumes zieht, d. h. dorthin, wo sie selbst als Gruppe unterwegs ist und so eine geteilte soziale Realität konstruiert. Sie nimmt an der verkörperlichten Interaktion teil, die die Beteiligten selbst vornehmen.

Es gibt also keine Pflicht, Offlinelemente zur Studie hinzuzufügen; mehr noch, wenn solche Elemente hinzutreten, müssen sie naturalistisch hinzutreten, also in Kontexten, in denen die Beteiligten sie erwarten, und so, wie sie sie erwarten. Dann kann es durchaus sinnvoll sein, die Forschung hier auch auf diese Kontexte auszuweiten und z. B. Interviews zu diesen Elementen zu führen, was jedoch wieder davon abhängt, welches Ziel sich in der Forschung herauskristallisiert. Wichtiger als abstrakte Debatten über die Möglichkeit von online-Ethnografie sind daher praktische Fragen. Shaw hat für die sehr stark ethnografisch beeinflussten Game Studies den nur scheinbar einfachen Fragekatalog zusammengestellt, der die zentralen Fragen beinhaltet: Wo findet die Interaktion statt? Wer interagiert? Wie interagieren sie? (Shaw 2010).

Dazu kommt jedoch, bemerken Apperley und Jayemayne (2012), dass eine Verbindung besteht zwischen „online activities and location", in der lokale Kontexte und Strukturen wesentlich zum Verständnis der online beobachteten Interaktionen werden können: da sie nämlich lokalisierte Normalitäten der Interaktion in die online-Interaktion übertragen und vielleicht gar nicht bemerken, dass es sich um eben lokalisierte Normalitäten handelt. So kann auf breiter Basis bemerkt werden, dass US-amerikanische Alltagsnormen in online-Kontexten zu teilweise globalisierten Alltagsnormen werden, z. B. was Emotionspräsentationen, konversationale Tabus oder, umgekehrt, Erwartungen von Offenlegung privater Innerlichkeiten betrifft. Online-Kontexte, die vom US-amerikanischen Umfeld weitgehend abgetrennt existieren, wie z. B. chinesische Netzökologien mit ihren gänzlich anderen „normalen" Suchmaschinen, Messengern und e-Commerce-Seiten (Weibo, WeChat, Alibaba, JD, Tencent etc.), die auf einem Markt agieren, auf dem Google und facebook nicht erhältlich sind, bilden ganz andere Kommunikationsnormalitäten aus: Wer aus Europa in einem aliexpress-webshop einkauft und Nachrichten von chinesischen Verkäufern erhält, kann z. B. eine emoji-Kultur bemerken, die sich von der europäischen deutlich unterscheidet. Schon die Bedeutungen von emojis unterscheiden sich also durch ihre Einbettung in lokale Kulturen; so deuten japanische Teilnehmende an Konversationen emojis, die in einem US- und europäischen Kontext als „weinend" gedeutet werden, als „schlafend" (aus einem Anime-Kontext

repräsentiert hier der „Tropfen" keine Träne, sondern Nasenschleim, der beim Schlafen aus der Nase läuft):
vgl. https://blog.emojipedia.org/emojiology-sleepy-face/

Auch dieselben Plattformen können in anderen Kontexten ganz anders verwendet werden, wobei hier in einem globalisierten Mediensystem auch Szenekontexte gegenüber lokalen Kontexten in den Vordergrund rücken. Lokalität kann wesentlich sein, um Kontexte zu verstehen. Eine Immersion im Feld ist dann erfolgreich, wenn diese Formen der geteilten Handlung bemerkt und ihre Struktur durchschaut wurde – nachdem man selbst Teil eines Lernprozesses war, den auch die Beteiligten durchlaufen haben. Spannend ist, ob die, die diese Zuschreibungen machen, die Missverständnisse in der emoji-Kommunikation auf kulturelle Distanzen zurückführen oder sich an Emotionserwartungen ihrer Interaktionspartnerinnen anpassen; ein abstraktes „Besserwissen" gegenüber den Beteiligten hilft einer naturalistischen Forschung dagegen nicht. Die Deutungen nachzuvollziehen, die im Feld aufkommen, ist daher nicht unbedingt durch externe Komponenten verbesserbar; es sei denn, die Beteiligten nehmen die Forscherin selbst in diese externen Kontexte mit, da sie die Deutungen der Beteiligten *im Feld* selbst beeinflussen.

Für ethnografische Arbeit in online-Kontexten gilt so dasselbe, was auch in klassischen Ethnografien galt: Es geht um das Mitmachen im normalen Ablauf der Praktiken des Feldes, in den Körperlichkeiten, die auch die anderen Mitglieder des Feldes vornehmen. Eine Beobachtung ist naturalistisch *in aller Kontextualität,* wenn sie dieselben Interaktionen durchläuft, die TeilnehmerInnen der Netzwerke ebenso durchlaufen; i. e. es „fehlt" nichts zum Naturalismus, wenn eine online stattfindende Verhandlung auch online untersucht wird. Auch Hine bemerkt, Ethnografie online kann mit der „Anleitung" (weich, wie alle ethnografischen Vorgaben) verstanden werden: „Take part in mediated communications when that is what the people they are studying do" (Hine 2015, S. 3). Das online-Umfeld ist das geteilte Feld für Forscherinnen und Teilnehmerinnen und das macht die Betrachtung weiterhin vollständig naturalistisch. „(W)e need to move away from thinking of the ‚being there' that characterizes ethnography as requiring a located form of presence [..], in order to *focus more clearly on experiential aspects* of the methodology, where ‚experience' may be construed in multiple ways, including within its remit various mediated forms of experience" (Hine 2015, S. 21, Hervorhebung Autoren).

Interne Bedeutungen von Außendeutungen

Viel Forschung ist von Außendeutungen durchzogen, die einfach auf ein Feld angewandt werden. In quantitativer Forschung sind diese Außendeutungen in „Operationalisierungen" gegossen, die eine mitgebrachte Definition eines Phänomens auf ein Feld anwenden und nach dieser Definition zählen wollen. Wenn z. B. Forscher Untersuchungen in einem Feld wie Hardcorekonzerten machen und eine operationalisierte Idee von „Gewalt" mitbringen, werden sie nach einiger Beobachtung das „Forschungsergebnis" präsentieren können, das Feld sei von Gewalt durchzogen. Die Innendeutung des Feldes ist damit nicht nur nicht erfasst, sie ist massiv verfälscht: Wenn ausgiebige Körperlichkeit auf der Tanzfläche zu blauen Flecken, Prellungen und vielleicht auch Verstauchungen führt, ist das im Feld nicht etwa „Gewalt", sondern Teil des verkörperlichten Spaßes (Inhetveen 1997); das gleiche gilt für BDSM- und Kink-Sex (Newmahr 2011). Die Körperlichkeit dieser Felder wird im Feld nicht als gewaltsam gerahmt, und das Feld bildet strenge Regeln aus, nach denen Körperlichkeiten nur im Einverständnis aller Beteiligten geschehen dürfen. Hardcorekonzerte tun dies, wie Inhetveen feststellt, durch eine physische Ordnung: Wer sich im inneren Kreis aufhält, gibt Einverständnis zu Körperlichkeiten, die auch verletzen können; wenn jemand hier jedoch auf dem Boden landet und diese Körperlichkeiten andauern, unterbricht die Band ihr Spiel, das Licht wird eingeschaltet und jene, die weitergemacht haben, werden des Raumes verwiesen. In Kink-Kontexten ist das Einverständnis über ausführliche vorherige Verhandlung von Kinks und Limits mithilfe von safe words geregelt, die zum Einsatz kommen, um ein „Stop" zu signalisieren, ohne, dass „Stop" gesagt werden müsste. Um zu verstehen, wie diese Körperlichkeiten organisiert sind, ist ein Innenverständnis der Felder notwendig; ein aus der Literatur übernommener, operationalisierter Begriff für „Gewalt" ist hier schlimmer als nutzlos, er ordnet das Feld fremd, missversteht seine Eigenordnung und trägt zur Verbreitung von Vorurteilen und Exklusionen bei.

Das gilt potenziell auch für die explizierten Trennungsnarrative. Ethnografinnen sollten vorsichtig sein, Trennungsnarrative zur Grundlage der Forschung zu machen. Das bedeutet jedoch nicht, dass sie keine Rolle in der Forschung haben können: Eine Untersuchung des Feldes macht klar, ob solche Trennungen hier aufkommen, sei es ironisch oder angeeignet. Dann sind es EIgendeutungen, mit denen im Feld etwas deutend geschieht. Fragen nach Realität und Virtualität sind damit nicht nutzlos; sie sind lediglich problematisch, wenn sie als Außendeutung verwendet werden, die ein Außenurteil über das Feld darstellt. Sie könne umgekehrt als Innendiskurse des Feldes durchaus aufkommen – und tun dies auch, schon allein, weil Onlinekulturen sich heute so weit ausdehnen, dass niemand mehr wirklich außerhalb von ihnen steht. Das beinhaltet natürlich eine gewisse Ironie – gerade die Tatsache, dass on- und offline nicht mehr getrennt werden kann, hilft, den Diskurs dieser Trennung auch online zu verankern. Aber daneben etablieren sich viele Außendiskurse über Onlinekommunikation, die ihre Fühler auch in diese Kommunikation ausstrecken: Dass Instagram unrealistische Schönheitsideale einführen würde, an denen die jungen Nutzer – vor allem: Nutzerinnen – scheitern und verzweifeln müssten, gehört zu den häufig reproduzierten Narrativen über Instagram; dass Schönheitsideale in Werbung, Film und Fernsehen den online kommunizierten lange vorausgehen und dass die Einseitigkeit dieser Ideale in sozialen Netzwerken gebrochen wird, gehört nicht zu diesem Diskurs. Dass gerade junge Menschen an der Reproduktion der Ideale aktiv beteiligt sein müssen, damit sie online reproduziert werden, und dass das eine Verkörperlichung des Wissens beinhaltet, wie sie bildlich erfüllt werden können, wird dagegen nie erwähnt: Die Nutzerinnen müssen wissen, wie mit Perspektiven, Filtern, Vorbereitung und Requisiten zu hantieren ist, um an diesen Darstellungen mitzuwirken und wissen damit sehr genau, welche Handlungen und Anstrengungen in diese Idealbilder einfließen. Dieses Wissen ist im massenmedialen System, das viel stärker einseitig und zentral kontrolliert war, nie als handlungspraktisches Wissen vermittelt worden; hier kamen Idealdarstellungen nur als Produkt eines undurchsichtigen Black Box-Systems der Herrichtung und Vorbereitung auf, deren Geheimnisse den Zuschauenden verborgen blieben. Hier konnten Zuschauer in der Tat glauben, die Menschen sähen wirklich so aus, wie sie im Endprodukt dargestellt wurden, nach Makeup, special effects und Postproduktion. Kein aktiver Instagramnutzer kann dieser Illusion weiter einfach verfallen. Zudem ist es gerade gegenwärtige, dezentralisierte Digitalkultur, in der alte Schönheitsstandards niedergerissen werden; Instagram ist auch Teil dieses Elements der Digitalkultur. Instagram erlaubt es somit, diese verkörperlichten Wissen, ihre Verbreitung und Aufrechterhaltung durch die Nutzerinnen komplex zu untersuchen – und erfordert es, die viel unklareren und verworreneren Machtstrukturen zu durchblicken, in denen solche Reproduktionen geschehen, aber auch dekonstruiert werden. Das Narrativ des „verderbenden Instagram" dient dagegen klassischen pädagogischen und journalistischen Überlegenheitsnarrativen, füttert Diskurse über hilflose Kinder und Jugendliche, die nicht selten deutlich besser wissen, wie diese Medien funktionieren, als die Erwachsenen, die sie vor ihnen warnen möchten.

Ähnlich gelagert sind Außennarrative von „Fake News" (Dellwing 2021), in denen populär eine Geschichte der Überflutung des Netzes durch Falschnachrichten strukturiert ist, oft im Rahmen eines Diskurses bösartiger Einflüsse ausländischer Mächte. Das Narrativ rekurriert auf Ideen von „filter bubbles", nach denen Menschen mit feststehender ideologischer Ausrichtung durch Wahl oder Algorithmus nur noch Nachrichten sehen, die ihre Vorurteile bestätigen und diese Struktur wiederum ausgenutzt würde, um ihnen genau solche Nachrichten zu bieten – auch hier sind häufig „noch nicht medienerzogene" Jugendliche Ziel solcher Gefahrennarrative. Auch hier wird nicht erwähnt, dass die konzernmassenmediale Welt des 20. Jahrhunderts die viel fester umschlossene Filterblase bot, in der Gatekeeper entscheiden konnten, was wie gefiltert an Mediennutzerinnen gelangt; auch bleibt unerwähnt, dass gerade die Soziologie auf breiter Basis untersucht hat, wie konzernmassenmediale Berichterstattung herrschende Narrative reproduziert, mit politischen und wirtschaftlichen Machtstrukturen verwoben ist, Skandalgeschichten präferiert, um mit ihnen Aufmerksamkeit generieren zu können und nicht nur Nuancen glättet, sondern nicht selten äußerst fragwürdige Narrative im Dienst einer moralischen Bindung des bürgerlich Richtigen angeboten hatte (Cohen 1972, Altheide 1976 u. v. m.). Gegenüber diesen konzernmassenmedial geschlossenen Nachrichtenwelten bieten Online-Dienste plurale und diverse Möglichkeiten, Informationen über die Welt zu erhalten, von denen einige sicherlich fragwürdig sind, andere lediglich von konzernmassenmedialen Rederegeln abweichen und wieder andere tiefe Einsichten in soziale Zusammenhänge bieten, die aus den massenmedialen Medien ausgeschlossen bleiben, zum Beispiel über Protestbewegungen, Kriege, Lebenslagen in marginalisierten Positionen u.v.m. Die Berichterstattung über online-Inhalte – in konzernmassenmedialen Nachrichten! – unterscheidet diese nicht nur regulär nicht, sie geriert sich selbst zudem in journalistischer Manier in der Rolle des Hüters einer „Wahrheit", die auch vor dem Aufkommen der dezentralisierten Narrative durchaus fragwürdig war.

Computerspiele sind lange kulturpessimistischen Zuschreibungen zu vorgeblicher Gewaltverursachung oder Suchtgefahr ausgesetzt gewesen, die als Narrative regulär von jenen ausgehen, die an dieser Praxis nicht teilnehmen; je nachdem, in welchen Machtkonstellationen sie unterwegs sind, müssen

Spielende sich diesen Zuschreibungen beständig stellen, wenn z. B. Lehrer, Sozialarbeiterinnen, Wohlfahrtsbürokratien, Familienmitglieder etc. diese Außendeutungswissensbestände aufgreifen, um mit ihnen Vorwürfe zu rahmen. Solche Gefährdungsnarrative nachzuerzählen, d. h. Instagram, online-Berichte oder Spiele mithilfe von Hinweisen auf ihre „Gefahren", vor allem für Jugendliche, normativ abzuwerten, gilt im Alltag häufig als kritische Auseinandersetzung. Eine ethnografisch-kritische Analyse muss sich von solchen einfachen Formen der Präsentation von Kritik entfernen und tiefere Fragen über die Struktur solcher Narrative, die Machtnetze in ihnen und die beteiligten Akteure stellen. Ethnografische Arbeit beginnt nicht bei solchen Narrativen und sollte sich auf keinen Fall ihre Fragen von ihnen vorgeben lassen: Gefährdungsnarrative dieser Art sind nicht uninteressiert, und ihre Fragen zu übernehmen führt dazu, die Interessen zu übernehmen, mit denen sie formuliert wurden. Das bedeutet auch, dass von Ethnografien, die sich der Frage verschreiben, ob denn z. B. Computerspielen vereinsamt oder gewalttätig macht, ob Instagram gefährlich für Körperbilder ist, was man gegen Fake News tun könne, etc., nachdrücklich abzuraten wäre: In ihrem Versuch, häufig vorkommende Außenzuschreibungen zu bearbeiten, würde sie diese als ernst zu nehmende Frage gerade stärken und sich so in einer pluralen Deutungswelt nicht nur auf eine Seite stellen, sondern dazu auf eine bereits mit Macht öffentlich vertretene Seite, die in der Regel als Seite und damit als Frage bereits institutionelle Unterstützung besitzt – von Institutionen, an denen die vorgeblich gefährlichen Gruppen oft nicht beteiligt sind oder in denen sie zumindest keine einflussreiche Position besitzen, denn sonst könnten solche Gefährdungsnarrative über sie kaum so einfach Fuß fassen. Ohne diese institutionelle Perspektive sehen diese Fragen schnell wie Moralpaniken aus, die von außen immer wieder stigmatisierend auf das Feld angewandt werden (vgl. Dellwing 2018).

Außendeutungen erbringen Leistungen: Die klassischen ethnografischen Studien zeigen auf, dass Außenordnungen dieser Art nicht nur verkürzende Simplifizierungen darstellen, sondern dass diese auch den bestehenden Bedeutungsorganisationen jener zuarbeiten, die sie regulär verwenden. Das Narrativ des chaotischen Ghettos dient dazu, einen Problemdruck zu schaffen, dem durch Ordnungsaktivität der Stadt begegnet werden kann und muss, und das „im Sinne der Bewohner" – eine Position, die nicht unbedingt die Aussagen dieser Bewohner widerspiegelt. Zudem erzählen sie Abgrenzungsgeschichten, die nicht nur die bürgerliche Bevölkerung als Ressource zur Distinktion verwendet, sondern anderen Menschen in niedrigen Sozialschichten als Drohung erzählt werden kann: Deren Integration in bürgerliche Moral- und Ordnungserwartungen ist dann Voraussetzung dafür, kein Schicksal zu erleiden, das diesem Narrativ entspricht.

Es gehört zur Haltung des Fremdverstehens, sich dieser Brille dieser verurteilenden Außendeutungen zum Zweck einer ethnografischen Untersuchung dieser Gruppen zu entledigen. Wenn Studierende solche Fragen vorschlagen, ist das oft von öffentlichen „kritischen" (medial-normativ kritischen, nicht analytisch-kritischen) Diskursen inspiriert und wohl auch vom Glauben erfasst, kulturpessimistische Fragestellungen kämen bei Dozierenden immer gut an. Gegengift zu diesen tendenziösen und hochgradig wertenden Fragen ist ethnografisch einfach, sie ins Feld zu schicken, um mit Nutzerinnen der Plattformen, Dienste und Spiele selbst zu sprechen, selbst solche zu werden und selbst zu bemerken, wie verkürzt und simplistisch solche Außennarrative sind. Das führt in der Regel dazu, dass sie schnell bemerken, dass sie vieles dessen, was ihnen in diesen Gesprächen erzählt wird, zunächst nicht wirklich verstehen, und dass die vorgeblich gefährdeten Nutzer diese Plattformen nicht nur viel ausführlicheres Praxiswissen im Umgang mit ihnen haben als sie, sondern auch durchaus reflektiert mit ihnen umgehen können – und reflexiv in Relation zu Elementen, von denen die Fragestellenden oft gar nicht wussten, dass sie existieren. Das bietet einen ersten Weg dahin, Innendeutungen zu verstehen und diese nicht mit Außendeutungen zu überfahren, vor allem nicht mit solchen, die einfache konzernmassenmediale, politische oder pädagogische Gefährdungsnarrative reproduzieren.

Diese Übersetzung in äußere Deutungsstrukturen zu meiden bedeutet nicht, Außendeutungen ignorieren zu dürfen. Gerade, wenn das Feld sich diesen Außendeutungen ausgesetzt sieht, sind diese für die Eigendeutung relevant. Sie gehen diese nicht unbemerkt an den Mitgliedern des Feldes vorbei und können starke Auswirkungen auf Innendiskurse haben: Als Außenstruktur, auf die die Beteiligten reagieren müssen, als Zugriffsnarrativ, das gegen sie verwendet wird, als Abgrenzungspunkt gegen (als solche wahrgenommene) unfundierte Außenurteile, als Narrativ, das innen zum ironisierten Witz wird, aber auch als ernstgemeinte, verinnerlichte Eigendeutung, die im Laufe einer beständigen Barrage von Außendeutungen und durch die Ausweitung der Gruppe durch Neumitglieder von außen, die das geglaubt haben, in die Innendeutungen eingeflossen ist. Wenn die Außenzuschreibung mit Wissen der Innengruppen abläuft, können und müssen die Handlungen daher oft auf diese Wahrnehmungen hin orientiert sein, entweder als Ablehnung und Versuch des „Gegenbeweises", aber auch in demonstrativer, aber oft unehrlicher Untermauerung der Außenzuschreibung. Schon die Bewegung, eine Außenzuschreibung entkräften zu wollen, gesteht dieser bereits zu, anerkennungswürdige, ernsthaft zu erwägende Ideen darzustellen; eine Zuschreibung, die von innen in der Regel häufig gerade nicht gemacht wird. Die Punk-Kultur der Achtzigerjahre ist ohne diese beständige Bezugnahme zur Mehrheitsgesellschaft, in die eingebettet sie sich ihr widersetzt, nicht verständlich; die „eigenen Welten" der armen Stadtviertel, die die Chicagoer Ethnografie klassisch (und weiterhin, Venkatesh 2008) untersucht, sind Teil dieser Stadt, von ihr verwaltet, ihren (oft abwesenden) Institutionen (teils nur formal, teils – wie bei Wasserversorgung etc. – allerdings auch alltäglich) unterstellt. Ihre eigene Ordnung erklärt sich auch an den Außendeutungen und Abwertungen, der sozialen Vernachlässigung und polizeilichen Kontrolle, denen sie ausgesetzt sind. Ist eine Gruppe genügend von Deutungshoheiten anderer Gruppen abhängig, kann sich eine Internalisierung der Außenzuschreibungen ergeben – die Außengruppe wird zum Strukturierer der Selbstdeutung der Mitglieder des Feldes. Das ist zum Beispiel in Kontexten der Therapie zu beobachten: Als „erfolgreiche" Therapie gilt eine solche, in der die Therapierten dazu gelangen, die medizinischen und psychologischen Deutungen zu sich, die erst als Außendeutungen an sie herangetragen (und nicht selten gegen sie verwendet) wurden, als Selbsterzählung zu verwenden. Menschen mit jahrelanger Therapieerfahrung sind schnell daran zu erkennen, hochgradig psychologisierte und medikalisierte Narrative auf sich anzuwenden und ihr zurückliegendes Leben nachträglich im Muster der psychologisch-medizinischen Normalerzählung zu ordnen. Sie wurden von der Deutungshoheit anderer Gruppen erfasst und nachhaltig umgedeutet. All diese Deutungen sind Konstruktionsleistungen.

So kommt diese Deutung auch als Innendeutung auf, was sie für eine naturalistische Forschung wieder interessant und sogar *notwendig* macht. Die Trennung zwischen „realer Welt" und „virtueller Welt" kann zum Beispiel verwendet werden, um Handlungen online auf eine geringere Stufe zu stellen, weniger real erscheinen zu lassen, um damit das „Rest-Selbst" vor den Auswirkungen zu schützen. Die Deutung „es war doch nur virtuell!" kann verwendet werden, um Konsequenzen von online-Hassrede genauso aus dem Fundus des Selbst auszugrenzen wie Erwartungen von sich zu weisen, die aus online-Flirts erwachsen, bei denen nun eine Seite mehr will. Es ist gerade die Zuschreibung der Virtualität, die das Internet zur Spielwiese werden lässt – und die zunehmende Einbettung des Internets in Alltagsleben als unverzichtbarer Bestandteil desselben, das dagegen Akteure auch dazu veranlassen kann, diese Abgrenzung nicht gelten zu lassen. So haben „äußere Mythen" auch Rollen im Feld: Dort weisen sie uns auf interessante Formen der Konstruktion sozialer Ordnung *in den untersuchten Kontexten* hin.

Außendeutungen können zudem indirekte Auswirkungen haben: wenn diese Deutungen beispielsweise Grundlage von Verwaltungsentscheidungen sind, denen die Gruppe regelmäßig ausgesetzt ist, wenn sie in Diagnosekatalogen verankert ist, mit denen ärztliche Zugriffe auf Mitglieder des Feldes gerahmt werden oder wenn sie wirtschaftliche Entscheidungen – z. B. Kreditwürdigkeit – strukturieren. In dem hier betrachteten Rahmen gilt das für Außenzuschreibungen, dass „das Internet" oder „Spiele" am mangelnden Schulerfolg von Jugendlichen verantwortlich sein sollen, eine Einschätzung, die in schulischen und sozialarbeiterischen Kontexten schnell aufkommt und dann sehr fest verankert weitere Handlungen der Institution stützt (Dellwing und Tietz 2019). Das sind jedoch Kontexte, die oft sehr schwer zu erforschen sind. Ob eine Ethnografie sich mit ihnen beschäftigt, sollte daher eine kontextuale Frage sein, die sich daran entscheidet, ob die Elemente, die sich im Lauf der Studie als Ziel der Arbeit herauskristallisieren, mit ihnen zusammenhängen. Das kann zu Beginn der Studie allerdings nicht vorhergesehen werden.

Zudem ist das Internet nicht nur von *digital natives* bevölkert, die seine Alltäglichkeit verinnerlicht haben: Gerade in einem Umfeld, in dem das Internet alle Aspekte des Lebens durchzieht und Menschen in postindustriellen Gesellschaften von online-Aspekten niemals unberührt bleiben können, ist paradoxerweise die Alltäglichkeit des Internets der Grund, weshalb die Nichtalltäglichkeitsdiskurse des Exzeptionalismusnarrativs sich in die Interaktion von online-Kontexten selbst weitertragen: Gerade weil man dem Internet nicht mehr entfliehen kann, bringen all jene, deren Verankerung in ihnen nicht stark ist, die jedoch in es hineingezogen wurden, diese Ausnahmenarrative mit sich mit – auch wenn ihr Lebensalltag ihnen anderes mitteilt und einen anderen Rahmen bieten könnte.

Dazu kommt, dass es keine jeweils „eine" Innen- und Außendeutung gibt, sondern dass unterschiedliche Gruppierungen innerhalb eines Feldes wieder unterschiedliche Narrative verwenden können – und diese dazu noch je nach Kontext und Situation verändern können. Die eine Innenerzählung über das Feld gibt es also nicht, und selbst wenn ein Feld so geglättet wäre – und seine Mitglieder so einheitlich sozialisiert wären -, dass die Erzählungen seiner Mitglieder sich nicht merklich unterscheiden, wäre das immer noch eine Deutung unter vielen, die nicht wahr, sondern für einen ethnografischen Zugang zunächst interessant wäre. Ziel der Forschung ist es nicht, der einen, geglätteten Innendeutung zur öffentlichen Geltung zu verhelfen, sondern nachzuzeichnen, wie sie zustande kommt, in welchen Netzen anderer Deutungen sie steht und sich behaupten und abgrenzen muss, welche Konsequenzen diese Deutungen haben und welche Praktiken sich etabliert haben, um diese Deutungen aufrechtzuerhalten, zu verteidigen, zu modifizieren etc.

Es ist für ethnografische Zugriffe also wesentlich, den Schritt zu vollziehen, diese Trennungs- und Gefährdungsdiskussionen – und alle anderen auffindbaren Geschichten über online-Kontexte – nicht als Frage „ist das so?" zu behandeln,

Abb. 3.3 Aus https://www.reddit.com/r/dankmemes/comments/comj3e/gaming_bad_ree/ (Michael: Realistisch. Ich habe schon oft Spiele neugestartet, weil eine Dialogoption einen *einprogrammierten* Charakter, der nicht von einem anderen Menschen gespielt wurde, enttäuscht hatte)

Abb. 3.4 Aus https://www.reddit.com/r/memes/comments/cojthc/video_games_cause_violence/

sondern sie als Deutungen zu verstehen, die Menschen *verwenden:* Separatismus und Vereinheitlichung sind keine abstrakten Wahrheiten über die „Natur" des Internets; sie sind Konstruktionen, mit denen in konkreten Rahmen gearbeitet wird. Nun kann jedoch festgestellt werden, dass in online-Kontexten *selbst* Diskurse von

„Realität" und „Virtualität", von „echter" und „unechter" Interaktion aufkommen und dass diese Diskurse in diesen Kontexten Leistungen erbringen. Das geschieht in der Tat häufig: Kommentare wie „brb, real life ruft" können häufig in Kontexten beobachtet werden, in denen der Begriff „real life" nicht etwa die Erfahrungen im Spiel oder auf dem Netzwerk invalidieren soll, wohl aber eine Hierarchie konstruiert. Dagegen kommt es selten vor, dass Spielende ihre eigene Handlung als gewaltfördernd einordnen – das ist ein stigmatisierendes Außennarrativ, das innerhalb digitaler Kulturen, aber auch in Disziplinen wie den Game Studies nur belächelt wird (und das nicht ohne eine gewisse Berechtigung; Dellwing 2018c). Bei den beteiligten Personen sind solche Narrative bekannt und rufen in der Regel nur eine Mischung aus Frustration und Ridikulisierung hervor (und das verständlicherweise, Markey und Ferguson 2017; Dellwing 2018c) (Abb. 3.3 und 3.4):

Diese Diskurse durchziehen einen weiterhin prominenten Raum des Redens über „das Internet", ein Reden, das für ethnografische Forschung wichtig, teilweise hinderlich, auf jeden Fall jedoch zunächst einmal einfach spannend ist. Ethnografinnen müssen sich diesen Deutungen bewusst sein, wenn die Innendeutungen erfasst werden sollen, denn diese beziehen sich – oft zwangsläufig – auf diese.

Es war hier nur exemplarisch nützlich, diese Linie am Exzeptionalismusdiskurs aufzuziehen. So sehr dieser immer wieder im Hintergrund öffentlicher Auseinandersetzungen mit online-Kulturen zu finden ist, so einschlägig ist diese Diskussion für alle anderen Formen der Deutung dessen, was auf den von uns untersuchten Feldern vor sich geht; aber wo diese Deutungen in diese eigenen, lebensweltlichen Deutungen einspielen, da sind sie wichtig.

Unmethodik als Anpassungsform

Mit dieser Orientierung am Feld, an seinen Eigenstrukturen, Eigendeutungen und Eigendynamiken, betont die Ethnografie Bescheidenheit; beständige Anpassung an die praktischen Deutungen im Feld stellt hier auch einen Versuch dar, die Kolonisierung des Feldes von außen zu meiden. Das trägt sich auch in die praktische Organisation der Forschung weiter. Das bedeutet: auch methodische Ordnung muss gegenüber Eigenordnungen des Feldes flexibel bleiben; eine Forschung, die erwartet, dass das untersuchte Feld sich mitgebrachten Methodenkatalogen beugt, kann auch kolonisierend wirken. Die Ethnografie widersteht daher Perspektiven, die Methoden als unverbrüchliche Rahmen hochhalten, denen stringent gefolgt werden müsste, um „angemessen" wissenschaftlich zu arbeiten. Sie verwehrt sich gegenüber dieser „Gängelung durch formale methodische

Vorschriften" (Matt 2001, S. 178), da eine streng geordnete Methodik der offenen, pluralen, überlappenden und multiperspektivischen Welt nicht entspricht, die die Ethnografie untersuchen und in ihrer Pluralität und Offenheit ernst nehmen möchte. Da Ethnografie die Strukturen von Deutungswelten untersucht, ist ihr Ziel nichts, was sich Reproduzierbarkeit oder Repräsentativität verschreiben könnte, ohne sich damit zu verbiegen oder gar zu widersprechen. Diese Ziele quantitativer Forschung spielen in der Ethnografie keine Rolle, Deutungen sind nicht in solche abstrakten Strukturen pressbar, ohne dabei verloren zu gehen. Mehr noch, Versuche objektivierender Strukturierung dieser Art würden das Feld nach eigenen, mitgebrachten Bedeutungen der Forschenden ordnen und so potenziell die Deutungen der Mitglieder des Feldes überschreiben, die jedoch gerade im Zentrum einer Deutungsforschung stehen.

Die Bescheidenheit gegenüber der Realität des Feldes, die oben bereits expliziert wurde, trägt sich daher in eine Bescheidenheit bezüglich der Strukturierung der Forschung weiter: Die Bescheidenheit, was mitgebrachtes Wissen angeht, dehnt sich so als methodische Bescheidenheit auf die Forschungspraxis aus. Die Ethnografin kann nicht vorher entscheiden, was sie tun soll, da das Feld mitreden muss und schon rein pragmatisch mitreden wird: Welche Zugänge erlaubt das Feld der Ethnografin? Welche Rolle können Ethnografen einnehmen? Welche Sammlungen sind im Feld möglich, welche nicht? Welche würden auffallen, welche wären weniger disruptiv, welche sind rein technisch machbar, welche stören die eigene Teilnahme nicht? Eine Beobachtung in Onlinespielen erlaubt es nicht, nur beobachtende Rollen einzunehmen; die Forscherin muss einen bestehenden Platz besetzen und mitspielen. Forscher können nicht währenddessen aufschreiben: Wenn Zehntelsekunden entscheidend sind, um das Spiel wirklich mitspielen zu können, ist ein solcher Aufmerksamkeitswechsel nicht praktisch machbar. In einem anonymen Feld wie 4chan haben Nutzende keine Namen; sie sind gar nicht informierbar, da es keine Möglichkeit gibt, sie überhaupt zu unterscheiden. Auf tumblr war es klassisch nur möglich, anderen Nachrichten zu senden, wenn diese anderen mir gefolgt sind; ich kann keine Interviews mit ihnen führen oder mit ihnen ins Gespräch kommen, solange sie nicht entscheiden, mir diese Möglichkeit zu geben, und sie zu treffen kann – wie oben expliziert – je nach Umständen ein scharfer Normbruch sein. Das sind nur drei Beispiele, aber es ist den Strukturen des Feldes geschuldet, wie hier Teilnahme strukturiert werden *kann,* was davon mit den Erwartungen und Strukturen des Feldes vereinbar ist und was sie stört. Methodische Bescheidenheit passt sich diesen Gegebenheiten an und versucht nicht, das Feld zu ihren mitgebrachten vorgeblichen Notwendigkeiten hin zu verbiegen. Die ethnografische „Methode" ist damit weniger eine Methode als eine Haltung; sie kann keine klaren Vorgaben machen, wie die Forschung ablaufen soll und „cannot be wholly designed in advance [...] it is a boot-strapping method, which builds itself afresh in each location, based upon the ethnographer's emerging understanding of the situation" (Hine 2015, S. 5).

An die Stelle einer methodisch streng enggeführten Forschung tritt in der Ethnografie damit eine „Un-Methodik", die sich gerade nicht durch feste Ablaufregeln auszeichnet, sondern durch eine flexible Anpassung ans Forschungsfeld, die als Regel vielmehr eine offene Einladung bietet: finde die Eigendeutungen, die das untersuchte Feld strukturieren, und folge ihnen, wo sie hinführen; tue, was dazu nötig ist, ohne die Erforschten zu verraten oder ihnen sonst zu schaden (der letzte Teil betrifft die ethnografische Ethik, die wir zum Schluss wieder aufgreifen werden). Die Frage nach der online-Ethnografie ist so – wie ja auch die Ethnografie im Ganzen – keine Frage nach einer spezifischen Methode, sondern vielmehr die Frage danach, wer und in teilnehmender Beobachtung wo erforscht wird und wie die Beteiligten dieser Felder ihre Welt machen. Die Frage nach dem „Wie" ist immer davon abhängig, wie das Feld strukturiert ist und welche spezifischen Probleme sich ergeben, die dann oft lokale und kontextual-situative Lösungen erfordern. Die Frage nach dem „was" als Frage nach dem thetischen Ziel der Forschung ist zwar als Vorüberlegung nicht ausgeschlossen, bleibt dagegen in klassischer Ethnografie jedoch regulär erst einmal aus, da sich eine Forschungsfrage erst im Kontakt mit dem Feld und seinen Realitäten sicher ergeben kann.

Das Onlinefeld 4

In der Literatur war vor allem in Frühzeiten der Digitalisierung eine Tendenz zu verzeichnen, das Internet als eigenes Feld oder als Sammlung von Feldern zu sehen; diese Tendenz ist, wie so viele früh aufgekommene Ideen, nicht ganz verschwunden. „Das Feld" einer ethnografischen online-Forschung ist nicht das Internet; das ist viel zu weit und unbestimmt, denn „,das Internet' als einheitlichen Sozialraum gibt es nicht. Viel zu divers sind die Anwendungen und Möglichkeiten des Multimediums, um mit diesem Einheitsbegriff sinnhaft bezeichnet zu werden" (Siri 2014, S. 104): „Das Internet" ist ein weiter Begriff, der von klassischen, statischen Homepages der Neunzigerjahre und Messageboards bis zu lebensgetreuen 3D-grafischen online-Spielen, von Handy-Messengerdiensten zu sozialen Netzwerken, von vernetzten Waschmaschinen und Zahnbürsten bis zu AI-gestützten smart assistants reicht, sodass der umfassende Begriff „Internet" als Eingrenzung wertlos ist und eine Ethnografie „des Internets" unmöglich macht (Hine 2015, S. 5). Das Feld muss vielmehr ein spezifischer Kontext sein, auf dem online-Kommunikation eine starke Rolle spielt – was dann die Frage folgen lässt, was diesen Kontext ausmacht. Instagram, snapchat, tumblr, 4chan, ao3 (der zentralen Plattform für Fanfiction) oder fetlife (der zentralen Plattform für BDSM- und weiter gefassten Kink-Identitäten) sind ebenso keine Felder: es sind Dienste, die nicht nur in sich Millionen Nutzende vereinigen, sondern auch unterschiedliche Szenen in sich beheimaten, die wiederum nicht nur auf diesen Diensten beheimatet sind, sondern die sich diese Dienste zunutze machen, um ein breiteres Feld unter anderem mit seiner Hilfe zu vernetzen. Die BDSM-/Kink-Szene ist nicht auf fetlife beschränkt, und viele verschiedene Kink-Szenen überlappen auf fetlife (und weite Teile lehnen die Plattform mittlerweile ab, da sie infolge einer unwillkommenen Popularisierung durch Werke wie *50 Shades of Gray* nun von „Normies" überlaufen sind, d. h.

von Menschen, die als naseweise Nichtmitglieder gelten und denen bürgerliche, angepasste Interessen unterstellt werden). Fanfiction-Szenen nutzen tumblr und ao3, aber dehnen sich auch auf andere Plattformen wie WattPad aus, sind dazu mit weiteren Fankulturen verwoben, die dann Ausläufer auf Cosplayräumen, Fanartseiten, Conventions etc. ausbilden; und all diese Szenen sind wieder viel zu groß, als dass sie in einer einzelnen Ethnografie vollständig untersucht werden könnten Das bedeutet, dass der erste Zeh im Wasser dieser Felder schnell zu einer Eingrenzung führen muss, um einen Aspekt, ein Element dieser Szene zu finden und dieses zu untersuchen. Eingrenzung ist damit die erste Aufgabe einer aktiven Ethnografie: Als Aufgabe einer *aktiven* Ethnografie (nicht der Vorbereitung!) kann sie jedoch erst erfüllt werden, wenn die Studie bereits begonnen hat oder wenn ansonsten bereits interne Kenntnisse zum Feld bestehen. Darauf gehen wir weiter unten wieder ein, wenn im Rahmen des Feldpraxis der Unterpunkt des offenen Feldes behandelt wird.

Dazu kommt die Frage, was „Felder" umfassen: Räume oder Menschen? Jesper Juul benennt als „a basic dichotomy … whether we study the games themselves or the players who play them" (Juul 2011, S. 11). Der Einwurf gilt nicht nur für Spiele, sondern für alle Plattformen, auf denen Menschen miteinander interagieren. Die Frage bildet jedoch keine Dichotomie ab: Es ist keine Entscheidung notwendig, das eine oder das andere zu untersuchen, denn im Erbe der Cultural Studies ist diese Unterscheidung seit Jahrzehnten aufgelöst. Die Untersuchung der Struktur des Feldes und die Untersuchung der Struktur der Interaktion auf ihm sind verwoben, enger als vielleicht auf den ersten Blick erwartet: Es sind die Handlungen der Beteiligten auf dem untersuchten Feld, die das untersuchte Feld ausmachen; es sind die gemeinsamen Interaktionen der Nutzenden untereinander, die nicht nur in diesen Praktiken Deutungen des Feldes und ihrer Normalitäten *machen,* sondern damit auch die Plattformen, auf denen das geschieht, als „Räume" konstruieren. Schon die Raumsoziologie hatte daran festgehalten, dass Räume das sind, was die Raumnutzenden mit ihnen machen: Die Bedeutung eines Raumes liegt in seiner Nutzung (Löw 2000). Die Bedeutung von Regeln liegt in der Art, wie sie verwendet werden (Dellwing 2015). Die Bedeutung von Online-Plattformen und ihren Segmenten ist wie die Deutung von Räumen und Regeln damit nicht einheitlich festzuschreiben: es handelt sich um plurale, diverse Felder, die pluralen, diversen, widersprüchlichen, komplementären, aufeinander bezogenen Nutzungen ausgesetzt sind. Ziel einer Untersuchung ist damit das Feld als plurales Phänomen, und um diese Pluralität zu erfassen, muss die Ethnografin die Gruppen und ihre Handlungen untersuchen, die auf diesen Feldern agieren.

Diese Orientierung geht aus den Grundannahmen ethnografischer Arbeit hervor, wie sie weiter oben expliziert wurden. Die Frage erfordert jedoch genauere Betrachtung und analytische Feinfühligkeit. Eine ausschließliche Beschäftigung mit diesen *Nutzerinnen* aktivitäten verliert die Rahmen aus den Augen, die diese Interaktionen auf drei Ebenen umschließen: die rechtliche, wirtschaftliche und soziale Rahmung, in der das Internet steht; die breitere Architektur des Internets als „Netzwerksnetzwerk" mit Hardware und Protokollen; und letztlich die „lokalen" Strukturen spezifischer Plattformen, Services und Webseiten, die bestimmte Handlungen erfordern, andere verunmöglichen, während sie dazwischen Handlungen mehr und weniger wahrscheinlich machen, aber nie vorgeben können, wie diese verwendet werden – und wie diese Verwendungen gedeutet werden. Auch das sind Aktivitäten von Menschen, die diese Rahmen bauen und aufrechterhalten; aber diese Menschen sind eben nicht (nur) Nutzerinnen.

Selbstverständlich haben Plattformen programmierte Soft- und Hardwarestrukturen und stehen auf der Basis von breiteren Netzstrukturen, mit denen sie sich auseinandersetzen müssen. Diese Architektur des Netzes steht in rechtlichen und anderen infrastrukturellen Rahmen, mit denen sich Teilnehmende ebenso auseinandersetzen müssen – auf verschiedenen Ebenen, auf verschiedene Art und Weise. Diese rechtliche, technische und breitere infrastrukturelle Architektur gibt jedoch noch nicht vor, *wie* diese verwendet werden – von Menschen, deren Aktivität das Management dieser Strukturen sind wie auch von jenen, die wir als „Nutzende" bezeichnen würden –, wie die Bezugnahmen und Auseinandersetzungen ablaufen, wie sie enden und welche Veränderungen diese wiederum mit sich bringen. Alle Beteiligten *machen,* in der Art, in der sie mit diesen Elementen umgehen, diese Architekturen; sie eignen sich ihre Strukturen an, sie beeinflussen ihre Veränderung – was die „Strukturen" bei genauerer Betrachtung nicht eigenständig und stabil existieren lässt, sondern die immer schon bestehende Verknüpfung zwischen Struktur und ihrer Nutzung in den Vordergrund rückt. Diese Verknüpfung werden wir in diesem Kapitel besprechen.

Strukturen

Da Ethnografie als Methode die (Re-)Produktion von Deutung erkennen und untersuchen möchte, ist sie leicht verführt, ausschließlich das Handeln der tatsächlich beforschten Gruppe zu betrachten. In Onlinekontexten ist das zumeist die Gruppe der Nutzenden: Eine fanfiction-Gruppe auf ao3, eine nudeposting-Gruppe auf tumblr oder reddit, eine Spielendengruppe bei League of Legends. Das ist auch legitim, da Struktur ebenso der Deutung dieser Gruppen und damit ihren Handlungen *mit* unterliegt. Als Forschung, die die Praxis des Mitmachens und die interaktive Konstitution von Bedeutung in den Vordergrund rückt, sind die Mittel der Ethnografie – Immersion und aktive Teilnahme – zu mikroorientiert, als dass sie Strukturen penetrieren könnten Als Praxis des Mit-Machens kann Ethnografie nur jene Aspekte einer sozialen Welt untersuchen, zu denen die Forscherin tatsächlich Zugang erhält und in denen sie mitagiert. Vor allem aus der Perspektive von Forscherinnen mit ihren üblichen Ressourcen ist die Aktivität von Nutzern gut zu erforschen. Gerade eine ethnografische Perspektive, die sich mit den Nutzerinnen gemeinsam in diese Räume begibt und den Umgang am eigenen Leib erlernt, hat damit einen Anreiz, die Tätigkeiten dieser Teilnehmenden in den Vordergrund zu rücken. So liegt es in der Natur der Ethnografie, dass sie auf diese Strukturen weiterhin hauptsächlich über den Weg der lokalen Handlungen der Menschen Zugriff hat.

Der Bezugspunkt dieser Deutungen, den wir abgekürzt „Struktur" nennen, ist jedoch seinerseits wieder der Alltag anderer sozialer Akteure. Für eine Internetnutzerin ist das Netz, mit dem sie über ihren heimischen DSL-Anschluss, per 4G oder 5G oder wifi verbunden ist, erst einmal eine Infrastruktur; für andere Akteure ist diese Infrastruktur Alltag, sie bauen sie, managen sie, erhalten sie. Für sie ist das Rechtssystem strukturelles Umfeld, aber für öffentliche Verwaltung und Justiz ist wiederum dieses System Alltag. Die Struktur eines sozialen Akteurs ist die Handlungspraxis eines anderen Akteurs, und diese Akteure beziehen sich beständig aufeinander – auch wenn die Akteure in diesen anderen Feldern selten und oft nur in Krisensituationen mit ihnen interagieren und dann gerne selbst auf eine gesichtslose Struktur verweisen, in der sie sich lediglich als Erfüllungsgehilfen erzählen (wie z. B. Richterinnen, die ihre handlungspraktische Rechtsprechung als notwendige Folge und letztlich „eigentlich" als Handeln „des Rechts" rahmen, obwohl sie selbst in einem deutungsoffenen System Entscheidungen treffen und handeln und damit dieses System in ihrem Alltag machen und nicht lediglich ausführen, Lautmann 2011). Aus der Perspektive der Beteiligten werden die Ordnungen, in denen sie sich bewegen, teils als Grenzen deutlich, teils als unhinterfragte Umwelt ihres Handelns. Teils haben sie eigene Narrative zur (vorgeblichen) Struktur dieser Ordnungen, die teils auch mit dem Bewusstsein einhergehen, dass und wie sie sich dieses Umfeld handelnd aneignen und damit auch aktiv damit umgehen können, teils sind sie ihm ergeben.

Es ist damit für jede Ethnografie wichtig, sich der Rahmen und Umfelder der untersuchten Felder bewusst zu werden, auf die die Beteiligten sich stetig beziehen müssen, um erkennen zu können, *worauf* sich dieses lokale soziale Handeln bezieht. In allen klassischen Ethnografien sind die Umwelten der Handlungen, die beobachtet werden, wichtig: Ich verstehe den Alltag unter

US-Sozialarbeiterinnen (Johnson 1975) nur, wenn ich weiß, wie die US-Gesellschaft Sozialarbeit rechtlich organisiert und in welchen ökonomischen Umfeldern, mit welchen Grenzen und Anreizen, diese aufkommt (wobei wir wieder darauf hinweisen: diese rechtlichen und ökonomischen Umfelder sind tatsächlich andere soziale Felder mit anderen Akteuren, keine statischen Dinge). Ohnehin ist die Praxis westlicher Sozialarbeit tief in die Strukturen des späten Kapitalismus eingelassen, der aber wiederum spezifisch nationale Ausformungen aufweist, die zwischen verschiedenen spätkapitalistischen Ländern sehr unterschiedlich sein können. Dasselbe gilt für die Funktionsweise von Krankenhäusern (Becker et al. 1961), Polizei (Manning 2014; Behr 2002) und auch für den Drogenhandel (Adler 1993). Auf all diesen Feldern sind Strukturen kein Schicksal; sie müssen ihrerseits gedeutet werden und bedürfen einer Verwendung, eines Umgangs durch die pluralen und multiperspektivischen Nutzerinnen, um praktische Bedeutung*en* – im Plural – zu entwickeln. Die in einer Ethnografie untersuchten Mitglieder des Feldes agieren dabei unvermeidlich weitgehend in Strukturen, von denen sie gar keine Kenntnis haben und zu denen sie sich nicht explizit positionieren könnten, wenn man sie mit ihnen konfrontierte. Ein Schulpsychologe kennt vielleicht noch die Berichtspflichten der Schule und die Strukturzwänge der Institution, die einen Druck zur Diagnose generieren, um Berichtszahlen zu erfüllen und Inklusionsmittel abrufen zu können. Die breiteren Kontexte der Medikalisierung (Conrad und Schneider 1992), die historischen Strukturen ihres Wachstums (Foucault 1963; Castel 1983), die politischen Strukturen der Formulierung von Diagnosekategorien (Kirk und Kutchins 1992; Kutchins und Kirk 2003; Caplan 1995), die wirtschaftlichen Verstrickungen dieser Formulierungen (Whitaker 2011) sind ihm in der Regel unbekannt. Wenn Sudhir Venkatesh Gang- und Gemeinschaftsstrukturen in Sozialwohnsiedlungen Chicagos untersucht, so ist sein Untersuchungsfeld ohne weitreichende architektonische, sozialpolitische, versicherungstechnische, polizeiliche und ansonsten sozial kontrollierende Strukturierungen nicht vorstellbar; aber keine der Beforschten haben sonderlichen Einfluss auf die Akteure, die diese Strukturierungen setzen und machtvoll deuten dürfen oder kennen die internen Details der Organisationen, in denen sie verhandelt werden. Diese wurden nicht nur in weiten Teilen lange vor der Zuständigkeit gegenwärtiger Verwaltungen aufgebaut; sie sind, wie z. B. Polizeistrukturen, zudem weitgehend hinter Zugangshürden versteckt, die die Beteiligten im Feld regulär nicht überwinden können. Diese Strukturierungen kämen ans Licht, würde eine Polizeiethnografie in dem Bezirk, in dem die Sozialwohnsiedlung liegt, vorgenommen anstatt einer Ethnografie des Viertels. Eine solche Ethnografie würde wiederum die inneren Strukturen der Kontexte, auf die die Polizei reagiert, nun ebenso ausblenden müssen wie die Strukturen der lokalen Regierung, der die Polizei verpflichtet ist, der Regulierung auf bundesstaatlicher und Bundesregierungsebene, der sie ausgesetzt ist, der Struktur der Versicherungsunternehmen usw. Nicht einmal erwähnt sind an diesem Punkt die infrastrukturellen Begebenheiten wie z. B. Straßen- und Verkehrsführung, die Polizeiarbeit ebenfalls ordnen und lenken. Diese werden wiederum an anderen Stellen und oft lange vor Beginn der Ethnografie (in der Tat lange vor Dienstantritt aller Beteiligten) entschieden. Die Kanäle ihrer Deutungen sind nicht von ihnen gemacht: Die Plausibilitäten der Kulturen, aus denen sie stammen, existieren vor ihnen, und Institutionen und Organisationen außerhalb des Feldes haben oft weitreichende Macht, den Alltag der Mitglieder des Feldes zu strukturieren – auch wenn die Beteiligten mit diesen Organisationen oft wenig Kontakt und auf ihre Strukturierung wenig Einfluss haben.

Gerade in computergestützten Kontexten sind die Möglichkeiten der Interaktion sehr deutlich durch die Architekturen von Netzwerken und Plattformen vorstrukturiert, die ebenso von Handlungen der Programmierung und Architektur gesetzt und aufrechterhalten werden. Dass diese Strukturen mit der Nutzung durch die Teilnehmer und deren Deutung verwoben sind, muss gerade in der online-Ethnografie in der Regel nicht betont werden: Diese hat in der Vergangenheit stark auf die Nutzerinnen abgestellt, die sich online-Räume durch ihre Aktivitäten in ihnen aneignen und so die Kultur dieser Räume strukturieren.

„Unmittelbare" Infrastruktur ist dabei einfach sicht- und vor allem einfach am eigenen Leib erfahrbar; d. h., unmittelbare Infrastruktur ist Struktur, mit der die Teilnehmenden auf eine Art und Weise interagieren, dass ihre Präsenz und der Umgang mit ihnen explizites Wissen sind (auch wenn ihre eigenen Deutungshandlungen zu diesen Strukturen vielleicht nicht explizites Wissen werden). Damit sind sie im Kernbereich der Ethnografie problemlos zu erforschen: Programmierte Infrastruktur wie die Möglichkeit für likes und reblogs (weil die buttons da sind), Zeichenlimits oder Einbettungsmöglichkeiten von Bildern und Videos und plattforminterne Kontrollmechanismen wie reporting und bans werden schnell explizites, d. h. auch erfragbares Wissen der Nutzerinnen und erlauben ihnen eine Form der Interaktion, bei der sich die Nutzer teilweise von der Platform geordnet fühlen – gerade, wenn etwas *nicht* geht – teilweise aber auch mit ihnen auf Arten mit ihnen umgehen können, die sie in ein Gefühl versetzen kann, die Plattform „widerspenstig" und konträr genutzt zu haben. „Höhere" Infrastruktur ist dagegen schwierig, unsichtbar und für die Beteiligten im Feld kein explizites Wissen, auch wenn sie handlungspraktisch mit ihr und ihren Vertretern mittelbar, auf Distanz interagieren: Die Algorithmen, die z. B. Darstellungen ordnen, tauchen nur in ihren Ergebnissen auf, z. B. der

Reihenfolge der Elemente in einer Google-Suche, die Reihenfolge der posts einer homepage (facebooks timeline, tumblrs dash oder reddits „hot"-Sortierung), der Profile, die dem Nutzer bei tinder überhaupt angezeigt werden oder der bislang unbekannten Anderen, die ein matchmaking-System eines Onlinespiels als Mitspielerinnen in das so zustande gekommene eigene Team setzt. Das alles kommt nur als Entscheidung bei der Nutzerin an, wo es nicht als „Entscheidung" gerahmt wird (oder werden muss), sondern erst einmal nur eine Tatsache der Plattform ist. Die rechtlichen Rahmen, die die Handlungen der Betreiber organisieren und deren Infrastruktur sie damit ordnen, sind vielleicht bei den Betreibern im Rahmen von juristisch-strategischen Reaktionen auf diese Umwelt (vielmehr: als *Antizipation* möglicher Rechtskonflikte mit anderen Akteuren) erfragbar: Rechtsabteilungen dieser Betreiber haben hier der Programmierung Vorgaben gemacht, was diese tun oder nicht tun sollen, um Haftung, Vertragsbruch oder Strafverfolgung zu vermeiden, und das ist dort explizites Wissen. Für Nutzerinnen sind diese Prozesse jedoch verborgen und finden auf eine Art Eingang in die Alltagserfahrung mit dieser Plattform, deren komplexeren Hintergründe versteckt bleiben.

Das ist selbstverständlich kein Punkt, der ethnografische online-Forschung von sonstiger Ethnografie unterscheidet; dasselbe kann für alle sozialen Kontexte gesagt werden, und wie bei sonstigen Ethnografien ist eine gute Ethnografie durchaus auch möglich, ohne die weiten, das Feld umschließenden und strukturierenden, aber unsichtbaren Rahmen und damit die Hintergründe der vielseitigen Praktiken zu verstehen, in denen die Akteure verschiedenster verwobener Felder aufeinander Bezug nehmen. Vorgaben, die darauf abzielen, das alles in die Analyse einzubauen, würden Sozialforschung durch Überforderung lähmen: Ein Versuch, diese Elemente einzubinden, würde jede normale Forschung mehrfach sprengen. Es wäre eine ausfernde multi-sited ethnography notwendig, all diese Akteure und ihre jeweiligen Eigendeutungen und Eigenlogiken zu erfassen, und da in globalisierten Gesellschaft alles zusammenhängt, würde ein so definiertes Feld sich unendlich kaskadierend erweitern.

Ein wenig Pragmatik ist hier notwendig: Die Forschung hat sich ein Feld ausgewählt, und sie kann erforschen, was die Akteure *dort* tun. So kann im Feld durchaus miterhoben werden, wie die alltagspraktische Ausformung dieser strukturellen Umwelten aussieht, soweit es um Strukturen geht, die für die Beteiligten explizites Wissen sind oder die ansonsten im Feld für Sozialforscher als implizites, verkörperlichtes Wissen sichtbar werden. Das bleibt perspektivisch, wie die Welt es im Ganzen eben immer bleibt, und das ist kein Problem. Diese Forschung bleibt immer bereits in die Deutungen eingewoben, die die Beteiligten zwischen sich und untereinander verhandeln: Das ist als Grundbedingung einer Forschung nicht nur nicht zu umgehen, der Versuch würde auch zu einer fiktiven Außendeutungswelt führen und damit gerade die Zielsetzung der qualitativen Forschung als Deutungsforschung verlieren. Eine abstrakte Erforschung im Sinne einer Anweisung, die Ethnografin solle sich diese Strukturen zuvor anlesen, kann ebenso problematisch sein: das brächte die Gefahr mit sich, ein offizielles Bild über das Feld zu festigen und damit wieder die oben explizierten Außendeutungen zu internalisieren, die damit als Rahmen der Interpretation mit ins Feld kämen. Und diese Außendeutungen sind nicht „wahr", sie sind für die Beteiligten oft sogar gefährlich: mit ihnen werden diese Beteiligten geordnet, und Forschung, die diese Außendeutungen und damit die Fremdordnungen reproduziert, kann damit selbst von den Erforschten als gefährlich interpretiert werden, da diese Forschung nun an dieser Machthandlung der Ordnung beteiligt wäre. Diese Einschätzung geschieht völlig zu recht und kommt auch häufig vor: Gerade machtlose soziale Gruppen sind es gewöhnt, dass Institutionen über sie entscheiden und dazu ihre Eigenaussagen in einen offiziellen Rahmen gegen sie *wenden*. So kann eine unbedachte Aussage vor einem Amt, vor der Polizei, vor Ärztinnen, vor Lehrern etc. schnell zu einer offiziellen Zuschreibung führen, deren Folgen für die Beteiligten verheerend sein können. Für Menschen aus machtlosen Verhältnissen sind machtvolle Deutungsakteure generell gefährlich.[1] Zu viel an Vorstudien, so bemerken ethnografische und grounded-theory-Zugriffe immer wieder, kann die Forschung im Sinne der Entdeckung der Deutungen und Dynamiken des Feldes daher sogar behindern: Sie kann zu einem Glauben an die Thematisierungen führen, die jene machtvolle Akteursumfelder vertreten, die die Literatur zu diesen Feldern und ihre journalistische Erfassung strukturieren konnten oder tatsächliche Ausformungen der Praxis nur noch als Ausfluss dieser Strukturen verstehen. Das wäre fatal: Dann wäre die Arbeit an der Ethnografie vorbei erfolgt. Eine Gerichtsethnografie, die z. B. glaubt, eine Kenntnis des Rechts würde ausreichen, um zu verstehen und analytisch zu ordnen, was die Beteiligten hier tun, produziert einen Legitimationstext der Justiz, aber keine einsichtsreiche Ethnografie. Eine solche kommt vielmehr erst dann zustande, wenn gerade die Praktiken in den

---

[1]Sera, desillusionierte Elfe aus armen Verhältnissen und vielleicht die beste Soziologin in *Dragon Age: Inquisition,* stellt die gegeineinander agierenden Machtakteure des Spiels – die Fraktionen der Magier, der Templar-Ritter, der politischen Organisation der Tevinter und der existentiellen ökonomischen Struktur der Armut – auf eine Ebene als austauschbare Gefährdungsfolien. „Here's what I learned in the alleys: Aaah, mages! Aaah, templars! Aaah, Tevinters! Aauugh, hungry! When you're little, everything is 'Aaah!'".

Vordergrund gerückt werden, mit denen die abstrakten Strukturen tatsächlich mit Leben gefüllt werden – wie die Kategorien konkret verwendet, angewendet und damit immer wieder hin- und hergewendet werden und wie diese Verwendungen mit den Strukturen des Rechts allein kaum erklärbar sind (z. B. Lautmann 2011; Fish 1989).

Diese „Strukturen", auf die diese Deutungen reagieren, sind aus anderer Perspektive wie bereits erwähnt vielmehr selbst wieder als Handlungsfelder verständlich; wie Everett Hughes immer betont hatte, sind alle Aspekte der Welt jemandes Arbeit. „[I]nfrastructure is relational: the daily work of one person is the infrastructure of another" (Bowker et al. 2010, S. 98), und *nur* für eine Ethnografie der Plattform*nutzung* ist die Architektur dieser Plattform Struktur. Für eine Ethnografie des Plattformmanagements, z. B. eine Ethnografie des tinder-Teams oder der Programmierung einer KI, ist das Design der Plattform nicht Struktur, sondern Alltagshandeln, und z. B. die Rechtskontexte um die Plattform herum sind für sie Struktur – die sozialen Netze der Nutzenden und deren kulturelle Praktiken des Umgangs mit dieser Plattform jedoch ebenso. In einem anderen Kontext wäre dann wiederum eine Ethnografie z. B. der EU-Kommission bei der Erstellung des EU-Urheberrechts die Erforschung eines Akteurs, für den diese Rechtsrahmen nicht Struktur wären (die Lobby- und Wirtschaftsstrukturen, die diese Gesetzgebungen beeinflussen, jedoch schon); usw. Sie sind aber eben die Handlungsfelder *anderer* Akteure, deren Arbeitsweise denen, die gerade untersucht werden, auch häufig unzugänglich ist und die aus dieser Außenperspektive erst einmal als Mauer erscheint, als soziale Tatsache, zu der man sich verhalten muss, die aber aus der Warte der Nutzenden nicht veränderlich scheint.[2] Insofern die umschließenden Strukturen ihrerseits auch Handlungen von Menschen darstellen, ergibt sich somit ein Feld aus ineinander verschränkten Akteurskreisen, die wiederum von anderen Akteuren auf ihrem Interaktionsfeld umschlossen werden: Die Realität des Feldes ist eine Frage der looking-glass-Organisation dieser aufeinander bezogenen Akteure. Diese Rahmen, die wir als Abkürzung „Struktur" nennen, verweisen damit tatsächlich auf andere Forschungsfelder, in denen eine Ethnografie ihrer Abläufe, Praktiken und Deutungen diese Strukturen selbst wieder als Handlungskontexte in den Blick rücken könnten. Egal welche Forschung betrieben wird, muss sie sich jedoch auf ihr Feld beschränken, ein Feld, aus dessen Perspektive das Außen eine black box bleibt, die Einfluss auf das eigene Leben ausübt, dessen Funktionieren mit „Regeln", „Strukturen",

---

[2]Sie sind Tevinter, Mages, Templars, Hunger.

„Institutionen" etc. jedoch nur unzureichend und verkürzend beschrieben wird. Abstrahierende Begriffe dieser Art sind Wege, Komplexitäten im Alltag und in der Wissenschaft zu reduzieren, und als solche sind sie letztlich unumgänglich; objektivieren, im Glauben, eine Struktur oder eine Regel wäre eine gegebene „Sache", sollte man sie nicht.

Daher darf die Trennung zwischen Struktur und Aneignung nicht zu weit getrieben werden: Das täte so, als hätten wir es mit Objekten auf der einen und Akteuren auf der anderen Seite zu tun. Es sind auf beiden Seiten Akteure, auch noch in programmierten Umfeldern mit Algorithmen, die menschengemacht sind. Auch wenn Algorithmen Algorithmen trainieren: irgendwo ist da eine Rechtsabteilung, die Programmiererinnen sagt, was die Algorithmen auf keinen Fall tun dürfen, und dann wird eingegriffen; man kann nicht nicht handeln, und Algorithmen freie „Hand" zu lassen, ist eine menschliche Handlung – wenn auch eine, die in riesigen Plattformstrukturen oft nicht anders zu machen ist, wie im o.g. Beispiel der Konfliktregelung in *League of Legends* oder der content-Moderierung von sozialen Medien, aber hier auch nur, weil Rechtsrahmen Haftungspflichten generieren, wenn diese Aspekte unbeaufsichtigt bleiben. Als eines der größten Onlinespiele der Welt (LoL) und Plattformen mit Milliarden Nutzerinnen (wie YouTube, Facebook, instagram) wäre es schlicht nicht möglich, alle Meldungen durch Nutzerinnen von Menschen entscheiden zu lassen. Jede rechtliche Eingrenzung dessen, was erlaubt sein soll – wie z.B im Fall von Artikel 13/17 der europäischen Copyrightdirektive – führt damit unweigerlich zu automatisierten Systemen, die kontrolliert werden sollen und müssten, aber faktisch nicht kontrolliert werden können.

Im Fall von online-Kulturen tritt zudem eine gewisse Besonderheit hinzu: Wissen über die Funktionsweise zumindest einiger dieser Strukturen ist Teil der online-Kultur. Das bedeutet nicht, dass dieses Wissen als Teil der online-Kultur mit dem übereinstimmt, was jene, deren Alltag die Aufrechterhaltung dieser Strukturen beinhaltet, für sich konstruieren, aber es bedeutet durchaus, dass ein Bewusstsein und ein Einlassen auf zumindest gewisse Fragen umschließender Strukturen in manchen Teilen der online-Kultur zur Selbstidentifikation gehört. Das betrifft für online-Felder erstens eine Pyramide an umschließenden wirtschaftlichen und rechtlichen Rahmenstrukturen, zweitens die technischen Infrastrukturen des physischen Internets – d. h. der Server, Kabel, Funkverbindungen etc. und ihre Software-Architektur, d. h. Protokolle, Skripte etc. – und drittens die Infrastrukturen der einzelnen Angebote mit ihren physischen und programmtechnischen Rahmen. Am Punkt des Kontakts der meisten ethnografischen Arbeiten auf dem Feld stehen dann die Kulturen der handlungspraktischen Aneignung, die Nutzerinnen im Umgang mit diesen Angeboten entwickeln. Diese werden meistens das eigentliche Forschungsziel einer online-Ethnografie darstellen, wenn sie nicht bei Akteuren und Institutionen geschieht, die die Strukturen managen.

Umschließende Struktur

Gerade der hier gewählte Zugriff, der vom „eingebetteten" Internet ausgeht, erlaubt es nicht, die untersuchten Räume als losgelöst vom Rest der sozialen Welt zu betrachten. Es handelt es sich eben nicht um eine spezifische „Cyber-Welt", sondern einen von allen Seiten eingebundenen Teil einer ganzen, pluralen und diversen Welt: Sowohl die Rahmung, die Gestaltung als auch die sinnhafte Auslegung von online-Kommunikation ist „unvermeidlich mit der physischen, lebensweltlichen Situation der Einzelnen verknüpft, so wie auch die virtuellen Aktivitäten in deren Alltag hineinwirken" (Greschke 2009, S. 11). Boellstorff (2008, S. 62; Zitat aus Chee 2006, S. 226) bemerkt, „[i]t is a commonplace of technology studies that ‚technologies are developed and used within a particular social, economic, and political context'." Zunächst steht alle online-Aktivität im Rahmen einer umschließenden Infrastruktur, in die das Internet eingebettet ist, wie rechtliche und ökonomische Rahmen, in denen sich die technische und soziale Strukturierung bewegt. „Auch die neuen Möglichkeiten von online-Interaktionen und online-Gruppen sind eingebettet in soziale Kontexte und hängen bezüglich ihrer Vor- und Nachteile von diesen Kontexten ab" (Sutter 2010, S. 62), und diese erschöpfen sich nicht in Recht und Ökonomie. Jörissen (2010) nennt das „soziale Arenen des ‚real life', also [...] Bereiche[.] außerhalb der virtuellen Welt, die diese dennoch durchziehen"; er hat damit wieder die klassische Trennung aufgemacht, die heute jedoch weiterhin auch und gerade in der online-Kultur aufkommt. Auch ein Krankenhaus hat „soziale Arenen" außerhalb desselben, die es dennoch durchziehen; jedoch kann man Krankenhaus und Nicht-Krankenhaus eindeutiger unterscheiden als „online" und „nicht-online". Aber all diese Vergleiche hinken am einen oder anderen Punkt.

Was in den USA entwickelt ist, folgt zunächst US-amerikanischen Strukturkontexten. Das ist nirgendwo so deutlich wie in der frühen Offenheit des Internets und seiner gegenwärtigen Einhegung in Konzernstrukturen, die sehr amerikanische Ideen „angemessener" Alltagsinteraktion reproduzieren. Dazu zählen z. B. rechtliche Rahmen wie *Reno v. FCC,* in dem der US-amerikanische Oberste Gerichtshof entschied, dass das Internet nicht als „Rundfunk" gilt, womit die Inhaltsrestriktionen, denen der US-Rundfunk unterliegt, nicht auf das Internet anwendbar waren. Im Urteil ging es dabei in erster Linie um Nacktheit, was wieder US-amerikanische Strukturrahmen reproduziert. In der spezifischen Strukturierung der US-Inhaltskontrolle, die zu explizieren hier zu weit ginge (aber siehe Dellwing 2016b, 2017) orientiert sich die Regulierung des US-Rundfunks an „Moralgefühlen der Bevölkerung": Die Regulierung ist als Reaktion auf Publikumsempfinden gerahmt, die Beschwerden durch Zuschauer erfordert, um eingreifen zu können. Diese kontrolliert in erster Linie Nacktheit und sexuelle Inhalte, und das weitaus schärfer als Gewalt. Dabei ist das Moralempfinden der Bevölkerung auf der einen Seite Grundlage der Kontrolle von „Unanständigkeit" („indecency"), auf der anderen Seite setzt das Verfassungsrecht jedoch äußerst hohe Hürden für die Kontrolle der freien Rede; praktisch gewinnt in dieser Auseinandersetzung fast immer die Redefreiheit, auch wenn Unanständigkeitsherausforderungen US-Sendeanstalten immer wieder in Rechtsverfahren verstricken. Damit, dass es sich nach *Reno* im Internet aber nicht um Rundfunk handelt, ist diese Herausforderung durch Moralgefühl hier nicht möglich.

Zudem wurde 1996 in Sektion 230 des US-amerikanischen *Communications Decency Act* festgelegt, dass Plattformanbieterinnen nicht für Rechtverletzungen von Nutzern haftbar gemacht werden können, solange sie rechtzeitig Schritte unternehmen, sie zu löschen, sobald sie auf diese Rechtsbrüche aufmerksam werden und schützt sie zudem vor rechtlichen Angriffen durch lokale Autoritäten, indem es die Bundesregierung für alleine zuständig erklärt (lokale Staatsanwälte sind in den USA oft gewählt und haben starke Anreize, auf Moralpaniken in Verteidigung von „soccer mom decency" mit inszenierter Härte zu reagieren).[3] Dieses Paket stellt eine wesentliche Grundlage der weitreichenden inhaltlichen Freiheiten dar, die Teil der Netzkultur geworden sind, die sich ihrerseits in den USA zuerst konstituiert hat. Ohne sie wäre das Internet ein Raum, in dem nur Konzerne sprechen, die Nutzende stummschalten müssten, um nicht für alles haftbar zu sein, was sie sagen. Drei gegenwärtige Angriffe bedrohen diese Freiheiten: zum einen debattiert der US-Kongress zum Zeitpunkt der Drucklegung dieses Manuskripts darüber, Sektion 230 abzuschaffen; 2017 erließ der US-Kongress zweitens FOSTA-SESTA, ein Gesetz, das unter der dargelegten

---

[3]https://www.wired.com/story/inside-backpage-vicious-battle-feds/. Ironischerweise sollte der CDA die Möglichkeiten offener Darstellung im Internet erheblich beschneiden; Abgeordnete stellten ein „blue book" zusammen, das (ausgedruckte) pornografische Darstellungen beinhaltete, die online frei erhältlich waren. Die limitierenden Klauseln wurden jedoch nach und nach als Verletzung der Garantie der freien Rede im ersten Zusatzartikel zur US-Verfassung gerichtlich invalidiert; Artikel 230, der die Haftungsausschlüsse für Plattformbetreiber beinhaltete, blieb jedoch bestehen.

Zielsetzung der Bekämpfung von Menschenhandel Plattformen auferlegt, zu verhindern, dass sexuelle Dienstleistungen gegen Geld angeboten werden (vor allem sex worker bekämpfen dieses Gesetz als Missbrauch des Arguments, sie würden „geschützt", um ihre Dienstleistungen damit effektiv zu verbieten); drittens die Novelle der EU-Direktiven zum Urheberschutz („Artikel 13/17"), die Filterpflichten auferlegt, indem sie eine Kontrolle *vor* der Beschwerde nötig macht. Die Freiheit der Anbieter vor automatischer Haftung gilt als absolutes Kernelement der Rechtsstruktur, die die Entwicklung des Internets, wie wir es kennen, möglich gemacht hat, indem es Alltagsnutzern erlaubt hat, Dinge selbst im Internet zu platzieren, ohne, dass es Kontrollstellen der Konzerne durchlaufen musste, die es erst erlauben, d. h. individuell freischalten müssten. Damit hat es die dezentrale Interaktion ermöglicht, die die klassischen medialen Flaschenhälse konzernmassenmedialer Medien heute obsolet gemacht hat. Es ist diese Offenheit, befördert durch die Befreiung von *automatischer* Haftung und die Verschiebung der Kontrolle auf einen Zeitpunkt nach der Veröffentlichung, die das Internet zum demokratischen Medium hat werden lassen, das wir heute kennen. Alle drei Gesetzesinitiativen schaffen eine Infrastruktur des Webs, die staatliche Kontrollen viel enger möglich macht als zuvor[4] und viele etablierte, dezentralisierte, widerständige, kritische, grass-roots-organisierte kulturelle Praktiken zugunsten der Privilegierung von Konzern-Masseninhalten stark erschwert.[5] Gerade in dem Kontext, dass die Haftungsfreiheit für Plattformbetreiber als Kernelement der sich darauf basierend entwickelnden Freiheit des Internets anerkannt ist, ist klar, dass eine Aufhebung dieser Haftungsfreiheit sich bewusst sein muss, dass sie diese Freiheit damit angreift. Zudem sind Nutzerinnen jedoch ein offenes Internet gewöhnt; eine enge Eingrenzung wird als deutliche Beschneidung existierender Freiheiten wahrgenommen werden, sodass gerade etablierte Praktiken der Nutzung sich gegen diese Schließungen wenden werden.

---

[4]Hier ist nicht der Ort, hierauf im Detail einzugehen, aber vgl. als Sammlung https://boingboing.net/tag/article-13.

[5]Cory Doctorows Kurzgeschichte *False Flag* zeichnet eindrücklich nach, wie Filterpflichten Konzernmedien begünstigen und damit Kritik und Widerstand gegen herrschende Strukturen erschweren können: https://www.greeneuropeanjournal.eu/false-flag/. Content filter sind im chinesischen Internet lange Pflicht und filtern Inhalte dort automatisch aus, wobei die Filter auf verschiedenen Plattformen unterschiedlich operieren, und auch innerhalb von Plattformen unterschiedlich eingesetzt werden: https://www.inkstonenews.com/tech/how-unwitting-users-wechat-aid-chinese-messaging-apps-blacklisting-sensitive-messages/article/3018830.

Schon die Linien, in denen Freiheit gegen Angriffe verteidigt werden musste, sind damit im Rahmen von Diskursen erfolgt, die hochgradig lokal eingebunden sind: in die US-amerikanische Kontrolle von Nacktheit und Sex und in die westliche Privilegierung von als *Konzern*rechten vertretenen Urheberrechten. Auch wenn es die technische Beschaffenheit des Internets schwierig macht, Inhalte zu kontrollieren, zeigen die Elemente, die dennoch umkämpft sind, wo die strukturellen Prioritäten gesetzt werden. Das betrifft heute vor allem Urheberrechtsverletzungen. Während auch diese letztlich in der gegenwärtigen Struktur des Internets nicht technisch verhindert werden können, ohne dessen Grundstruktur massiv zu verändern, handelt es sich um eine breit und multinational genutzte rechtliche Kontrollstruktur. Auch hier ist die US-amerikanische Dominanz über die strukturellen Rahmen der Netzkultur merklich: Dass Urheberrechtsdurchsetzungen in den USA stärker geschehen als der Privatsphäreschutz zeigt sich z. B. daran, dass US-Kläger, die aus Privatsphäregründen gegen Bilder im Internet vorgehen wollen, oft den Weg der Urheberrechtsklage gehen, da dieser gangbarer und stärker juristisch „bewaffnet" ist.[6]

In dieser Einbettung in breitere Lebenswelten ist das Internet trotz aller Narrative, die es zur „Parallelwelt" stilisieren wollen, daher auch weiterhin geografisch. Das gilt nicht nur für den Ursprung von Netzkultur(en) und der Jurisdiktionen, die die weltweite Struktur des Netzes dominieren, sondern auch (und damit verwoben) für die Verbreitung des Mediums. „The Internet is a mass phenomenon, but it is not universally available, and there are still some underlying inequalities that structure access. […] (T)his is still very much dependent on national context" (Hine 2015, S. 6 f.). Nationale Regulierungen können stark unterschiedliche Möglichkeiten generieren, wenn z. B. chinesische Nutzerinnen auf facebook oder Netflix nicht zugreifen können oder nationale Regulierungsbehörden soziale Netzwerke ganz oder teilweise blockieren können, wie z. B. zu Zeiten politischen Aufruhrs. Auch unterschiedliche Standpunkte zur Netzneutralität oder zur Haftung von Anbietern für Internetinhalte können

---

[6]Cory Doctorow bemerkt hierzu, „DRM laws allow companies to shut down (and even jail) anyone who breaks DRM for any reason, and that means that once a company has DRM, they can decide whether and when security researchers can disclose the defects in their products; it also means they get to decide who can compete with them and how. It also means that accessibility workers and archivists can't exercise their rights without permission from corporations. […] Companies have discovered that adding DRM to their products is the most robust way to control the marketplace, a cheap and reliable way to convert commercial preferences about who can repair, improve, and supply their products into legally enforceable rights" (Doctorow 2017).

deutlich unterschiedliche Rahmenbedingungen schaffen, denen sich Angebote, die nicht lokal gehostet sind, durchaus zum Teil entziehen können, die jedoch die „großen" Anbieter zur Lokalisierung zwingt. So wird die Studie des Internets doch, entgegen der Narrative vom „entgrenzten" Internet, geografisch eingegrenzt: Google wirft nicht überall dieselben Ergebnisse aus, Netflix-Inhalte unterscheiden sich von Land zu Land, und online-Sportwettenanbieter ziehen je nach Geolokalisiation Steuern von Gewinnen ein – und sowohl Netflix als auch Niantic (die Firma hinter *Pokemon Go*) schaffen es, Software-Versuche zur Umgehung dieser Lokalisation zumindest stark zu erschweren, um lokalen Strukturen Durchsetzung zu verschaffen.[7]

Neben solchen rechtlichen Rahmen, die hier nur angedeutet werden können, steht die Zeit: „PST ... has become the new GMT for many virtual worlds" (Boellstorff 2008, S. 105), das heißt: die Standardzeitzone der US-Westküste war aufgrund der hervorgehobenen Bedeutung des Silicon Valley einmal zur „Normalzeit" des Netzes geworden, was die Britische GMT zu Zeiten des Empire für die Welt war; wieder ein hinkender Vergleich, der jedoch mehr eröffnet, als er verdeckt, da mit ihm die Machtstrukturen der „hinter" den Netzanwendungen stehenden Akteure deutlich werden. Boellstorff schreibt das 2008, und das ist nicht mehr so einschlägig, wie es damals war; aber gerade in Europa ist merklich, wie vor allem US-amerikanische Dienste die Zeiten des Internets strukturieren, z. B. auf reddit oder tumblr, wo posts, die zu US-Hauptzeiten erfolgen, deutlich erfolgreicher sind als solche, die zu europäischen Abendzeiten gepostet werden.

Diese Ordnungen umschließender Infrastrukturen sind Nutzerinnen in der Regel nur wenig bewusst, außer bestehende Strukturierungen werden gestört, wie im Fall der Blockierung von Plattformen oder Gesetzesänderungen, die das Funktionieren ganzer Segmente des Netzes bedrohen. Das Bewusstsein, das existiert, ist meist durch Medienberichterstattung strukturiert, d. h. Nutzer wissen in der Regel um die breitere Rahmung nur im Rahmen von öffentlichen Problematisierungsdiskursen, wie z. B. in Berichterstattungen über Gesetzeslagen zur Datenweitergabe oder in Debatten zur anonymen Nutzung des Internets. Der Fall der Netzneutralität oder der Urheberrechtsnovelle des Artikel 13/17 der Direktive zum Urheberrecht im digitalen Markt wurde im Laufe des Jahres 2018 weiträumig online diskutiert, während klassische legacy-Medien dagegen weitgehend Datenschutzrichtlinien zum Thema gemacht hatten und die Novellierung

---

[7]Dabei ist es im Fall von Netflix in der Regel auch ein Durchsetzen in den USA nach US-Recht getroffenen Vertriebsvereinbarungen, die den Zugriff auf bestimmte Inhalte in Europa verbieten.

des Urheberrechts dort kaum eine Rolle gespielt hatte, und immer weniger, je konkreter es wurde; die Umsetzung in deutsches Recht 2021 und die damit einhergehende Auferlegung von Uploadfiltern für nutzergenerierte Inhalte wurde fast gar nicht in legacy-Medien zum Thema.

Netzstruktur

Internetversorgung ist schon lange als Kernbereich der infrastrukturellen Ausstattung von Haushalten und Wirtschaftsbetrieben anerkannt, so sehr, dass der Bundesgerichtshof zugunsten eines Rechts auf einen Internetzugang in Deutschland als Grundbedürfnis zur Teilhabe an der Informationsgesellschaft entschieden hat (BGH Az. III ZR 98/12). Gemeinsam mit Telefon, Post- und Paketdiensten und Verkehrsnetzen gehört es zu den Garanten von Mobilität von Menschen, Gütern und Kommunikation. Dabei leisten Infrastrukturen unsichtbare Strukturierungsarbeit, sodass die Aufgabe der soziologischen Befremdung darin besteht, diese Unsichtbarkeiten wieder sichtbar zu machen: Einerseits in den Prozessen und Praktiken, in denen sie entwickelt und angeboten, aufrechterhalten und modifiziert werden, andererseits in den Prozessen und Praktiken, mit denen sie von ihren Nutzerinnen angeeignet, aktualisiert und in lebensweltliche Zusammenhänge eingefügt werden.

„[T]he internet can […] disappear as a remarkable facet of everyday life, becoming simply an infrastructure" (Hine 2015, S. 46): Gerade dieser Status als Grundelement des Alltags kann dazu führen, dass Infrastruktur gar nicht mehr auffällt, außer sie funktioniert nicht, aber nur dort, wo das Funktionieren vorausgesetzt wird. Wie Grenz und Möll (2014, S. 2) in Erinnerung rufen,

> „[w]enn digitale Dienste im laufenden Betrieb ihre gewohnte Oberfläche bzw. ihr vertrautes Design verlieren, wenn Funktionen ergänzt, bekannte Features gestrichen oder ganze Angebote ersatzlos liquidiert werden, dann kommen wir nicht umhin zu bemerken, dass diese Werkzeuge von Menschen gemacht, betrieben und gesteuert werden."

Das Internet ist „a mass phenomenon taken for granted in areas where the internet has become a mass phenomenon"; dort gilt, „it has also, to some extent, become banal. It has become a part of everyday life … rather than a marked activity of ‚going on the internet'" (Hine 2015, S. 8). Die „Eingebettetheit" des „alltäglichen Internets" ist damit jedoch nur dort banal, wo es banal werden konnte – und viele Teile der Welt sind nicht in der Position, es banal werden zu lassen.

Jenkins warnt, dass der „participatory turn" nicht bedeutet, dass alle als gleiche Partnerinnen in der Definition des geteilten Feldes, seiner geteilten Verweisstruktur und seiner geteilten Sprache und Deutung beteiligt wären; „many people are still excluded from even the most minimal opportunities for participation within networked culture" (Jenkins 2014, S. 271), und das reicht von der reinen Möglichkeit der Teilnahme durch ökonomische und strukturelle Hürden bis hin zur Präsenz als Gruppe, der jedoch keine Möglichkeit der Beeinflussung der geteilten Verweisstruktur eingeräumt wird.

Auch auf der Ebene der Technik ist das Netz damit weiter geografisch. Jahrelang war die Netzstruktur in den USA langsamer und unzuverlässiger als in Europa, eine Diskrepanz, die sich mittlerweile ausgeglichen hat; dennoch ist auch heute z. B. das Netz in Südkorea dem europäischen technisch weit überlegen, und weite Teile der Welt haben nur sehr begrenzten Zugang zu Netzabdeckung und zu Endgeräten. Projekte wie Googles „Ballonnetzwerk", das über fliegende Knotenpunkte Netzabdeckung in unterbediente Regionen der Welt bringen möchte, facebooks Versuch, ein „Internet light" in Indien anzubieten, das vorrangig über facebook laufen sollte (und letztlich an indischer Regulierung gescheitert war, da es eben nur Zugang zum walled garden von facebook war und nicht zum offenen Internet) zeigen diese Regionalität deutlich. Das bereits erwähnte „leapfrogging", mit dem Teile der Welt die PC-Ära als Kerntechnologie des Zugangs zum Internet übersprungen haben und in denen die Digitalisierung der Gesellschaft mit dem Smartphone geschieht, trennen ebenso geografische Welten. Das formt die Rezeptionskultur, die sich im globalen Norden und Westen dagegen durch PCs konstituiert hatte.

So ist „das Internet" nicht im Allgemeinen Infrastruktur, sondern setzt sich aus unterschiedlichen Teilen zusammen: auf der Versorgerseite Zugang zu Breitband-Anschlüssen, Abdeckung von Gebieten mit mobilem Internet, Zugang zu Endgeräten; auf der Seite der Netzwerkarchitektur Verbindungsprotokolle, Domain Name Server (DNS), die die Übersetzung von Web-Adressen in IP-Adressen leisten und damit den Zugriff auf web-Adressen erst ermöglichen, Software zur Decodierung von Programmierungen und ihre Erhältlichkeit, Verschlüsselungsprotokolle und -zertifikate u.v.m.; Hepp (2013, S. 3) nennt das „Medien erster Ordnung", nämlich „technologische Systeme mit bestimmten Funktionen und Potenzialen für die Verbreitung von Information im technischen Sinne des Wortes, also beispielsweise das ‚Internet' als TCP und IP-Übertragungsprotokoll." Auf der Seite der Nutzer stehen die Arten, wie mit dem Internet, das zugänglich ist und den Protokollen, der Soft- und Hardware, die erhältlich sind, Interessen und Ziele verfolgt werden, die nicht immer von der Betreiberseite antizipiert oder gar erwünscht sind, die aber gerade dadurch Kreativität und Offenheit vorantreiben.

Mendoza (2011) nutzt für das Internet die Metapher eines Zeitreisenden, der aus der Zukunft in die Gegenwart kommt: denn das Internet ist für die Postapokalypse gebaut. Dieser Umstand könnte für ein Verständnis des Netzes nicht zentraler sein: Der Vorläufer des heutigen Internets, ARPAnet, ist eine Schöpfung des US-Verteidigungsministeriums, das explizit dezentralisiert aufgebaut war, damit es keine Schalt- oder Kontrollstelle gibt, die im Fall eines Atomschlages (oder sonstigen Angriffen) ausgeschaltet werden könnte. Das Internet sollte die Kommunikationsfähigkeit von Regierung, Verwaltung und Militär am Ende der bekannten Welt sichern, indem es nicht an zentrale Knotenpunkte gebunden ist, sondern von Gerät zu Gerät mithilfe eines dezentralisierten Protokolls kommuniziert. „It essentially bypasses the need for central structures" (Mendoza 2011, S. 166), was dazu führt, dass das Internet als „literally out of control" strukturiert war, was die Struktur des Netzes als Gegensatz zur Struktur der Welt erkennen lässt, in der es erdacht wurde. Das setzt, so bemerkt Mendoza, das klassische Internet in einen Gegensatz zu den zentralisierenden und kontrollierenden Strukturen des gegenwärtigen Kapitalismus, die das heutige Internet durchziehen und überformen:

> „One world is a pre-apocalyptic capitalistic society of individualism, profit and control; the other a post-apocalyptic community of self-regulating collaborative survivors. The conflict arises from an essential paradox: because the web exists, both worlds need it in order to prevail over the other." (2011, S. 166).

Diese Dezentralisierung ist heute im Laufe dieses Konflikts mit einer dazu getretenen Web-Architektur überformt, die starke zentrale Elemente aufweist: DNS-Server, die Domain-Adressen (wie www.leuphana.de) in IP-Adressen (wie 193.174.32.100) umwandeln; Netzfilter wie jene, die zunächst China, Iran und Russland eingesetzt haben, um gewisse in den jeweiligen Ländern anstößige Inhalte zu filtern, die von Großbritannien[8] geplant wurden und jetzt auch in der EU (im Rahmen der erwähnten Copyright-Gesetzgebung sowie Hassrede-Verboten) nun ebenso implementiert wurden, was im Westen das Internet jedoch in erster Linie starker unter Konzernherrschaft bringt; die Ubiquität großer Internetkonzerne wie Google, facebook, amazon und anderen großen Konzernen, die es z. B. erlaubt, dass Inhalte aus den Suchergebnissen entfernt werden,[9] womit sie einfachen Versuchen, sie online zu finden, nicht mehr zugänglich sind, während

---

[8]https://www.economist.com/the-economist-explains/2013/07/25/how-will-britains-porn-filters-work
[9]https://support.google.com/legal/answer/3110420?hl=de

andere algorithmisch oder auch händisch in den Vordergrund gerückt werden, was ihre weite Verbreitung garantiert. Auch plattformlokale Regeln wirken zentralisierend, wo diese Plattformen eine quasi-monopolistische Marktmacht gewonnen haben, wie Google für Suche und facebook/instagram für soziale Netzwerke. Die berüchtigten facebook- und instagram-Filteralgorithmen markieren und entfernen in der Globalisierung US-amerikanischer Anstandsregeln Bilder, auf denen Nippel zu sehen sind und setzen so eine zentralisierte, US-amerikanische Idee von Anstand in werbefinanzierten Umfeldern (Dellwing 2017) durch.

Diese Elemente der zentralisierten Kontrolle wesentlicher Teile des Webs bleiben jedoch auf dem Fundament des dezentralisierten Netzprotokolls des Internets aufgebaut, was Zensur und Kontrolle der Netzkommunikation so berüchtigt schwierig macht: Wer Seiten sperren will, sperrt in der Regel zunächst die Übersetzung auf den wenigen zentralisierten DNS-Servern, die staatlicher- und Konzernkontrolle unterliegen; wer die IP-Adresse kennt, kann diese Blockaden leicht umgehen, und der eigene Computer kann auf andere, „widerspenstige" DNS-Auflöser wie z. B. dem des Vereins digitalcourage e. V. umgestellt werden (in der Regel ist der Internet-Router zu Hause auf den DNS-Server des Internet-Anbieters eingestellt; diese Einstellung kann verändert werden). Wenn auf der Ebene der Internetanbieter IP-Adressen gesperrt werden, sodass sie auch dann nicht erreicht werden können, wenn ein DNS sie auflöst, reicht oft schon die Verwendung eines VPN-clients, das den eigenen Webverkehr über andere Server hindurch leitet und damit lokalisierte Kontrollen umgeht; nun müsste der Anbieter alle bekannten Server des VPN-Anbieters sperren, was auch in Jurisdiktionen, die das sehr aktiv betreiben, regulär nicht funktioniert; in Indonesien, in Thailand und Saudi-Arabien und in ist die Verwendung von VPN-Klienten Usus, und auch in China, das die Erhältlichkeit von VPN-Klienten stark einschränkt, funktionieren viele, wenn auch nicht alle, VPN-Klienten.[10] Das dezentrale Internet lässt immer Umwege um Kontrollstationen zu, die nicht schwierig einzurichten sind.

Wirtschaftliche Kontrollen sind schwieriger zu umgehen, da die Nippel-Regel z. B. in Werbeagenturregeln der großen Web-Konzerne Eingang gefunden hat, sodass Seiten, die diesen Anstandsregeln nicht entsprechen, oft von durch diese Agenturen geschalteter Werbung ausgeschlossen sind: Der Großteil an online-Werbung besteht aus vordefinierten „leeren" Werbefenstern, die erst von Drittanbietern mit Anzeigen bespielt werden (dazu leiten diese leeren Fenster die Daten der Nutzerin an die Agenturen weiter, wo dann in nur Bruchteilen

---

[10]Auch in China nutzen 14% der Internetnutzerinnen VPN-Klienten: https://www.zdnet.com/article/vpns-can-still-be-used-in-china-despite-march-31-ban/.

einer Sekunde dauernde Auktionsverfahren darüber laufen, mit denen Werber vollautomatisiert um diese Kunden „bieten".[11]) Wer aus diesen Agenturnetzen ausgeschlossen ist, kann Inhalte deutlich schwerer monetarisieren; das macht es unwahrscheinlich, dass große Massenangebote sehr riskante Inhalte beherbergen.[12, 13] Dazu treten Kontrollen der Inklusion in Verteilerknoten wie z. B. dem Apple app store, der letztgültig bestimmt, was Apple-Mobilgeräte laden können, und dieser ist ausgesprochen exklusiv und zensurfreudig. Auch die Monetarisierung von Inhalten ist von diesen Strukturen abhängig: Wer z. B. sexuelle Inhalte anbietet, hat es nicht nur schwer, den Vertrieb über app-Stores zu organisieren, sondern auch schwerer, Vertragspartner großer Finanzkonzerne zu werden, die online-Bezahlung als Oligopol kontrollieren, nämlich (im Westen und Norden) Visa, Mastercard und Paypal. Patreon, ein Service, mit dem Kreativschaffende crowdfunding für ihre Projekte erhalten können (d. h. von Nutzerinnen selbst einmalig oder regelmäßig Unterstützung in Form kleiner Beiträge einwerben), schloss 2018 die Konten von Kreativschaffenden der Sex-Work-Industrie als Folge des Drucks durch diese Anbieter.[14] Auch Anbieter, die Crypto-Währungen verkaufen, sind häufig Opfer solcher Schließungen geworden, was die Möglichkeiten einschränkt, an genau das Zahlungsmittel zu gelangen, das nach den Regeln des dezentralisierten Internets spielt und nicht auf diese Weise zensiert und kontrolliert werden kann.[15]

---

[11]https://www.wordstream.com/articles/what-is-google-adwords

[12]Das ist ein Spiegel der Struktur des Fernsehens, in der werbefinanzierte Anbieter Anstandsregeln übererfüllen, während transaktionsfinanzierte Anbieter sehr viel größerer Freiheiten genießen.

[13]Die mittlerweile berühmt gewordene „Wende" des Netzwerks tumblr, auf dem Nacktheit erlaubt war und Ende 2018 dann plötzlich verboten wurde, hängt wohl zentral mit diesem Umstand zusammen. https://www.vox.com/the-goods/2018/12/4/18126112/tumblr-porn-ban-verizon-ad-goals-sex-work-fandom.

[14]https://motherboard.vice.com/en_us/article/vbqwwj/patreon-suspension-of-adult-content-creators

[15]Als dezentrale Buchhaltung, die auf tausende Computer verteilt ist, weisen Crypto-Währungen wie Bitcoin, Ethereum, Monero etc. keine zentralen „Schalter" auf, die Konten sperren oder Transaktionen verbieten könnten (mit dem Caveat, dass in 51 %-Angriffen Kontrolle über die Buchhaltung gewonnen werden kann; diese sind jedoch so prohibitiv teuer, dass höchstens Staaten sie leisten könnten). Als dezentralisierte Währungen sind sie in vieler Hinsicht die „native" Währung des dezentralisierten Internets, nicht des viel zentralisierten Webs. Es sind – im Idealfall – Währungen ohne Staaten und Banken, obwohl sowohl staatliche als auch bankintegrierte Crypto-Währungen existieren.

Da das reine Anbieten von Inhalten online jedoch zunächst sehr kostengünstig ist und der Zugang im Basis-Internet, jenseits der Großkonzerngarten, dezentralisiert geschieht, kann somit zunächst kein Inhaltsanbieter und kein Inhalt auf einer fundamentalen Ebene ausgeschlossen werden, und präsente Inhalte können zwar in ihrer Reichweite begrenzt, aber nur sehr schwer kontrolliert werden. Es ist dieser Umstand, der die Freiheitskultur des Internets technisch-strukturell untermauert und Regierungshandeln zur zentralen Kontrolle notorisch ineffektiv macht, da lokale rechtliche Begrenzungen einfach umgangen werden können; das macht online-Kommunikation auch zum Werkzeug für Widerstand. Zugleich können Inhalte, die aus den zentralen Knotenpunkten des Netzes ausgeschlossen sind, nur schwer Nutzerinnen finden: was auf Google nicht existiert, was keinen Zugang zum App Store von Apple und Android findet, was vom Zahlungsverkehr ausgeschlossen ist, was von DNS-Servern nicht aufgelöst wird, was von youtube-Algorithmen nicht angezeigt oder stark vermindert angezeigt wird, was von facebooks Algorithmus versteckt wird usw. ist zunächst dem einfachen Zugriff entzogen. Das bedeutet nicht, dass es dem Zugriff entzogen ist; wenn Menschen wissen, wi es zu finden ist, wenn Zuganbgsadressen es dezentral Verbreitung findett, ist es nicht nur erreichbar, es kann auch massenwirksam werden, z. B. wenn gesperrte Informationen im Rahmen von Demonstrationen und Protesten über links in Tinder-Bios beworben werden, wenn Sicherheitsbehörden die Großkonzerne anhalten, diese links von facebook, youtube und twitter zu löschen oder der Zugang zu diesen Diensten in Ländern mit aktiven Protestbewegungen völlig gesperrt werden.

Es ist diese Auseinandersetzung zwischen der dezentralen Hintergrundstruktur und der zentralisierenden Elemente durch staatliche und wirtschaftliche Überformung, die viele Aspekte der Online-Kultur über die letzten 25 Jahre mitgeformt hat: Auf diesem Hintergrund stehen die Kulturkämpfe, die sich auf Plattformen verschiedenster Art nachvollziehen lassen genauso wie die banal gewordene Alltagsverwendung, die diese Plattformen heute erfahren und die eine Ethnografie untersuchen möchte.

Plattformstruktur

Malaby betont, die Felder, die hier erforscht werden, „are the product of human action—that is, they are built" (2006, S. 144). Das gilt selbstverständlich für alle ethnografischen Felder: Auch ein Technoclub, eine Gang, ein Baumarkt und ein Basketballteam sind Produkte menschlicher Handlung, auch sie sind „gebaut". Das gilt für das Netz als technische Infrastruktur und für die rechtlichen Rahmenbedingungen, die die Strukturen des Netzes und seiner Anbieter ordnen, und es gilt für die Architektur dieser Plattformen genauso: Was auf ihnen passieren kann, ist in programmierte Rahmen eingebettet. Bei Softwareplattformen scheint das oft sogar eindeutiger und unumgänglicher, als das im Fall eines Baumarkts oder eines Technoclubs der Fall ist. Yee bemerkt für den Fall von Spielen,

> „[u]nlike the physical world, all the rules of social interaction in a virtual world have to be explicitly coded. These rules dictate the maximum size of ad hoc groups, the distance your voice can travel, whether other players can hurt you, and the consequences of dying. […] We often think of virtual worlds as digital frontiers that we can build and shape with our unbridled imaginations, and yet, the creation of virtual worlds requires the articulation of rules and laws and constraints that surpass the typical organization of social groups in the physical world. When we organize parties in the real world, we don't need to have rules for the distances our voices will carry, whether two people are allowed to share the same pie, or what the consequences of dying might be. In MMOs, however, all this needs to be spelled out in excruciating detail" (Yee 2009, S. 213, 221).

Inwiefern diese starke Orientierung an Programmstrukturen gerechtfertigt ist werden wir unten im Kapitel der Aneignung noch einmal besprechen; es ist allerdings unvermeidbar, der Tatsache Rechnung zu tragen, dass Interaktionen online durch Programmierungen der verwendeten Plattformen gerahmt werden. So ist es wesentlich, was auf einer Plattform – einem Spiel, einem sozialen Netzwerk, einer Webseite etc. – eigentlich möglich ist: Welche Mimiken, Interaktionsformen, Bewegungen können Avatare in einem Spiel vollziehen? Gibt es in-game-chats, eingebaute Audio-Kommunikation? Können Avatare kollidieren oder laufen sie durch die anderen hindurch (vgl. Jörissen 2010, S. 130; Tietz 2015)? Wie kann in einem sozialen Netzwerk gepostet werden, wie kommentiert, wie interagiert? Auch die Inhalte, mit denen und über die interagiert werden kann, sind wiederum in Programmierungen strukturiert, wie die Suchalgorithmen von Google, die Newsfeed-Algorithmen von facebook (Kommentare, Nachrichten, likes gegenüber weitreichenderer Reaktionsbuttons bei facebook, die Steuerungsprogrammierung eines online-Spiels). Das sind die *programmierten* Plattformstrukturen, die Apperley und Jayemeyne als eine Form von „governance" thematisieren (2012, S. 9), womit sie ein Zentrum der Konflikte über das und im Spiel identifizieren, was auch für andere online-Kontexte gilt.

Je näher am Alltagshandeln von Nutzerinnen wir stehen, desto deutlicher werden die Rahmenbedingungen, in denen dieses Handeln stattfindet – vor allem, wenn es sich um Strukturen handelt, die sich sofort deutlich zwischen verschiedenen Plattformen unterscheiden: „People often talk much more naturally about individual applications, like facebook, twitter, or email, than they do the internet, as such" (Hine 2015, S. 8), denn diese sind in ihrer Strukturiertheit gerade aufgrund ihrer Pluralität und damit ihrer Unterschiedlichkeit zwischen verschiedenen Angeboten viel leichter sichtbar: Eine Plattform erlaubt „dislikes" als einprogrammierte Möglichkeit, mit Inhalten zu interagieren, eine andere nicht. Eine Plattform erlaubt es, anderen Nutzerinnen Privatnachrichten zu schicken, eine andere nicht. Eine Plattform erlaubt lange Textposts; andere limitieren diese auf 280 Zeichen. (Twitter, obviously. Andere Plattformen limitieren Postlängen übrigens ebenso, und zwar auf 63.206 Zeichen auf facebook, 40.000 Zeichen auf reddit; da diese Limits sehr viel höher liegen und daher selten erreicht werden, fallen sie jedoch als programmierte Strukturbegrenzung viel seltener auf, während bei Twitter schnell der Todeskreis erscheint, der warnend auf das baldige Erreichen des Limits hinweist.)

Mit diesen Möglichkeiten müssen die Kulturen, die in online-Ethnografien untersucht werden, umgehen, indem sie sie verwenden und sich aneignen (s. u.). Ducheneaut und Moore (2004, S. 1) bemerken beispielsweise, „most MMORPGs are structured so that players are forced to interact", jedoch auf viele verschiedene Arten: In *Fortnite* ist ein gegenseitiger Wettbewerb Kern des Spielprinzips, bei dem Teambildung optional ist, da das Spiel einen Solomodus besitzt; *Apex: Legends* hat (in seiner ersten Version) nur einen Teammodus, und das Spiel ist in seiner Programmierung so auf Kooperation ausgelegt, dass viele der einprogrammierten Features, die das Spiel gerade von anderen abheben, verfallen würden, würde es alleine gespielt. *Fallout 76* dagegen bietet in seiner Grundversion vor allem ein Nebeneinanderspielen verschiedener Spielerinnen gegen die Spielwelt; gemeinsames Spiel ist selten und meistens auf Handel begrenzt. Auf einen *Minecraft*-Server ist man zunächst mit seinen dort erbauten Strukturen festgelegt, nachdem man ihn sich ausgesucht hat (wobei man sie jedoch kopieren kann). In *Fallout 76* wird die erbaute „Basis" dagegen auf eben jenem Server neu auftauchen („spawned"), auf dem man sich zumeist zufällig eingeloggt findet. Das kann auch verwendet werden, um während des Spiels Server zu wechseln, ostentativ, um einer Situation zu entkommen, in der sich eine belästigende Aufeinanderbezogenheit jedweder Art entwickelt hat, womit vor allem „griefing"-Dynamiken, in der Spieler und ihre Strukturen für ihre Spielweise ungewollt zum beständigen Angriffsziel werden, begegnet werden kann. Die sich in einem Spiel entwickelnden Praktiken des Umgangs mit dem Spiel, „most efficient tactics available *(META)*" (s. u.), sind Formen des Umgangs mit der Strukturierung des Spiels und damit (auch) Punkte des Konflikts *über* zwischen Nutzenden verhandelte Praktiken der geteilten „governance" im Spiel. So sind Änderungen der

Programmstruktur, die Arten des bisherigen Normalspiels nicht mehr zulässt oder weiter zulässt, aber ineffektiv macht, Punkte der Frustration und rufen Widerstand von Bestandsspielenden gegen die Plattformbetreibenden hervor.

Auch soziale Netzwerke erlauben und verhindern Formen der Kommunikation. Soziale Netzwerke stehen zentral auf Basis des Systems „Nutzer produzieren für Nutzerinnen": Hier kommen die Inhalte, die die Nutzerinnen anlocken und zum Bleiben verleiten, von anderen Nutzerinnen in Form von Lebensdokumentation oder Produktion kreativer Inhalte. Tumblr erlaubt z. B. keine Sequenzen von aufeinander bezogenen Kommentaren unter posts in Kommentarspalten, wie facebook, instagram oder reddit das erlauben. Tumblr restringiert Kommunikation zwischen Menschen, die sich nicht folgen scharf, indem sie erst gar nicht möglich sind, wenn Menschen sich nicht eine vordefinierte Zeit bereits folgen, und facebook restringiert sie, indem Nachrichten von Menschen außerhalb der Freundesliste in der Regel ohne weiteren Hinweis in einem eigenen Postfach in Quarantäne kommen.

Nicht alle online-Angebote sind zur Interaktion zwischen Nutzerinnen programmiert. Umwelten, in denen die Nutzer alleine mit der Programmierung, d. h. mittelbar mit den Programmierern interagieren, zum Bespiel bei singleplayer-Spielen, weisen zunächst wenig Interaktion oder Bereitstellung von Inhalten von Nutzerinnen für Nutzerinnen auf; aber auch das trügt, denn Onlineforen, in denen über diese Inhalte diskutiert wird, Praktiken besprochen und Lösungen für Probleme angeboten werden oder Menschen sich beim Spielen zuschauen und darüber diskutieren sind auch für Spiele, die Menschen putative „alleine" spielen, verbreitet.

Plattformen bilden zudem partikulare soziale, wirtschaftliche und politische Kontexte aus. Während Europa die Währungsgrenzen in weiten Teilen abgeschafft hat, treten neue Währungsgrenzen zwischen online-Plattformen hinzu: Wer in *Pokemon Go* Inkubatoren kaufen möchte, muss Euro (oder eine andere unterstützte Währung) in Pokecoins umtauschen – zu festgesetzten Wechselkursen –, die ausschließlich auf der Pokemon-App verwendbar sind. Für *Fortnite* sind das V-Bucks, für *Second Life* waren es Linden Dollars, für camsex-Seiten tokens, usw. Diese Strukturierungen sind als Teil einer privat gehandelten Dienstleistung in diese einprogrammiert und geschehen damit prinzipiell im Interesse dieser Dienstleister; Geld in Pokecoins oder V-Bucks umtauschen zu müssen, um mit ihnen im Spiel ökonomisch agieren zu können, anstatt die Interaktion direkt in fungibler, nicht konzernproprietärer Währung vorzunehmen, stellt in der Regel sicher, dass mehr eingetauscht werden kann, als gebraucht wird. Den ökonomischen Austausch *zwischen* Nutzerinnen zu erschweren oder zu verunmöglichen bedeutet zudem, dass kein Ventil besteht, über das zusätzliche in-Game-Währung gegen was-auch-immer-Anderes eingetauscht werden könnte. *Second Life* hatte dagegen eine interne Ökonomie ausgebildet, in der Nutzer miteinander handeln können (um von anderen programmierte Ausrüstungsgegenstände, Extensionen, Bewegungsabläufe etc. zu kaufen – verbreitet war es zum Beispiel, einen Penis, Nippel oder eine Vulva für den Avatar zu kaufen, oder auch spezifische Bewegungen, die alle in der Grundausstattung nicht enthalten, aber für viele Verwendungen der Plattform zumindest hilfreich waren) Dagegen kann in *Pokemon* nur mit dem Softwareanbieter gehandelt werden. In Spielen wie *World of Warcraft* oder *Eve Online* entstehen politische und wirtschaftliche Strukturen zwischen Nutzerinnen, die Anführer bestimmen, Wahlen abhalten und teils komplexe ökonomische Abläufe orchestrieren – teils innerhalb der Plattform, teils außerhalb, wenn Gilden ihre Anführer über Chats bestimmen, die außerhalb des Spiels ablaufen. Auch die Ökonomien überschreiten die Rahmen der Plattform, wie z. B. die mittlerweile bekannten Goldkäufe und -verkäufe, mit denen in-game-Währung außerhalb des Spiels gehandelt und dann im Spiel übergeben wird, wie im Fall von Gold-Farming-Operationen, in denen Menschen Arbeitszeit damit verbringen, Währung zu generieren, die dann außerhalb des Spiels verkauft wird.

Neben der Wirtschaft im Spiel stehen die Wirtschaftsräume, in denen die Plattformen agieren und die sie in ihrem Agieren mitgestalten. Zwar orientieren sich Strukturierungen in marktwirtschaftlichen Kontexten in bestimmtem Maße *auch* an den Wünschen des Kunden und können im Zuge der Konkurrenz auch beeinflusst werden; jedoch sind in vielen online-Kontexten Kundinnen und Nutzer unterschiedliche Gruppen. Facebook beispielsweise hat Alltagsmenschen als Nutzer, aber Werbepartner und Abnehmer von Datenanalysen (aber i. d. R. nicht von Rohdaten – diese sind Geschäftsgeheimnisse[16]) als Kundinnen. Gerade im Fall von kostenlosen Services ist die „Kostenlosigkeit" in der Regel Zeichen dafür, dass die nichts zahlenden Nutzerinnen tatsächlich Produzentinnen sind, die an Produkten mitwirken, die an Andere, zahlende Kunden weiterverkauft werden, eine Einsicht, die über die Jahre zum banalen Truismus wurde.[17]

Chen und Duh (2007, S. 22) verorten zudem eine Form von „civil-legal rules" unter den Plattformregeln. Sie meinen nicht die breiteren rechtlichen Kontexte, die wir oben angerissen haben und in denen das Funktionieren der Plattform

---

[16]https://theintercept.com/2019/02/02/shoshana-zuboff-age-of-surveillance-capitalism/
[17]Das mittlerweile lange klassische Meme dazu findet sich hier: https://cheezburger.com/5246665216/pigs-explain-facebook-business-model.

eingebettet ist, sondern die quasi-Rechtsregeln, die die Plattform in ihren AGBs setzt: „official rules imposed by [...] the game company", und Regeln, die rechtlich durchgesetzt werden, da es sich um Vertragsklauseln handelt, die zu brechen zivilrechtlich verfolgt werden kann, während Firmen versuchen, technisches Umgehen dieser Regeln auch strafrechtlich als „Hackerangriffe" werten und verfolgen zu lassen, mit gemischtem Erfolg.[18] Jenseits der AGBs betrifft es Spielformen, die als legitim gelten, weil sie vonseiten der Betreiber als legitime Formen des Spiels *durchgesetzt* werden, womit zugleich andere, damit „illegitime" Spielformen bestraft werden. Diese bleiben aber möglich. So können Verwendungen des Codes vonseiten der Spielerinnen, die unintendiert waren, als exploits eine Form von kreativer Anwendung sein. Gerade in Singleplayerspielen ist die Verwendung dieser exploits üblich, z. B. in speedruns (vgl. gamesdonequick.com, auf der Spieler stundenlange Abenteuerspiele in Minuten spielen, z. B. das lange Postapokalypse-Adventure *Fallout 3* in 21 min[19]; das geht in der Regel nur, indem Abkürzungen gefunden werden, die nicht als Spielform intendiert waren). Hier gilt das als kreative Form der Aneignung des Spiels und wird in eigenen Interessegruppen mit Anerkennung gewürdigt. In Multiplayerspielen, in denen Spielerinnen gegen andere Spieler live antreten, können solche Verwendungen jedoch als Form des Betrugs, als „cheat" wahrgenommen werden und werden in der Regel von den Anbietern des Spiels hart bestraft, wenn sie bemerkt werden. Online-Spiele haben hierzu in der Regel Mechaniken, mit denen Spieler für Handlungen, die sie im Spiel vollzogen haben und die im Code damit auch möglich waren, „gemeldet" werden können, und Verwendungen, die die als fair angesehenen Spielformen brechen, können zum Ausschluss aus dem Spiel („ban") führen. Auch die Möglichkeit, facebook-posts zu melden, zeigt die gleiche Dynamik an: eine technisch mögliche Verwendung der Plattformstruktur, die jedoch den Vorgaben der Plattform widerspricht, wird von den Nutzern gemeldet und von den Betreibern dann sanktioniert.

Neben dieser Form der „Anzeige" durch Nutzende stehen Algorithmen, die die Inhalte selbst beständig auf Muster analysieren, die als Bruch der Plattformnormen angesehen werden; als tumblr Nacktinhalte verbot, haben Algorithmen Bilder gescannt, um Nacktbilder zu identifizieren (und dabei oft groteske Fehleinschätzungen getroffen[20]), und YouTube entfernt copyright-geschütztes Material von der Plattform, das User hochladen (was zu ebenso grotesken Löschungen

---

[18]https://www.eff.org/deeplinks/2010/07/court-violating-terms-service-not-crime-bypassing; https://www.eff.org/deeplinks/2018/01/ninth-circuit-doubles-down-violating-websites-terms-service-not-crime
[19]https://www.youtube.com/watch?v=acDTkudVWOA
[20]https://www.polygon.com/2018/12/4/18125997/tumblr-nsfw-guidelines-flagging-algorithm

und auch einer neuen Möglichkeit der Zensur von Inhalten, die aus anderen Gründen unbeliebt waren, geführt hat.[21]) Eine Kombination beider Mechanismen ist üblich, da Plattformen die große Flut von Meldungen und Posts nicht von Menschen prüfen lassen können.[22] Das online-Spiel *League of Legends* zählt ca. 100 Mio. mindestens einmal monatlich aktive Spielende (MAU), von denen über eine Million Reports täglich bei Riot eingehen; kein Rechtssystem wäre in der Lage, diese Flut an Fällen zu bearbeiten, sodass Reporting zu einem Review durch Algorithmen führt, der den Status des Spiels zum Zeitpunkt des Berichts („game state") zusammen mit dem Chatverlauf bewerten soll (Dellwing/Tietz unv. Man.). Das wiederum schafft eine private quasi-Rechtsinstanz, die das quasi-Recht der Geschäftsbedingungen mit Leben füllt und eine Struktur der Durchsetzung bietet, die als Durchsetzungsinstanz der Betreiber nicht als unabhängig gelten kann, aber in ihrer Hoheitsmacht über die Möglichkeiten der Interaktion auf diesen Plattformen die Herrschaft über Teilhabe besitzt.

Diese Herrschaft von Plattformen ist in den letzten Jahren breit diskutiert worden, umso breiter, je wichtiger diese Plattformen für das soziale Miteinander, die zivilgesellschaftliche Vermischung und auch die demokratische Willensbildung wurden. In dem Maße, in dem online-Spiele und -plattformen Rahmen bieten, in denen sich third places konstituieren und soziale Gruppen

---

[21] https://gizmodo.com/nasas-official-mars-landing-video-got-taken-off-youtube-5932089. Algorithmen gleichen hochgeladene Inhalte mit Datenbanken ab, die Rechteinhaber bereitstellen, um ihre geschützten Werke zu erkennen; im vorliegenden Fall hatte die Nachrichtenberichterstattung NASA-Bilder verwendet, den Bericht in die Datenbank eingespeist und damit dem Algorithmus die NASA-Bilder als geschütztes Material „beigebracht", was dann dazu führte, dass die von NASA *selbst* hochgeladenen Videos vom Filter als intellektuelles Eigentum des Nachrichtenanbieters eingeordnet und gelöscht wurden. Die Arten, wie solche Rechtsetzung durch von Rechteinhabern bereitgestellten Behauptungen der Schutzwürdigkeit missbraucht werden können, zusammen mit der Unzuverlässigkeit solcher Systeme, die zudem sehr teuer sind, sind die Basis der Diskussionen um Artikel 13/17 des EU-Urheberrechts: Eine breite Haftbarkeit für copyrightgeschützte Inhalte auf Seiten der Plattformbetreiber bringt diese dazu, diese Filter extensiv einzusetzen und z. B. Fotos zu löschen, auf denen Menschen T-Shirts tragen, die wiederum copyrightgeschütztes Material beinhalten, z. B. ein T-Shirt, das Superhelden abbildet. Das kann auch funktional von Rechtebeanspruchern (statt -inhabern: Organisationen, die diese Rechte für sich beanspruchen). Cory Doctorow nennt Copyright-Regelungen daher „a cluster of laws best understood as ‚any policy that allows me to control the conduct of my customers, competitors and critics'" (2021).

[22] Cory Doctorow bemerkt, es gibt nicht genügend Copyrightanwälte in der Geschichte der Menschheit, um die auf sozialen Netzwerken geposteten Inhalte auch nur annähernd von Menschen prüfen zu lassen, was jede Prüfpflicht automatisch zu einer Filterpflicht macht, https://www.eff.org/deeplinks/2018/11/yes-eus-new-copyrightdirective-all-about-filters.

über diese Plattformen zusammenkommen, kann ein Ausschluss von diesen Plattformen weitreichende Folgen für die soziale Teilhabe mit sich bringen: Im Fall von sozialen Netzwerken hat sich hier der Begriff „de-platforming" gebildet, um den Entzug der Teilhabe an einer Plattform durch Bans zu beschreiben, womit Akteuren der Zugang zu weiten Teilen der öffentlichen Debatte genommen werden kann (wenn es sich um Plattformen wie twitter handelt), der Kontakt zu den eigenen weltweit verteilten peer-Gruppen (im Fall von instagram oder tumblr) oder der Kontakt zu translokal konstituierten Freundesgruppen (bei sozialen Netzwerken wie tumblr oder online-Spielen). Ein Ausschluss aus solchen Kontext bedeutet dann nicht nur, dass dieses Spiel nicht gespielt oder diese Plattform nicht genutzt werden kann, sondern lässt dann ganze soziale Beziehungen, Einflussmöglichkeiten und Möglichkeiten, den eigenen Anliegen eine Stimme zu geben, wegfallen.

Oft sind Begrenzungen, die die Betreiber mit solchen Sanktionierungen durchsetzen, wiederum Reaktionen auf Rechtsrahmen und erwartete rechtliche Probleme oder Reaktionen auf erwartete PR-Probleme, wenn bestimmte konfliktische Interaktionsformen unterbunden werden, die der Plattform einen schlechten Ruf einbringen und damit die Werbeeinnahmen stören könnten. So konnte die sehr kleine Plattform 4chan, die nicht werbefinanziert ist, sehr konfliktische Interaktionsformen, aber auch pornografische oder gewaltintensive Posts zulassen, die dann plattformkulturell auch als normal gerahmt wurden, weil sie vor dem Zorn der Werbewirtschaft und damit verbunden vor negativen Images keine Angst haben musste, während facebook bei Inhalten dieser Art sehr schnell aktiv wird.[23]

---

[23]Wir finden wichtig zu betonen, dass das die starke Inhaltskontrolle bei facebook beschreibt, der gegenüber 4chan offener und freier aufgebaut ist. Das ist zunächst nur eine Beschreibung, und die Frage von Inhaltskontrollen ist in demokratischen Gesellschaften komplex, vor allem, wenn es um dezentralisierte und damit demokratisierende Strukturen wie das Internet geht und Rufe nach Inhaltskontrolle von staatlichen Stellen und Konzernmedien ausgehen, deren dominante Positionen in der Strukturierung sozialer Deutung von diesen dezentralisierten Strukturen erodiert werden. Damit handelt es sich um einen Machtkampf. Es sind diese dezentralisierten Medienstrukturen, die es erlauben, dass Aktivistinnen miteinander kommunizieren, Revolutionen koordiniert und Nachrichtenkontrollen umgangen werden können; dass staatliche Stellen und Konzernmedien sich die zentralisierten Strukturen der vor-Internet-Zeit zurückwünschen, wird in diesen Rufen nach Inhaltskontrolle häufig deutlich. Dieser Ruf muss soziologisch als Versuch verstanden werden, alte Machtstrukturen zu schützen; die Idee, dass es hier um die Verteidigung von Wahrheit oder von „Anstand" in der Interaktion ginge, finden wir nicht nur naiv, sie übertüncht auch die großen Leistungen, die solche dezentralisierte, nicht-konzernstrukturierte Interatkion geleistet hat.

All diese Strukturierungen von Plattformen sind immer bereits interessiert. „Computers, and the software they house, ‚are not neutral presences […] the technology that constitutes the virtual environment contains within itself a form of Ideology'" (Valk 2008, S. 209; Zitat im Zitat aus Turkle 2005, S. 35). Van Dijk sekundiert das, wenn er bemerkt, dass Einstellungen „not just technical but also ideological maneuverings" (2013) sind. Boellstorff (2008, S. 62) unterscheidet auf dieser Basis „a particular social, economic, and political context" in online-Plattformen, und diese Strukturierungen sind für die Ermöglichung und Verunmöglichung von Handlungen auf Plattformen zentral. „[I]ts consequences become difficult to trace and politics are easily buried in technical encodings […] The design of infrastructure itself can make its effects more or less visible" (Bowker et al. 2010, S. 98).

Das ist nur eine kleine Auswahl an Punkten, die wesentlich werden können. Konkrete Ethnografien werden mehr, neue, unerwartete Formen der Strukturierung finden, die hier vielleicht nicht einmal angedacht sind; sie sollten allerdings immer Ausschau nach ihnen halten.

Dass auf Plattformen eine Programmierung existiert, die sich von der anderer Angebote unterscheidet, ist eine Sache; *wie* diese funktioniert ist eine andere. Die „Skelette" der Angebote sind versteckt – auch *digital natives* haben oft keinen Zugang zu ihnen. Sie sind Experten ihrer Verwendung, nicht (üblicherweise) Experten ihrer Gestaltung.

> „(O)ften,… ethnography for the internet will not actually involve studying the circumstances in which internet technologies are developed, and will focus solely on situations of use where the technology has received a relatively stable identity; people understand that it has a certain set of functions, which are appropriated and made meaningful in their own specific circumstances, but to a large extent blackboxing of the technology will already have occurred or …. [t]he technology has achieved closure." (Hine 2015, S. 50).

Um solche Kontexte zu erfassen, schlägt Hine (2015, S. 49) vor, dass „coming to know the culture of developers and understanding the decisions which they make, the constraints placed upon them, and the values that they work with" zentrale Wege sein müssten, auch an diese Deutungen zu gelangen. Das ist eine andere Formulierung dafür, die Entwicklung ebenso zu beforschen – gegebenenfalls ethnografisch, was unseren ursprünglichen Punkt stärkt, dass Struktur auch nur eine Abkürzung für eine andere Arena der Handlung ist. Das könne in Ethnografien in Entwicklungskontexten geschehen. Die Produktion dieser Strukturierungen unterstellt eine bestimmte Nutzung, programmiert und gestaltet *für* eine bestimmte Nutzung, interagiert mit Nutzerinnen, die jedoch aus Sicht dieses Feldes ein „Außen" sind, das verstanden werden muss, ein Verstehen, das immer bereits durch die Interessen und Ziele, Unterstellungen und Kontexte der verstehenden Gruppe hindurch geschieht. Wer die Produktion erforscht, erfährt in der Regel nicht, wie die Nutzung intern Realität gestaltet, sondern erhält nur eine davon entfernte Version, die eher die Erwartungen der Produktion erkennen lässt als tatsächliche Lesarten des Publikums. Und umgekehrt gilt für die Nutzung, dass, wenn die Untersuchung hier konzentriert ist, Produktionsintentionen, -interessen und -ziele unterstellt werden können (und oft auch müssen, wenn sie ein Narrativ zur Produktion entwickeln will), aber ohne internen Zugang zu ihnen. Neben diese „Brille" tritt die reine Unwissenheit: Die Produktion weiß schlicht nicht, was weite Teile des Publikums mit ihrem Produkt tatsächlich tun (werden), und die Nutzerinnen wissen nicht, welche Programmstrukturen sich im Produkt verstecken und was sie tun (ein Umstand, der ein breites Feld von Privatsphärepaniken bezüglich online-Angeboten hervorruft). AGBs stellen, wie Doctorow bemerkt, Versuche dar, bestimmte Nutzungsweisen rechtlich vorzugeben und Abweichungen davon gar strafrechtlich abzuwehren, als „felony contempt of business model" (Doctorow 2019a). Im Rahmen von multi-sited ethnographies könnten beide Seiten untersucht werden; wenn das jedoch den Rahmen der Studie sprengt, was die übliche Problematik sein dürfte, bleibt der Ethnografin nur die Einsicht, dass die Deutungen der untersuchten Gruppe bezüglich der Strukturierungen, denen sie sich ausgesetzt sieht, eben das ist: eine Aufeinanderbezogenheit, die ich in genauer Betrachtung der Handlungen der Nutzer als implizites Wissen zwischen den Zeilen der Praktiken herauslesen kann, weil sie sich beständig auf bestimmte Formen der Strukturierung beziehen müssen.

Aneignung: Der Tanz mit Strukturen

Im Zentrum ethnografischer Forschung steht, was Menschen gemeinsam deutend in Auseinandersetzung mit einer Umwelt tun, wodurch sie auch diese Umwelt mitgestalten. „While the shape of any platform does not determine the way in which people will use it for their communicative purposes, the design of the site will influence interactions" (Varis 2014, S. 6) – aber sie determiniert sie nicht. Programmierung macht noch keine Interpretationsgemeinschaft, schafft noch keine online-Kultur; diese entsteht erst in den Praktiken der Nutzerinnen, die sich diese Strukturen aneignen müssen. Grenz und Möll fassen zusammen, „[k]onzeptionell gesehen besteht der einschlägige Common Sense in der aktuellen Debatte darin, mit Mediatisierung nicht danach zu fragen, was ‚Medien' mit uns tun, sondern was wir im alltäglichen Umgang mit den Medien tun" (Grenz und Möll 2014, S. 4).

Wie in der Medienforschung breit rezipiert können Menschen nicht als passive Rezipienten von Medieninhalten verstanden werden, denen im Sinne des „hypodermic model" Inhalte wie Injektionen ohne aktives Zutun verabreicht werden, Inhalte, die dann abstrakte, generelle Auswirkungen auf sie hätten (Carpini und Williams 1994). Lesen und Rezipieren von Fernsehen und auch Internetinhalten sind aktive Akte, bei denen die Bedeutung nicht in Inhalten vorstrukturiert ist, sondern in denen eine prinzipiell offene Bedeutung (Fiske 1987; Fish 1980) erst in einer interaktiven Auseinandersetzung von Menschen mit Zeichen praktisch zu einer konkreten verfestigt wird. Diese Verfestigung wird in „Interpretationsgemeinschaften" (Fish 1980) an sozial geteilten Interpretationsstrategien ausgerichtet, damit eine kommunikativ verbundene Gruppe als solche auf derselben Ebene verbleibt.

Gerade für ethnografische Arbeit ist das ein zentraler Punkt, der verhindert, dass eine Studie der Netzwerkarchitektur sich als Studie zur Kultur einer Plattform missversteht. Es ist ein wesentlicher Schutz gegen den Versuch, einen online-Raum *nur* an seiner Struktur deuten zu wollen. Über die Rahmen müssen Ethnografien sich bewusst sein; erforscht werden die im Rahmen der ethnografischen Methode geteilten Praktiken. Jesper Juul definiert, wie bereits erwähnt, als grundlegende Dichotomie, ob das Spiel oder seine Spielenden erforscht würden (2011, S. 11). Das ist als Unterscheidung vielleicht sinnvoll, wenn Spielstrukturen im Abstrakten betrachtet werden; für eine Ethnografie passt eine solche Unterscheidung nicht, da die Herangehensweise einer ethnografischen Forschung nicht so recht weiß, was ein „abstraktes Spiel" jenseits der Praxis des Spielens überhaupt beschreiben soll. Im lebensweltlichen Zugriff, den eine Ethnografie (wie sie hier vertreten wird) wählt, *ist* es die geteilte Praxis einer sozialen Gruppe, die auf ganz grundlegende Art und Weise das Forschungsfeld, und damit das Spiel, ausmacht. Zwar stehen die Handlungen von Nutzern zwangsläufig im Rahmen dieser Strukturierungen; sie sind „gezwungen, auf die vermöglichten Umweltbedingungen zu reagieren, sich z. B. an die Kommunikationsbedingungen der CMC [computer mediated communication, die Autoren] anzupassen" (Thiedeke 2008, S. 54). Aber ihr Anpassen ist eine aktive Handlung, die in großer Diversität erfolgen kann und die zudem in dieser Anpassung die Bedeutung dieser Rahmenstrukturen erst schafft.

Diese Praxis ist mit der Struktur des Feldes untrennbar verwoben, ein Netz, das Taylor (2006) in Rekurs auf Begriffe der Akteur-Netzwerk-Theorie „assemblage" nennt. Es ist schwer denkbar, ein 2D-Spiel als 3D-Spiel zu spielen, und wenn ein Spiel so programmiert ist, dass „Freunde" (oder wichtige NPCs) nicht in Kämpfe verwickelt werden können, dann kann das durch Rollendistanz vonseiten der Spielerin nicht so einfach überwunden werden. Es gibt jedoch

Möglichkeiten, kooperative Spiele kompetitiv zu spielen, und wenn das erfordert, Punkte außerhalb des Spiels zu erfassen und zu vergleichen. Die Kultur einer Plattform, eines Spiels, einer online-Subkultur etc. ist eben nicht

> „immer schon angelegt … Weder ist es das Medium, das seine Nutzer schlicht zu dopes macht, noch sind es die Nutzer, die das Medium bzw. die Technik frei nach ihren Wünschen handhaben; es handelt sich vielmehr immer um komplexe Prozesse gegenseitiger Anpassung und ‚Einbettung'" (Liegl und Stempfhuber 2014, S. 30).

Das gilt für die Bedeutungen, die in diesen Kontexten geschaffen werden – ein Argument, das lange in den Cultural Studies als Grundlage der Erforschung von Medien und auch für die Wirkungen von Strukturen gilt. Dasselbe gilt für die Aneignung von Strukturen in online-Interaktionen. Genauso wie Bedeutungen nicht in Objekte einprogrammiert sind und damit keine einfachen Auswirkungsstudien über Medien oder spezifische Inhalte vorgenommen werden können, ohne dabei diese Pluralität der Aneignung und die Offenheit der Deutung zu ignorieren, können auch keine Studien über die Auswirkungen von Strukturen von online-Medien vorgenommen werden, ohne damit die konkreten und kontextualen Praktiken zu ignorieren, in denen Nutzerinnen diese Medien – und ihre Strukturen – erst zu spezifischen Strukturen *machen*. Michaela Pfadenhauer spricht daher von „Aneignungskultur" (Pfadenhauer 2010), in der gemeinsame Praktiken und gemeinsame Deutungen erst aufkommen, die nicht bereits von der Struktur vorgegeben werden können.

Erfolgreiche gemeinsame Teilnahme in online-Kontexten ist ein Effekt geteilter Deutung, die in gemeinsamer, geteilter Teilnahme und geteilter Praxis in diesen Räumen entsteht, was sie erst zu denselben Räumen macht. Diese Gemeinsamkeit ruht ebenso zentral darauf, ihre Sprache zu verstehen und an ihrer Verwendung beteiligt zu sein. Viele Videoportale fungieren beispielsweise zunächst als eine Art Suchmaschine, die bei der richtig gestellten Frage gewünschten Content liefert oder durch Zufall neue Eindrücke hervorbringen kann (vgl. durch zum Beispiel das Snowballen durch vorgeschlagene ähnliche Videos). Wer die Sprache kennt, kann suchen, kann in Spielen kommunizieren, was getan werden soll, kann überhaupt erst beschreiben, *was* das Problem ist. Um Trolling als solches zu verstehen, ist ein feines Verständnis tief greifend verwobener Referenzen notwendig, zu denen ein Wissen um die versteckte Ironiekultur gehört, die sich als offene Herausforderung verkleiden kann. Memes entstehen, indem Referenzen auf Referenzen gelegt werden, die dann in einer Verweiskette dazu führen, dass das Meme als Teil einer Familie von Verweisen erkannt werden kann. Knutilla (2015, S. 103) berichtet zum Beispiel über die Ketten von Verweisen, die Memekulturen hervorgebracht haben, z. B. die bekannte Praxis des „Rickrolling": die Praxis, einen link zu setzen, der einen in der Regel sehr nachgefragten Inhalt ankündigt – z. B. ein angebliches Spoilervideo, wer in einer zukünftigen Staffel beliebter Serien sterben wird – aber tatsächlich zum youtube-Video (oder einer anderen Form) zu „Never Gonna Give You Up" von Rick Astley verlinkt. Die Praxis verweist, wie so viele Referenzen der online-Kultur, auf eine spezifische Geschichte, die auf 4chan aufkam: 4chan setzte zeitweise Wortfilter ein, die bestimmte Begriffe, wenn sie in Posts aufkamen, automatisch in andere umwandelten, z. B. „mods" in „the people's champions". Das bereits erwähnte Phänomen des Rickrolling fällt ebenso in diese Kategorie: „For a short period, the word ‚egg' automatically appeared as ‚duck', and soon the word ‚eggroll' became ‚duckroll' and, inevitably, a conceptual image of a duck with wheels" (Knutilla 2015, S. 103). Das ist bereits eine Referenzkette, in der das Bild auf „eggroll" („Frühlingsrolle") verweist und beide gemeinsam diese Wortfilterfunktion referieren. Die ersten Rickrolls waren *duckrolls,* in denen „verführerische" Inhalte verlinkt wurden, aber tatsächlich zu diesem Bild einer Ente auf Rädern führten, und der „Rickroll" ist sowohl in Praxis als auch in der Begrifflichkeit ein Verweis auf diese Praxis – die von dort an millionenfach verwendet wurde.

Die Aneignung solcher Formate, in denen sich eine Strukturierung der kulturellen Praxis konstituiert, spielt in die Arten und Weisen ein, wie Dinge verstanden werden. So ist diese Aneignung selbst wieder strukturiert. Kardoff weist darauf hin, dass die „Organisationsprämissen, die hier den selbstverständlichen Umgang mit der CMC und die gegenseitige Abstimmung von Handlungen steuern, […] von den Teilnehmern erkannt, aber auch selbst erzeugt und fortlaufend angepasst werden [müssen]" (Kardoff 2008, S. 34).

„Das alles spricht nicht dagegen, dass massenmedial verbreitete Kultur Strukturen aufweist, wie sie die Theorie der Kulturindustrie rekonstruiert. Aber diese Strukturen zwingen sich nicht allmächtig und kontextfrei den Rezipienten auf, sondern werden in subjektiven und kommunikativen Aneignungsprozessen und Umgangsweisen vielfach gebrochen, verändert und weiter verarbeitet" (Sutter 2008, S. 62).

Das gilt für Inhalte von Spielen genauso wie für Vorstrukturierungen von Plattformen und Internetseiten; ihre handlungspraktische Bedeutung für die Gruppe, die diese Plattformen verwendet, liegt in der Aneignung, die diese Gruppe gegenüber und mit dieser Plattform betreibt. „Es interessiert dann, welche besonderen Dynamiken sich in interaktionalen Arrangements unter Anwesenden unter den Bedingungen der Netzkommunikation ergeben" (Siri 2014, S. 102).

Wo oben bereits von umschließenden Rechtsrahmen und von durch die Betreiber durchgesetzten Normen die Rede war, betrifft diese Aneignung von in der Programmierung möglichen Handlungen und damit die Spezifikation, was diese Programmierung handlungspraktisch tatsächlich rahmt, die Ausbildung einer Kultur der Plattform. Chen und Duh sprechen z. B. von „socializing norms", wenn es darum geht, wie Emojis, Begriffe, Abkürzungen und Items verwendet werden, um zu kommunizieren und sich zu vergemeinschaften. „Players who violate those norms or fail to follow the norms will be considered as unskillful, inexperienced and disliked" (Chen und Duh 2007, S. 22–3) – von anderen Nutzerinnen, die dadurch die Kultur dieser Plattform in Interaktion kontrollieren, aber nicht die einzigen sein müssen, die hier kontrollieren. Was die Kommentarfunktion bei Facebook *ist,* entscheiden die Nutzerinnen, indem sie sie nutzen. Auch ist z. B. die Möglichkeit der Hookup- und Datingplattform tinder, das Profil mit seinen instagram- und spotify-accounts zu verbinden (und die Erwartung, dass die Plattform mit Facebook verbunden wird), zwar vorprogrammiert; *wie* jedoch diese Verbindungen genutzt und wie diese Nutzungen gedeutet werden, wozu sie genutzt und gedeutet werden, ist eine Frage der Aneignung durch die Nutzerbasis. Mehr noch, was die Plattform tinder eigentlich *ist,* ist ebenso eine solche Frage: Zwar gilt sie gemeinhin als hookup-app, d. h. als Struktur zur Anbahnung von Liebes- oder Sexkontakten, aber die tatsächliche Nutzung ist hochgradig divers. Tinder wird zum Finden von romantischen Beziehungen genutzt, von Freundschaften, vielleicht sogar oft vorrangig als Form des spielerischen Zeitvertreibs, aber auch vereinzelt zum Finden von Wohnungen oder Jobs, als Werbeplattform und sogar zur Organisation von Protesten, wenn andere Netzwerke überwacht oder gesperrt sind.[24] Tinder kann genutzt werden, ganz ohne miteinander zu schreiben oder, um *nur* miteinander zu schreiben, oder um in Treffen damit interessante, witzige Geschichten zu generieren, die dann im Freundeskreis verbreitet werden. Man kann auf ihr besonders kreative oder merkwürdige Profile suchen, um diese dann als screenshot auf anderen sozialen Medien zu posten, um dort damit Resonanz zu generieren (z. B. auf/r/tinder auf reddit). Wenn Akteure auf Datingportalen Menschen suchen, mit denen sie eine Nacht, eine Woche oder Jahre verbringen können und andere treffen, die dieselben Realitätserwartungen haben, dann ermöglicht nicht die Plattform und ihre Struktur das von sich aus: es wird dadurch ermöglicht, dass die Beteiligten

---

[24] Z. B. in Hong Kong: https://www.abacusnews.com/digital-life/swipe-right-revolution-why-hong-kong-protesters-are-using-tinder-and-pokemon-go/article/3021460.

das zur gemeinsamen Prämisse machen und/oder die Plattform praktisch so verwenden. Es ist die geteilte Realität des Umfelds, das seine Praktiken und Rituale, Routinen und Selbstverständlichkeiten mit sich bringt, die erforscht werden können (und sollen). Wenn nur eine Gruppe dies möchte, andere jedoch diese Plattform nur zu schriftlicher Interaktion nutzt, tun diese beiden Gruppen unterschiedliche Dinge, auch wenn sie miteinander reden (und werden damit eine Irritation produzieren). Auf Datingportalen nur online kommunizieren zu wollen, bricht die Erwartungen einer Gruppe von Teilnehmern solcher Portale, die Treffen erwarten, aber nicht die Erwartungen aller. Auf Chatseiten Treffen arrangieren zu wollen, bricht wiederum die Erwartungen vieler Teilnehmer jener Portale, die sich anonyme Distanzkommunikation erhoffen, aber nicht die Erwartungen aller. Wie Christine Hine feststellt,

„When we watch a fight break out on Twitter we cannot be sure whether any of the followers of those involved are seeing the same fight, at the same time and understanding it in the same way that we do. *The very notion of a singular situation as a pre-existing object breaks down when we look closely* [Anm der Autoren: it always has]. The internet has brought us together in myriad new ways, *but still much of the interpretive work that goes on to embedded it into people's lives is not apparent on the internet* itself, as its users weave together highly individualized and complex patterns of meaning out of these publicly observable threads of interaction. An ethnographer in such circumstances must get used to a perpetual feeling of uncertainty, of wondering what has been missed, and attempting to build interpretations of events based on sketchy evidence" (Hine 2015, S. 3 f.; Hervorhebung Autoren).

Viele Ethnografien haben genau diese Formen der Aneignung in den Vordergrund gerückt und aufgezeigt, wie sich Kulturen in und um diese Plattformen herum bilden, aber nicht *von* diesen Plattformen in einfacher Abhängigkeit gebildet wurden. Auch in vielen Spielumgebungen und in sozialen Netzwerken (auch Spiele können soziale Netzwerke sein) stehen unterschiedliche Spielweisen nebeneinander. In Alessandro Tietz' Untersuchung von *World of Warcraft* kam die Unterscheidung zwischen „Rollenspielern" und „Contentspielern" in der Formel „Rollenspieler gehen, Contentspieler rennen" auf. Dieselbe Plattform mischt einerseits Spielerinnen, die die Quests spielen, XP und Ausrüstung sammeln und sich immer mit der Funktion „rennen" fortbewegen – was auf dem Weg von Aufgabe zu Aufgabe, die jeweils ins Spiel einprogrammiert sind und bei Erfüllung damit XP und Loot abwerfen, Zeit spart. Andererseits finden sich Rollenspieler, die die Charaktere, die sie erstellt haben, im Rahmen von Narrativen ausspielen und dabei Dinge tun, die nicht mit im Spiel einprogrammierten Belohnungen einhergehen: langsam gehen, miteinander reden, die soziale Definition von Räumen ernstnehmen. Während Contentspieler durch andere Charaktere hindurchgehen, weil die Programmierung das durch fehlende Kollisionsmechanik erlaubt und damit andere Spielerinnen de facto kein Hindernis darstellen, bleiben Rollenspieler vor anderen Charakteren stehen und behandeln den Avatar, als könne man ihn nicht durchqueren. Rollenspieler laufen nicht über Leichen, die im Weg liegen, spielen Trauer aus etc. – was vom System nicht mit Punkten belohnt wird, aber Prestige bei mit-Rollenspielerinnen im System einbringt. Diese Handlungen schaffen damit nicht nur verschiedene geteilte Spiele, in denen die Mitglieder der verschiedenen Gruppen zwar in derselben computergenerierten „Umwelt" unterwegs sind und sie zeitgleich nutzen; sie schaffen damit auch de facto verschiedene Räume, in denen sie zeitgleich, aber nicht gemeinsam unterwegs sind. Regine Herbrik bemerkt die Relevanz von Goffmans „Regeln der Irrelevanz", der „Festlegung dessen, was während der Dauer des Spiels Bedeutung besitzen und welche Aspekte übergangen werden sollen" (Herbrik 2011, S. 52). Diese Festlegungen strukturieren die geteilte, gemeinsame Kultur des Feldes; und wo sie sich unterscheiden, schaffen sie de facto zwei unterschiedliche Spiele. So können unterschiedliche Nutzerinnen die Plattform völlig unterschiedlich nutzen und dadurch de facto am selben „Ort" verschiedene Welten konstituieren. Die Contentspieler ignorieren die Rollenspielerinnen weitgehend und umgekehrt, und durch ihren unterschiedlichen Umgang mit denselben programmierten Welten werden es zwei verschiedene, getrennte Welten.

Diese Kulturen können auch in ihrem Referenzort verschoben werden. Pearce und Artemesia untersuchen, wie Spielende, die das Spielportal *Uru Online* aufgrund seiner Schließung verlassen mussten, in einer „Diaspora" als Gruppe zu anderen Portalen migrierten (2009): Sie ließen sich als Gruppe in anderen online-Plattformen nieder, in denen sie versuchten, das Design und die programmierten Orte von *Uru Online* nachzubauen und die Interaktionen dorthin mitzunehmen, um in diesen Nachbauten ihre in *Uru* begonnenen Rollenspiele fortführen zu können. Die „Ankunftsplattformen", z. B. *Second Life* oder *There.com,* waren jedoch nicht *Uru* und nicht auf dieselbe Art programmiert, vor allem nicht mit Unterstützung derselben spielerischen Zielsetzungen. Die Spielenden umgingen in ihrer Aneignung jedoch die in die Ankunftsplattformen einkodierten erwarteten Interaktionsformen und machten in ihrem praktischen Umgang die Teile, die sie auf der Ankunftsplattform bespielen, damit zu etwas anderem als jene Nutzerinnen, die diese „klassisch" verwendeten. Solche Diaspora-Migrationen finden häufig statt, wenn Plattformen geschlossen oder ihre Strukturen verändert werden; die Nacktheitskultur auf tumblr geht, nachdem ein Besitzerwechsel und der Wunsch nach mehr Monetarisierung sowie ein Ausschluss aus dem Apple app-Store Nacktheit auf tumblr zu Fall brachten, teils zu reddit, teils zu neuen Plattformen wie newtumbl, versprengen sich damit jedoch mehr, als dass sie ein Ziel gefunden hätten. Nutzende von Whatsapp fliehen zu Telegram, als Whatsapp seine Datensammlung mehr und mehr mit seinem Eigentüner Facebook koordiniert und daher ein Bedürfnis un(metadaten-)überwachter Kommunikation schürt. Das kann umgekehrt auch designt werden: Facebook hatte seinerzeit eine „Brücke" programmiert, mit der MySpace-Nutzerinnen ihre Nachrichten, die sie auf MySpace erhielten, in ihrer Facebook-Inbox sehen und von dort aus auf sie antworten konnten, um damit die Netzerkeffekte auszuschalten, die eine Migration sonst behindern würden: Sind alle meine Freunde auf MySpace und nur wenige auf Facebook, bleibe ich auf MySpace. Danach haben diese Netzdienste ihre Lobbymacht verwendet, um Brückenprogramme dieser Art illegal zu machen: Sie fallen nun unter strafrechtlich geschützte Copyrightgesetzgebung, da ein solches Abrufen ein Umgehen der AGBs Facebooks und der erlaubten Verwendungen von APIs (application programming interfaces, von Facebook bereitgestellte Schnittstellen für Code von außen) darstellt. Diese Form der unerwünschten Schnittstellenherstellung heißt „adverserial interoperability", eine Verbindbarkeit ohne Zustimmung des Herstellers des Geräts, mit dem verbunden wird; Innovation benötigt oft ein solches trickreiches Interagieren, z. B. zur Reparatur von Geräten wie Autos oder Traktoren. Ein solches Umgehen wird nun als illegales Hacking gewertet: Facebook hat genau die Wege verbrannt, mit denen es selbst erfolgreich wurde (Doctorow 2019b).

Die Eigenstrukturierung durch Nutzung erteckt sich auch auf die Konstruktion von Identitäten. In Spielen, in denen Spielerinnen mit Pseudonymen aufeinandertreffen und für jede Spielsitzung einen anderen Avatar wählen, der im Spiel bereits vorgestaltet ist und vom Spieler lediglich aus einem Pool von bereitgestelltem Content ausgewählt wird (z. B. „champions" in Battle Royal-Spielen wie *Apex* oder in MOBAS wie *League of Legends*), ist es eine geläufige Praxis, den Spieler nicht mit seinem Pseudonym anzusprechen, sondern mit dem Namen seines Avatars. So kann sich in der Interaktion, für diese eine Runde im Spiel, sowohl der Name („look at this Lux"), das Geschlecht („she is so bad") als auch die erwartete Rollenzuschreibung – sprich Identität – ändern („she goes full Ham Melee against a Jax. She's supposed to poke from afar"; „Lifeline had *one* job and she fucked it up"). Die Interaktion geschieht hier mit einem spielergesteuerten generischen Charakter, dessen Eigenschaften nicht dem in der Regel unbekannten Spieler zugeschrieben werden, sondern zunächst dem Avatar mit den hier vorgedeuteten Eigenschaften. Dies sind zumindest normale Interaktionsmodi in Spielen bzw. Genres, die kaum bis keinen Wert auf rollenspielerische Performance legen und in denen solche Performance auch zum schnellen Spielende führen würde (wer in *Apex* mit seinem Team ein Rollenspiel ausführt, würde schnell von anderen Teams eliminiert; nicht, dass das nicht auch als eigenes Spiel unmöglich wäre). Hier wäre Rollenspiel für den Teil der Community reserviert, der außerhalb der Spiele auf Conventions auftritt, als Content auf sozialen Netzwerken[25] oder für Streamer, die dies auf ihren Channels tun.[26]

Auch soziale Netzwerke können im selben technischen Umfeld weit auseinanderklaffende Kulturräume hervorbringen. Auf tumblr beispielsweise existieren die kreativen Fankulturen, die Fanfiction schreiben, Fanart produzieren und sich enthusiastisch über Kulturinhalte austauschen (in der Regel Serien oder Videospiele), Seite an Seite mit Ästhetikblogs, die Schwarzweißfotos von Blumen auf zerfallenden Mauern oder auch (im „alten" tumblr vor dem Nacktheitsverbot) Aktfotos kuratieren. Diese Gruppen bilden ihre jeweils erwarteten Interaktionsformen aus, die sich durchaus überlappen, da die Nutzer dieser Gruppen ebenso überlappen; die sozialen Räume sind dennoch distinkt.

In diesen Aneignungen bildet sich so eine eigene Kultur, die nicht „Netzkultur" im Allgemeinen ist, sondern sich von Plattform zu Plattform und noch viel kleinteiliger von Kontext zu Kontext wesentlich voneinander unterscheidet. Diese spezifischen Lokalkulturen sind in Infrastrukturkontexte eingebettet, die sie zum Teil mit anderen, ganz unterschiedlichen Kulturen teilen, teilweise in solche, die ihnen spezifisch sind, und weisen im Rahmen dieser Strukturierungen deutliche Unterschiede in der aneignenden Nutzung auf; auf derselben Plattform mit denselben Infrastrukturumgebungen können sich selbstverständlich ganz unterschiedliche Kulturen ausbilden. So unterscheiden sich die Plattform*strukturen* zwischen instagram und tumblr nicht sonderlich stark – beide sind stark bildzentrierte Plattformen, auf denen Menschen anderen Nutzern folgen und damit ihre geposteten Inhalte sehen – aber die Plattform*kulturen* beider Dienste weisen tiefe und deutliche Unterschiede auf. Instagram wird oft für seine „Perfektionskultur" analysiert und auch kritisiert, die erstens dann oft fälschlicherweise als Perfektionskultur „des Internets" untersucht wird, während sie tatsächlich auch nur ein Segment der instagram-Kultur ausmacht, also nur Segment eines Segments ist. Tumblr dagegen ist, wie bereits erwähnt, ein Netzwerk, das die Präsentation vor Menschen in den Vordergrund rückt, die im sozialen Nahbereich der Nutzer ansonsten nicht eingebunden sind; das führt häufig (aber

---

[25]Für Lifeline aus *Apex* z. B. hier: https://www.reddit.com/r/gaming/comments/awae0v/lifeline_from_apex_legends_cosplay_by_kay_bear/.
[26]Wie zum Beispiel Box Box, einer der bekanntesten Spieler des League of Legends Champions Riven, dies tut, in dem er sich als „Battle Bunny Riven" verkleidet. (Vgl. Box Box 2015, o. S.).

Abb. 4.1 tumblr.com

auch nicht umfassend) zu einer Selbstdarstellung, die den Idealisierungen und Perfektionsnormen auf instagram häufig deutlich zuwiderlaufen und damit vielmehr Präsentationen hervorbringen, die sich gerade gegen bürgerliche Normen, dominante mediale Ästhetiken und Schönheitsideale stellen und die Elemente einer Selbstpräsentation befördern, die diesen Vorgaben gerade nicht entsprechen, was in diesem meme schön zum Ausdruck gebracht wird (Abb. 4.1):

Zudem entwickeln Nutzer „folk theories" zur Strukturierung, die oft wirtschaftliche Interessen oder ein Verständnis rechtlicher Rahmen transportieren, die sich aber in der Regel nicht mit den Eigennarrativen jener decken, die diese Strukturierung vorgenommen haben. Auch diese Deutungen der Nutzerinnen zur Plattform, auf der sie sich bewegen, sind Teil dieser Aneignungskultur. Infrastrukturen der Programmierung einer Plattform sind den Nutzerinnen dabei in der Regel bewusster als jene der weiteren Internet-Infrastruktur, schon allein aus dem

Grund, dass Nutzerinnen auf unterschiedlichen Plattformen unterwegs sind und daher um die Kontingenz der Strukturierung der Plattform wissen, während die Kontingenz der Organisation der umschließenden Struktur weniger in den Vordergrund tritt. Das Bewusstsein um ihre Existenz unterscheidet sich jedoch vom Bewusstsein um ihre Beschaffenheit.

Gerade eine Untersuchung von geteilten Feldern muss bemerken, dass diese geteilten Deutungen sich nicht von Grund auf als solche entwickelt haben, sondern ihr Status als „geteilt" erst hergestellt werden musste. Wie Carolyn Marvin bemerkt,

> „[T]he early history of electronic media is less the evolution of technical efficiencies in communication than a series of arenas for negotiating issues crucial to the conduct of social life; among them, who is inside and outside, who may speak, who may not, and who has authority and may be believed." (1988, S. 4)

Was eine Programmierung bedeutet – im Sinne der kulturellen Bedeutung in der Alltagspraxis, mit den daraus erwachsenden Konsequenzen – ist ein Produkt ihrer Nutzung. Ziel einer ethnografischen Untersuchung ist es damit, „the relationship between the software affordances of virtual worlds and the emergent behavior that takes place within them" (Boellstorff et al. 2012, S. 52–3) zu erfassen, und damit in erster Linie die Interaktion zwischen Menschen untereinander im Rahmen von ermöglichenden und begrenzenden, aber immer anzueignenden Netzwerk- und Plattformstrukturen. Das muss unseren Blick letztlich weg davon lenken, in einem „Medienzentrismus" (Sutter 2008, S. 63) auf die Strukturen fixiert zu sein, die vorprogrammiert sind, und uns dazu führen, zu beachten, was die von uns untersuchten Menschen tun – was Kerndesiderat jeder ethnografischen Forschung ist.

Im Zusammenspiel dieser Rahmen – umschließend, netzstrukturell, plattformstrukturell und nutzungskulturell – ergibt sich für von online-Elementen durchzogene Felder eine jeweils „spezifische soziographische Struktur" (Jörissen 2010, S. 137), die als Kultur des Feldes erforscht werden kann, in der diese Elemente verwoben sind. Es wäre wohl denkbar, eine Ethnografie als „multi-sited ethnography" sowohl bei der Programmierung als auch bei der Verwendung zu gestalten, auf der die Verwendung dann noch diese verschiedenen Elemente abdeckt; praktisch wäre eine solche breitangelegte Studie jenseits von Forschungsgruppen oder Dissertationen jedoch unwahrscheinlich. In der Praxis wird ein deutlich eingegrenzteres Feld beforscht werden müssen, das jedoch beachten muss, zumindest einer Gruppe als Interpretationsgemeinschaft zu folgen, wo diese Gruppe sich – von sich aus – naturalistisch konstituiert. Es ist dabei nicht nötig und auch gar nicht möglich, all diese Elemente zu erfassen – nötig ist es zuerst nur, dass die Ethnografin sich bewusst ist, dass sie nicht alle Elemente der geteilten Praxis sieht und dass die untersuchte Praxis in einem Netz umschließender Praktiken eingebettet ist, auf die die Beteiligten sich beziehen müssen, explizit oder implizit.

Flüchtige Strukturen?

In jeder Darstellung dieser Strukturen ist immer wieder zu bedenken, dass die Strukturen und auch die Aneignungen sich beständig ändern. Das gilt auf all diesen Ebenen, von den rechtlichen Strukturen, die es umfassen (z. B. in Netzneutralitätsregeln, Haftungsrecht für online verbreitete Inhalte, copyright-Gesetzgebung etc.), über die technischen Protokolle, mit denen Datenübertragung strukturiert wird, zu den Programmierungsstrukturen von Plattformen und zu den sich ausbildenden normativen Strukturen der Praktiken, mit denen Nutzerinnen sich diese Plattformen aneignen und damit nicht nur Kulturen der Plattform strukturieren, sondern auch die Struktur selbst erst mit Bedeutung füllen. Henry Jenkins bemerkt in seinen Betrachtungen der Konvergenzkultur, „reality is shifting underneath our feet" (Jenkins 2014, S. 275). Das gilt für alle Realitäten, aber die Veränderungen waren zuvor nicht so deutlich und umfassend schneller als eine Artikel- oder Buchpublikation. Das hat sich geändert. Die beständige Instabilität wird dadurch befördert, dass die hier untersuchten Felder, die auf der Verwendung von Programmierungen aufbauen müssen, in regelmäßigen Updates explizit und nachvollziehbar verändert werden, mit klaren Scheidelinien zwischen der alten und der neuen Rahmung (während die Aneignung sich, wie auf anderen Feldern, graduell und damit weniger klar punktuell merklich verändert). Nicht nur fallen damit ganze Plattformen weg; die besprochenen Plattformen sind ein halbes Jahr später nicht mehr dieselben. Auf social networks sind das Anpassungen, die die Interaktionen der Nutzer verändern – nicht immer im Sinne der Nutzer. Auf tumblr zählen die Kampagnen, die den Gestaltern vorwerfen, genau die Dinge zu „optimieren", die der Community weitgehend egal sind, in die dutzende, während die der Community wichtigen Elemente ignoriert oder gar, wie im Fall der Nacktheitskultur, weggelöscht werden. Wesentlicher ist diese Anpassung der Struktur noch einmal im Fall von online-Spielen, die prinzipiell gleiche Chancen für Spielerinnen gestalten und vor allem die Neuspielerinnengewinnung ermöglichen müssen. Heiko Kirschner (2016, S. 382) bemerkt, dass online-Spiele alle drei Monate aktualisiert werden müssen, da sonst die Bestandsnutzer „dominante Spielstrategien" entwickeln – quasi profikulturelle

Aneignungen der Plattformstruktur, mit denen sie die den Algorithmus auf eine Weise verwenden, die ihnen starke Vorteile bringt und die Chancen neuer Spieler vermindert. Das bedeutet, dass die unintendierten Konsequenzen bestehender Spielestrukturen, die es ermöglichen, dass Bestandsspieler ihre Rolle verfestigen und neue Spieler keine Chance haben, in diese verfestigten Spielstrukturen einzubrechen, nivelliert werden müssen, wenn die Spielendenschaft sich erweitern und erneuern soll. Die Dominanz der Bestandsspieler ist zunächst in ihrem scheinbaren Sinne; aber ein anhaltender Erfolg der Plattform, der ebenso im Sinne der Profispieler ist, benötigt regelmäßiges Hinzukommen von Neunutzerinnen. So muss eine Plattform die Gratwanderung leisten, die Algorithmen anzupassen, um neuen Spielern Chancen zu gewähren, ohne die alten damit zu verprellen. Plattformen wie *League of Legends* haben in diesem Sinne die Statistiken – Punkte, Fähigkeiten, Resistenzen – der bestehenden „Champions" (also spielbare Figuren) verändert oder gar Champions durch neue ersetzt, um die Herausbildung verfestigter „METAs" – die von Spielerinnen in langer Verwendung der Plattform entwickelten „most effective tactics available" – zu brechen. Auch die Wettbewerbssituation zwischen Plattformen hin zu den kulturell gewachsenen Praxisstrukturen der Handlung in diesen Umfeldern ändern sich beständig; hardcodierte Änderungen an Plattformen sind unmittelbar durchgängig überall dort gültig, wo ein Update erfolgt ist; die Art, wie mit ihnen umgegangen wird, kann jedoch an den alten Strukturen geschärft sein. Kirschner spricht von einer gegenwärtigen „prinzipielle[n] Unabgeschlossenheit von Softwareprodukten" (Kirschner 2016, S. 370). Während früher eine Software fertig ausgeliefert wurde, kommt die always-online-Kultur der Gegenwart mit sich beständig verändernden Programmen, die teilweise nur wenige Tage aktuell sind, bis sie ein neues Update bereitstellen. Das erfordert zudem die Durchsetzung von Update-Funktionen, sowohl technisch (als push-Dienst) als auch kulturell (als Akzeptanz dieser Update-Downloads durch Nutzerinnen). In dieser Durchsetzung der Restrukturierung des Vertriebs entsteht eine Struktur, die es möglich und auch normal macht, Software in Versionen zu vertreiben, die noch nicht endgültig ist – und deren Endgültigkeit sich häufig erst an dem Punkt einstellt, an dem ihre Entwicklung praktisch eingestellt wird. Softwareprodukte „können die Gestalt einer auf Dauer gestellten Operation annehmen, die – gewissermaßen während des laufenden Betriebs – zu substantiellen technologischen Veränderungen und Weiterentwicklungen führt" (Grenz und Möll 2014, S. 3).

So ändern sich die untersuchten Plattformen ständig, und zum Zeitpunkt der Publikation einer Studie ist die Studie immer bereits historisch. Whitney Phillips (2015) bemerkt, dass sich ihre Studie zum „Trollspace", der sich vor allem auf 4chan verfestigt hatte, im Laufe ihrer Materialsammlung von einer

Gegenwarts- zu einer historischen Studie transformiert hatte, da sie betrachten konnte, wie sich das von ihr untersuchte Phänomen vor ihren Augen völlig veränderte. Aus einem Ort des ausgelassenen Amüsements spaltete sich erst eine progressive Bewegung ab – Anonymous –, dann verschob sich der Rest der Hofnarrengemeinschaft der Plattform hin zu einem Feld, das als Sammelbecken der alternativen Rechten wahrgenommen wurde (was nicht falsch war, aber auch eine schwere Simplifizierung der Plattform darstellt). Als 4chan Inhaltskontrollen einführte, um sexistische Angriffe in der Spieleszene von seiner Plattform zu verbannen („Gamergate"), und die Veröffentlichung von Echtnamen und Kontaktinformationen verbot („doxxing"), zog ein Teil der Nutzenden dann zu 8chan um, um diesen neuen Begrenzungen zu entgehen. Das sind tektonische Verschiebungen, deren Hauptlinien oft innerhalb weniger Wochen geschahen. Eine ähnliche Verschiebung erfasste die hier zitierte eigene Studie zu tumblr, die durch eine Veränderung der Plattformstruktur zur historischen Studie wurde, und das mehrfach: Erst ändern sich die Kommunikationsmöglichkeiten der Plattform (von „asks" zu messages zu chats, was die Möglichkeiten, miteinander zu kommunizieren verschiebt). Dann verschieben sich die Interaktionsmöglichkeiten (mit Einführung eines Kommentarsystems). Am Wesentlichsten jedoch ist die Änderung der Plattformregeln zur Darstellung von Nacktheit (wiederum in Reaktion auf wirtschaftliche und rechtliche Strukturen, spezifisch die Zielsetzung, die großen Werbenetze in die Plattform einbinden zu können, sowie die rechtliche Gefahr, die von FOSTA/SESTA und der starken Präsenz von Sexarbeitern auf der Plattform ausgeht). Die ersten beiden Veränderungen verschieben die Sicherheiten, die Teilnehmende hier genießen und die Feedback-Kanäle zu geposteten Inhalten; die letztere verbannt die gesamte Community von tumblr, was zu einem Exodus von der Plattform führt, der dem von Pearce beschriebenen Diaspora-Erfahrung nicht unähnlich ist. Da tumblr nun Algorithmen anwendet, um Nacktinhalte zu löschen und blogs, die sich selbst als „NSFW" („not safe for work", der US-amerikanische Euphemismus für „beinhaltet nackte Körper") markiert hatten, ebenso restringiert, muss die community einen anderen Ort suchen. Das löst Debatten darüber aus, welche Plattform ein „neues tumblr" sein kann, und mehrere weniger restriktive Netzwerke und Plattformen „bewerben sich": Sie stellen sich entweder offen als Alternativen dar oder werden von Nutzenden als Alternativen gefunden. Darunter finden sich dezentralisierte soziale Netzwerke wie Mastodon, Blogservices wie Pillowfort, Aggregatseiten wie reddit und auch PornHub; keine davon bot jedoch die spezifische Überlappung, die tumblrs Kultur bot, wo eine Form nativer und vor allem *progressiver* Online-Kultur auf ein Umfeld stieß, in dem Menschen sich auf viele verschiedene Arten als widerständig gegen herrschende Normen darstellen und erzählen konnten.

Dieser grundlegend ephemere Status von digitalen Strukturen betrifft alle Studien auf diesem Feld. Gerade Ethnografien, die traditionell lange und tiefgründig Material durch Immersion sammeln, sind hiervon besonders stark betroffen: je länger eine Studie andauert, desto anfälliger ist sie für solche Verschiebungen und sieht die untersuchte Welt unter ihren Füßen schwinden. Wenn dazu noch Publikationszeiten für wissenschaftliche Literatur treten, ist es in online-Kontexten fast undenkbar, aktuell über Strukturen und ihre Aneignungen zu schreiben. Das gilt mittelbar auch für diese Einführung, die nicht nur Referenzen machen muss, die in relativ geringer Zeit anachronistisch erscheinen werden, sondern auch auf Strukturen und Kontexte verweisen muss, die gegenwärtig zentral sind, aber sich in sehr kurzer Zeit stark verändert haben können. Dieses Buch erwähnt *Apex* und *Fortnite, League of Legends* und tumblr (und hat weiter oben memes zitiert): Wer weiß, wie sehr diese Referenzen in fünf Jahren noch verstanden werden. Die verwendeten memes werden zum Zeitpunkt der Publikation mit Sicherheit lange veraltet sein. Die Referenzen zu 4chan und tumblr trifft dieses Schicksal bereits jetzt. Als wir begonnen, dieses Manuskript anzufertigen, schaffte die US-Telekommunikationsbehörde FCC die Regel zur Netzneutralität ab (Shepardson 2018); inmitten der Anfertigung erlässt die EU eine Reform von Copyright-Richtlinien, die die Referentialität des Internets, einen treibenden Faktor von online-Kultur, stark behindern und in Teilen aushebeln könnten. Am Ende der Überarbeitungszeit setzt die Bundesregierung gerade Netzfilter um. Die genauen Folgen dieser Rahmenänderungen, auch ob und wie sie letztlich gerichtlich stehen, sind zum Zeitpunkt der Anfertigung dieses Buches nicht vorhersehbar. Referenzen zu diesen Inhalten können schnell dieselbe Wirkung entfalten wie Werke, die vor fünfzehn Jahren enthusiastisch über *Ultima Online* schrieben, unsicher über die Folgen von MMOs wie *World of Warcraft* berichteten oder Facebook oder gar MySpace als weltverändernde Netzwerke besprechen. WoW ist ein Spiel, das noch Millionen aktive Spielerinnen verzeichnet, aber deutlich in die Jahre gekommen ist, Facebook hat fast zwei Milliarden Nutzende, verliert jedoch im globalen Nordwesten mittlerweile stetig und deutlich aktive Nutzerinnen. Liest man heute gar nicht so alte Werke über die Kultur sozialer Netzwerke und findet eine prominente Referenz zu MySpace ist die übliche Reaktion, das witzig zu finden. Zum Zeitpunkt der Anfertigung war die Referenz jedoch aktuell, nur klingen solche Texte schnell wie Dinosaurier. Das ist, wieder, letztlich ein Problem aller Werke; für das vorliegende Feld ist das Problem jedoch deutlich prononcierter und beschleunigter.

Nun ist die Veränderung online eine, bei der schnell der Gedanke aufkommen kann, dass die historische Entwicklung hier eher nachvollziehbar ist als die, die sich in anderen sich stetig verändernden Strukturen vollzieht: Hier werden die

Daten gesammelt, und „das Internet vergisst nichts". Das ist trügerisch. Während die Veränderung auf Seiten der Plattformstruktur bereits eine andauernde Operation sein kann, sind die Veränderungen in der Aneignungskultur ebenso an sich anhäufenden Datenmengen nachvollziehbar – Daten, deren komplexe Datenmenge so groß ist, dass diese nicht mehr als Ganzes gespeichert und somit auch nicht mehr in toto rekonstruiert werden können. Spiele können sehr kleinteilig mitschneiden, wer welche Handlungen in online-Spielen vollzogen hat und diese zu jedem Zeitpunkt mit dem Status des Gesamtspiels verbinden – was Datenbanken schafft, aus denen z. B. Spielstrategien von Spielerinnen anhand einer Fülle von Daten über ihr Spiel abzulesen sind. Dazu treten Daten über Interaktionen, die z. B. in Messaging-Diensten im Spiel aufgelaufen sind.

Während diese Daten gespeichert werden und als unüberschaubare Datenmengen erhältlich sind – oft auch für ein Publikum – und soziale Netzwerke bekanntlich ebenso Detaildaten über die Aktionen von Nutzern in Netzwerken sammeln, diese aber nicht offenlegen, sind manche digitale Welten hochgradig flüchtig, wie z. B. Chatprotokolle, wenn sie von der Plattform nach dem chat gelöscht werden (außer, jemand hat sie auf dem Weg gespeichert), oder mit Timern versehene Bilder wie bei snapchat, die ebenso über Umwege lokal gespeichert werden können, aber nicht müssen und meist nicht werden. Es kann schon aus Kapazitätsgründen nicht alles gespeichert werden, was online geschieht; Plattformen müssen „vergessen", wenn sie ihre Speicherkapazitäten nicht beständig massiv ausweiten möchten oder können. Das Grundprinzip der Organisation 4chans war ursprünglich, dass nur Beiträge, auf die die Community reagiert hatte, erhalten blieben, während Beiträge, die unkommentiert blieben, sehr schnell – d. h. binnen Minuten – vom System wieder gelöscht wurden. Das war eine Konsequenz daraus, dass es sich eben nicht um ein Konzernangebot handelt und daher nur geringe Finanzierung verfügbar ist, was mit sehr limitierten Speicherressourcen einhergeht; 4chan selbst hatte die auf der Plattform gelöschten Beiträge nicht erhalten, aber Nutzerinnen können durchaus Screenshots angefertigt haben. Bei Spielen, die kurz stattfinden und dann einen Reset der Welt mit sich bringen, ist die in-game-Permanenz zunächst niedrig: was in einem Durchgang gelootet wurde, ist im nächsten respawned, und Handlungen in der Welt in einem Durchgang haben auf die Map im anderen oft keine Konsequenz. Dagegen sind andere Welten permanent in dem Sinne, dass die Konsequenzen von Spielerhandeln in der Welt eingeschrieben bleiben: permanente, einheitliche Onlinewelten wie *EVE online* tragen Jahre und Jahrzehnte später noch die Konsequenzen von Spielhandlungen in sich, die in der Welt zuvor vorgefallen waren – so sehr, dass eine Geschichte dieser Welten verfasst werden konnte, die das Spielerhandeln zum Kern der Geschichtsschreibung machen kann (Groen 2015; Carter et al. 2015).

Das verbreitete geflügelte Wort „das Internet vergisst nichts", ist damit so viel zu kurz gegriffen: Das Internet mag Einzeldatenpunkte auf unbestimmte Zeit und in unbestimmter Anzahl von Kopien aufrufbar halten und damit prinzipiell den Zugriff auf alte Texte, Fotos, Videos möglich halten, lange Jahre und Jahrzehnte, nachdem sie ihren Weg online gefunden haben; aber das muss nicht sein und ist auch häufig nicht so. Drittdienste wie die Archivierung in Google Cache oder in der Wayback Machine bei archive.org/web erhalten Inhalte, die auf Betreiberseite gelöscht wurden und verschüttet sind. Sie sind damit gerade Mahnmal für das vergessende Netz, aber auch dieser Dienst muss sehr selektiv agieren, um ganz pragmatisch logistisch funktionieren zu können. Selbst wenn es der Fall ist, dass Inhalte auf der einen oder anderen Seite gespeichert blieben, sind die Kontexte und die damit einhergehenden „komplexen Daten", in denen sie einmal standen, nicht weiter rekonstruierbar. Auch das Gedächtnis des Internet ist damit auf aufblitzende, unverbundene Eindrücke limitiert, deren lebensweltlich verwobenen Relevanzen schon nach kurzer Zeit aus dem Gedächtnis des Internets verschwunden sind. Dazu allerdings bleibt das Internet mit diesen Eindrücken überflutet, so dass auch das Gespeicherte in einer nicht handhabbaren Menge von Daten untergeht, die höchstens noch für algorithmisierte Sammeldatenbanken zu einem Sinn geführt werden können – ein Sinn jedoch, der aus dem Ursprungskontext dieser Daten ebenso lange enthoben sein wird. Wie alle Ethnografie kann auch Ethnografie in der Onlineforschung zunächst nur das Jetzt untersuchen.

Forschungspraxis: Mitmachen im Feld 5

Nachdem wir die Grundlagen eines ethnografischen Zugriffs anhand einiger online-Felder dargestellt und die unterschiedlichen Strukturen verschiedener online konstruierter Räume skizziert haben, fehlt vielleicht noch der Teil, auf den Leserinnen am ehesten warten und den sie in vorherigen Abschnitten vielleicht bereits ein wenig vermisst hatten: eine *explizite* Anleitung, was denn nun *genau* zu tun ist, um Ethnografie in der online-Forschung zu betreiben. Stattdessen hatte die vorliegende Arbeit Rahmen expliziert, auf Themen hingewiesen, die bedacht werden könnten und Beispiele ausformuliert, in denen Ethnografie als online-Forschung Anwendung fand. Nichts davon beinhaltete eine klare Darstellung von Schritten, Abfolgen, methodischen Zwängen und Tabus jenseits davon, in der Praxis der untersuchten Gruppen teilzunehmen und ihre Deutungen zu durchschauen.

Dieses Fehlen ist nicht nur Absicht, es ist notwendig. Das liegt, wie im Laufe der Arbeit mehrfach bemerkt wurde, an der grundsätzlichen Methodenoffenheit der Ethnografie: Ein fester Katalog von Anweisungen ist mit klassischer Ethnografie einfach nicht kompatibel. Wir raten allen Leserinnen, hochgradig skeptisch zu sein, wenn ein Werk vorgibt, solche Schritte zu kennen und sie jetzt (endlich) zu explizieren: es wäre ein Widerspruch zu den Grundideen von Ethnografie, denn die Ausrichtung an den Strukturen und Deutungen des Feldes würde durch diese mitgebrachten Ordnungen überschrieben, wenn ein von außen mitgebrachtes Schema ihre Erforschung vorgeben wollte. Alles, was eine Einführung in die Feldpraxis tun kann ist, einige häufig auftretende Fragen offen zu diskutieren. Ethnografie benötigt Offenheit, ein wenig Mut zur freien Gestaltung und die beständige Anpassung der Forschung an das zu untersuchende Feld. Die Orientierung an der Realität der beforschten Felder bedeutet zudem, dass die Forscherin diese Wege zu Beginn der Forschung gar nicht abschätzen kann.

Daher hat einer von uns in einer Einführung in die Ethnografie (Dellwing und Prus 2012, S. 16) von „Forschungspraxis" gesprochen und betont, dass das Wort bewusst *anstelle* des Begriffs „Methode" gewählt wurde. Ethnografische Forschung kann höchstens Reflexionen einbauen, welche Gedanken sinnvoll sein könnten, welche Fragen in der Vergangenheit aufgekommen sind, welche kreativen Lösungen bereits versucht wurden – und dabei die Offenheit für eigene kreative Lösungen unerwarteter Fragen offenhalten. Schatzman und Strauss betonen daher die Freiheit der Forschung und der Forschenden: „the field researcher is ready to invent method on the spot. This he does without qualm although with consideration of issues related to reliability and validity" (Schatzman und Strauss 1973, S. 8). Für ethnografische online-Forschung bedeutet das, einige Hinweise zu geben, was sich in der Vergangenheit als nützliche Vorbereitung erwiesen hat – was niemals bedeutet, dass es für alle zukünftigen Projekte nützlich sein muss. Anders ausgedrückt: „versuchen wir es und warten ab, wie es funktioniert" (Dellwing und Prus 2012, S. 9, fn. 1).

Räume und Gruppen

Wenn Ethnografie auf Mitmachen abgestellt ist, ist die erste Frage: Wobei? Klassische Ethnografien hatten zwei grobe Möglichkeiten, ihr Feld abzustecken: Als Raum, an dem sich eine Gruppe aufhielt, die in ihrer Zusammensetzung auch wechseln konnte, die jedoch geteilte Deutungen aufwies; oder als Gruppe, die durch verschiedene Räume hindurch begleitet werden kann. Beispiel für erstere wären z. B. die Ethnografien von Techno-Clubs, die Ronald Hitzler und Michaela Pfadenhauer angefertigt hatten (Hitzler und Pfadenhauer 2001); Beispiel für letztes wären Ethnografien, die Gruppen jenseits eines festen Raumes begleiten. Häufig ist es eine Mischung aus beiden; in Polizeiethnografien besteht ein guter Teil der Beobachtung aus Elementen, in denen einer Gruppe Polizistinnen gefolgt wird, die jedoch auch eine „Heimbasis" haben, oder auch in der Ethnografie eines College-Basketballteams von Peter und Patricia Adler (1989, 1991), in der das Team auf seinen Auswärtsspielen und in seiner Trainingsaktivität zuhause begleitet wurde.

Klassische raumsoziologische Zugriffe betonen ohnehin, dass Räume erst durch die Aktivität von Menschen in ihnen zustande kommen (Löw 2000). Das bezeichnet einen Spezialfall der klassischen interpretativen Maxime, dass Objekte erst durch ihre geteilte Deutung, und damit durch interpretative Aktivität, zustande kommen (Blumer 2012). Es kann sich um Forschung auf einer Plattform handeln (wie z. B. einem Datingportal für Senioren oder einem sozialen Netzwerk zur lebensdokumentarischen Kommunikation von Gefühlen) oder um die Erforschung eines Phänomens (wie z. B. die Nutzung psychiatrisierender

Selbstbeschreibungen in sozialen Netzwerken) oder der Praktiken der öffentlichen Privatheit als Form des Umgangs mit Zugang, die generalisiert oder in Bezug auf eine bestimmte Interaktionsform untersucht werden können (Dellwing und Drescher 2016).

Die Frage nach dem Ort der Forschung kann also nicht abstrakt entschieden werden. Was scheinbar zunächst als fester Ort wirkt, kann sich schnell als Gruppe entpuppen, die sich über viele verschiedene Umfelder hinweg konstituiert. „Ethnographers who explore phenomena that are not bounded by single sites … tracing networks, identifying social worlds, or following phenomena across multiple sites, need some way of identifying the connections they will follow" (Hine 2015, S. 67). Wichtig ist zunächst, dass diese Identifikation zunächst den Beforschten folgen müssen. Das muss nicht nur auf eine Plattform beschränkt sein, wie vor allem Celia Pearce immer wieder betont und in ihrer eigenen Forschung auch vollzogen hat: Ihre Studie der Diaspora einer geschlossenen Spielplattform, *URU: Ages Beyond Myst* (Pearce und Artemesia 2009), zeichnet nach, wo die Gruppe(n) sich neu etablieren, nachdem das Originalspiel nicht länger fortgeführt wurde und mahnt, „I have critiqued mono-world studies on the grounds they provide us insight into only a single game, a single genre, a single culture, and the demographic associated with that game/genre/culture[…] This emphasis on certain games or genres to the exclusion of others unwittingly causes us to favor certain demographics" (2010, S. 53–4). Ihre Studie folgt jedoch auch einer spezifischen Gruppe, die ebenso eine eigene demografische Einschränkung vorweist; das ist in ethnografischer Arbeit nicht nur nicht zu vermeiden, es ist zudem kein Nachteil solcher Arbeit. Sie hat nicht zum Ziel, repräsentativ für eine Gesamtpopulation zu sein oder weitere Makro-Gesellschaftsdiagnosen in einer Studie zu liefern. Sie hat allerdings durchaus zum Ziel zu bemerken, wie sich eine Interpretationsgemeinschaft konstituiert, und das kann es erfordern, die Plattform zu verlassen, auf der ein Feld zunächst gefunden wurde.

Das hat weitreichende Auswirkungen auf den Feldbegriff der Ethnografie. Steinmetz bemerkt: „In traditional ethnography, the field researcher selects a physical location and studies the inhabitants of that space. In virtual ethnography, physical location does not dictate the object of study but connectivity or interaction does" (Steinmetz 2012). Das gilt jedoch keineswegs lediglich für online-Ethnografien und trennt sie dadurch auch nicht von „klassischen" Ethnografien: Auch in klassischen Ethnografien wird der Raum, der von Forschenden ausgesucht wird, nach Eintritt in den angenommenen Raum des Feldes nach Zugang verschoben, wenn der Ethnograf lernt, welche Aspekte eines Ortes tatsächlich angeeignet werden (und wie) und welche Elemente des angenommenen Raumes tatsächlich keine Rolle spielen; es sind auch im Fall der klassischen Ethnografie die Teilnehmenden am Feld, die gemeinsam entscheiden, was das Feld ist und in ihrer geteilten Sprache eine geteilte Deutung dieses Feldes entwickeln, das umgekehrt dieses Feld auch erst konstituiert.

Paradoxerweise bedeutet das, dass die Bestimmung des Feldes, das erforscht wird, erst *nach* Beginn der Erforschung des Feldes wirklich stattfinden kann, da die Forscherin auch die Grenzen des Feldes erst im Feld erlernen muss: Zur Archäologie der Bedeutung im Feld gehört es auch, aufzudecken, wie das Feld sich selbst deutet – d. h. wo es seine Grenzen deutet. Wenn von außen die Konstruktion von Deutungen auf einer Plattform, z. B. *League of Legends,* untersucht werden soll, kann dann schnell erkennbar werden, dass das Feld sich über diese Plattform hinweg erstreckt: Zwar kann das Spiel rein auf der von Riot Games bereitgestellten Plattform, d. h. auf der offiziellen Seite des Anbieters und des online-Spiels, beforscht werden. Nutzerinnen frequentieren jedoch spezielle Diskussionsforen, Statistikseiten, Apps und Materialsammlungen, auf denen über das Spiel kommuniziert wird und über die auch *im* Spiel kommuniziert wird in dem Sinne, dass sie während des Spiels referiert werden (vgl. auch Apperley und Jayemayne 2012, S. 9). Die Gruppe konstituiert sich so als Gruppe jenseits ihrer „ersten" räumlichen Eingrenzung, eine Konstituierung, die sich der Ethnografin jedoch erst erschließt, wenn das Feld tatsächlich beforscht wird. Eine *League of Legends*-Ethnografie wäre unvollständig, wenn die Orte, an denen sich Spielerinnen treffen, vor- und nachbereiten und während des Spiels austauschen, unbekannt wären, d. h. in diesem Fall z. B. die discord-server und Statistikseiten. „Ethnographic observations of massively multiplayer online (MMO) games also noted how they generated a large amount of ancillary supporting material – both player and community developed – that players often referred to, even during the course of play" (Apperley und Jayemane 2012, S. 9), nämlich die bereits erwähnten statistischen Datenbanken, Chatkanäle jenseits der Plattform, Fandomseiten, Wikis, Livestreams, Let's Plays etc. „You'd be hardpressed to find any aspect of WoW that isn't well-documented online somewhere, complete with video footage and everything" (Yee 2014, S. 217). Es geht gerade darum, die spezifischen Realitäts- und, in diesem Fall, *Raum*konstruktionen in einer Interpretationsgemeinschaft nachzuvollziehen, denn „[t]he world of players does not respect the boundaries of an MMO server, as it frequently flows over to other sites and forums. At the same time, other social worlds, such as families and workplaces, penetrate the site of the MMO and are permanently tangled with the players' world", bemerkt Lehdonvirta (2010), weshalb er noch einmal betont, „the term ‚virtual world' invites incorrect assumptions about the entity it describes".

Verschiedene Subkulturen an diesen Orten bilden zudem ihre eigenen Orte aus; ob es sich um hochrangige Profispieler handelt, die die Statistiken ihrer

Gegner recherchieren, um Anhaltspunkte zu gewinnen, wie die Person spielen wird, oder casuals, die ein Spiel ohne diese Vorbereitung machen; ob es sich um die Subkultur des nudes-posting auf tumblr handelt, dessen Kern aus einer überschaubaren Gruppe bestand, oder das der Fandoms, das seinerseits wieder viele Untergruppierungen aufweist. Diese berühren sich ständig, überlappen und beeinflussen sich gegenseitig, interagieren miteinander und vermischen sich auf denselben Blogs; die anderen Elemente können damit durchaus auftauchen, aber die Zielsetzung der Studie erfordert es letztlich, sich auf einen Aspekt zu konzentrieren, der dann im Sinne einer raumsoziologischen Konstitution des Ortes durch gemeinsame Handlung auch einen Ort konstruiert. Das gilt auf breiter Basis:

> „For example, Avatars United is a social networking site for MMO characters: not part of the MMO server, yet clearly an extension of its social playfield. Another example is the propaganda war between EVE alliances, waged everywhere from forums to YouTube. [...]. If researchers limit their observations to the MMO server only, they certainly miss a lot of the space where the action is played out." (Lehdonvirta 2010)

Die Frage nach der Gruppe, die diesen Raum gemeinsam konstruiert, ist die Frage, ob Menschen in gegenseitig involvierter Interaktion über eine gemeinsame Verhandlung sozialer Bedeutung verbunden sind, und welche Rolle die Interaktion über diese online-Orte in dieser Gruppierung spielt. Hier ist zu unterscheiden zwischen Gruppen, die sich nur online vergemeinschaften und solchen, bei denen die online-Zusammenkunft nur einen Teil der gemeinsamen Aktivität ausmacht. Einerseits treffen sich Menschen, die gemeinsam online-Spiele spielen, häufig auch „physisch" außerhalb des Spiels, verbringen Zeit miteinander, spielen in lokalen Co-Ops, gestalten und spielen Cosplay miteinander, treffen sich auf Events, die um dieses Spiel und die weitere Spielekultur herum organisiert werden, wie Conventions oder Messen, und all das sind *auch* reale Interaktionen, wie die online-Interaktion ebenso real ist. Umgekehrt ist es möglich, dass eine online-Plattform als Extension einer Gruppe fungiert, die sich zunächst außerhalb der Plattform oder des Mediums konstituiert hat. Das ist eine andere Option, wie die Unterscheidung zwischen Feldern, die sich größtenteils auf Bildschirmen materialisieren, und Feldern, deren Materialität auch jenseits von Bildschirmen Niederschlag findet, organisiert sein kann.[1]

---

[1] Diese Unterscheidung verdanke ich Heiko Kirschner.

Während alle Plattformen auf verschiedene Arten verwendet werden können, weisen verschiedene Plattformen dennoch für sie prävalente Nutzungsformen auf, die auch mit der Natur der Vernetzung, der Hauptverwendung der Plattform und der vorherrschenden Plattformkultur verbunden sind. Facebook ist klassisch ein Netzwerk, das jene verbindet, die sich zuvor offline kannten und Facebook als weitere Möglichkeit der Kommunikation nutzen; dasselbe gilt für business-Netzwerke wie Xing. Netzwerke dieser Art bringen Menschen, die ohnehin bereits in einer sozialen Beziehung stehen, weitere Kommunikationsmöglichkeiten; sie verstärken bestehende Vernetzung (weshalb Facebook z. B in Rekurs auf Granovetter 1983 als Form der Verstärkung von *weak ties* thematisiert wurde). Das kann bedeuten, dass einer „Ethnografie auf Facebook" in der Tat Kontext fehlt, was aber nicht sein muss: Die Erforschung geschlossener facebook-Gruppen erforscht in der Tat eine eigene Kultur, zum Beispiel die Kultur von Trump-Unterstützergruppen auf facebook oder Gruppen, auf denen Polizistinnen kommunizieren. Anders als der Vorwurf gegenüber „Netzinteraktion", allgemein Kontext zu löschen, handelt es sich jedoch nicht um ein Problem der Internetkommunikation im Allgemeinen, sondern lediglich um ein Problem einer bestimmten Plattform, einer bestimmten Form der online-Kommunikation.

Dagegen stehen Netzwerke, die regulär Menschen verbinden, deren Gruppierung erst in diesen Netzwerken erfolgt und primär in ihnen aufrechterhalten wird: Das sind einerseits viele MMO(RP)Gs (Multiplayer-online-(Rollen-)Spiele), in denen sich gleichgesinnte SpielerInnen um ihre gemeinsame Aktivität herum organisieren, aber auch soziale Netzwerke, die sich um Interessen, geteilte Lebenserfahrungen oder Ästhetiken organisieren. Zu Spielen gehören *World of Warcraft, EVE online* oder *Star Trek Online,* zu den Netzwerken das soziale Bloggingnetzwerk tumblr.

Dabei bleibt der Kern der Vernetzung dieser Menschen in diesen Fällen um das online-Angebot herum orientiert. Das unterscheidet sie von Kontexten, in denen Menschen auch in anderen Rollen interagieren – die Freundesgruppe, die gemeinsam online-Spiele aussucht und spielt. Hier jedoch ist die Erforschung der sozialen Gruppe verfehlt, wenn alle Interaktionen und alle Linien der Vernetzung untersucht werden: Als soziale Szene gilt zunächst das online-Spiel, und eine Forschung kann sich auf diesen Rahmen begrenzen und dort die strukturierte Kultur des Spiels untersuchen, zu dem zufällig auch Freunde gehören – oder aber es untersucht die Dynamiken des Freundeskreises (wie z. B. Adler und

Adler 2003), wozu dann als Element dieser Dynamiken die Interaktion in diesem online-Kontext hinzutritt.[2]

Die Unterscheidung zwischen „Extension bestehender Gruppen" und „Neugruppierung" ist dabei jedoch selbstverständlich eine Skala eines Idealtypus. Keines der Netzwerke steht am idealtypischen Extrem dieser Skala; Facebook verbindet auch Menschen, die sich nur in Facebook kennen und sonst nirgendwo interagieren, tumblr verbindet auch Menschen, die sich kennen, auch, wenn die prävalenten Verwendungen dieser Netzwerke andere sind, und verschiedene Nutzendengruppen sind hier auch an anderen Punkten verortet. Dabei können sich diese Prävalenzen auch verschieben, einerseits durch Aktivitäten der Netzwerkgestalterinnen, andererseits durch eine Verschiebung der Verwendung, die oft komplexe Bewegungen durchlaufen kann. Instagram beispielsweise startet als Bildplattform, auf der sich vor allem ansonsten unbekannte Menschen auf der Basis geteilter Ästhetik oder geteilter Interessen „folgen" und so vernetzen; als facebook instagram akquiriert, verbindet es die Datenbanken, sodass Instagramnutzern, die auch facebook-Accounts haben, auf facebook Freunde als potenziell interessante instagram-Profile gezeigt werden. (Das folgt facebooks Geschäftsmodell, mit seinem Netzwerk Beziehungen zu erfassen, die dann monetarisiert werden können). Da facebook jedoch bereits vernetzte Menschen tiefer vernetzt, bringt das eben diese bestehenden Verbindungen zu instagram. So wird in diesem Fall vonseiten der Netzwerkprogrammierung und -architektur eine Verschiebung von einem Netzwerk „neuer" Verbindungen zu einem Netzwerk vorgenommen, das bestehende Vernetzungen stärkt. Umgekehrt snapchat: Das Netzwerk kommt zunächst als Plattform auf, deren Spezialfeature es ist, dass hierüber verschickte Bilder sich selbst zerstören und nur für eine begrenzte Zeit sichtbar sind. Das machte es zunächst zu einer App, die vor allem dafür öffentlich bekannt wurde, dass Menschen hier Nacktbilder versenden – auch und gerade Menschen, die sich online kennengelernt haben. Dass die hier geposteten Inhalte wieder verschwinden, macht das Netzwerk jedoch auch interessant für Teenager und andere „beobachtete" Populationen, die den spionierenden Blicken machtvoller Akteure entgehen möchten, wenn z. B. Eltern regelmäßig Telefone kontrollieren (in den USA eine durchaus verbreitete Übergriffspraxis). So wird snapchat

---

[2]Die Serie *Gossip Girl* hat als zentrale Achse ihres Narrativs einen Freundeskreis, der lokalisiert agiert, dessen Geheimnisse jedoch anonym von einem Mitglied der peer-Gruppe auf einer Onlinepräsenz besprochen werden, das die Dynamiken des Kreises offenlegt und umgekehrt diese beeinflusst. Das wäre ein ethnografisch interessanter Fall einer Verknüpfung der Dynamiken.

zur Kommunikationsplattform unter bereits Bekannten – Tennagern und ihren Freunden – die eine neue Plattform mit anderen Strukturen als die bestehenden gewinnbringend nutzen können, um damit eine Unabhängigkeit zu erlangen, die ihnen ansonsten verwehrt bleibt. Zugleich fliehen Jugendliche aus facebook, da das Netzwerk mehr und mehr die Generation ihrer Eltern aufnimmt und damit dort eine unbeobachtete Kommunikation nicht mehr so leicht möglich ist. So bewegt snapchat sich in Richtung Extensionsnetzwerk, indem vor allem Teenager es nun so verwenden.

Die Frage der Platzierung eines online-Umfeldes zwischen neuer Gruppe und Extension ist also die Frage, ob man dort eine weiträumige und in sich geschlossene Immersion in die gemeinsame Realitätskonstruktion einer Gruppe findet, oder aber nur Ausschnitte. Insofern wir Gruppen und ihre Realitätskonstruktionen untersuchen – was mithin das übliche Ziel ist – ist das damit die Frage, ob die Gruppe mit dieser online-Forschung abgedeckt werden kann oder aber nicht. Das übersetzt sich so in die Unterscheidung, ob es sich überhaupt um eine Ethnografie eines Feldes handelt, was streng genommen nur bejaht werden kann, wenn das Netzwerk tatsächlich den Raum darstellt, den die Gruppe vorrangig (oder fast ausschließlich) zur gemeinsamen Intersubjektivität nutzt – also ob es ein Feld ist. *World of Warcraft* wäre als ein solches zu fassen, wobei die Forschung zum Ziel kommen kann, dass viele Gilden sich offline kennen, was das Feld und den Zugang erweitern müsste, um es ganz zu erfassen. Das würde sich während der Forschung ergeben. Bei *EVE online* ist das weniger wahrscheinlich, da hier eine Verteilung über Zeitzonen notwendig ist, um die beständigen Patrouillen kontrollierter Gebiete aufrechtzuerhalten: „For *WoW* raiding guilds it is important that members can be online simultaneously for extended periods of time. For *EVE* alliances engaged in war over territory, it is vital that members are available to keep guard at all hours. It is common for corporations to advertise that new members are sought in, for instance, Western Europe or U.S East Coast. In battles over space stations, warring parties try to cause engagements at times that are inconvenient for the opponent" (Lehdonvirta 2010). So benötigt *EVE* das Zusammenspiel von Menschen aus mehreren Zeitzonen, *WoW* dagegen das Zusammenspiel von Menschen, die zur gleichen Zeit online sind; damit ist es fast zwangsläufig notwendig, dass *EVE* Menschen zusammenbringt, die sich „face to face" noch nicht kannten, und deutlich wahrscheinlicher, dass Menschen, die sich kennen, eher zusammen *WoW* spielen. Dasselbe gilt für *League of Legends, Fortnite* oder *Apex:* Die Spielenden stammen in der Regel aus ähnlichen geografischen Umfeldern, da die Server häufig lokalisiert sind (auch um Pingdifferenzen zwischen jenen Spielerinnen, die nah am Server sitzen und jenen, die auf der anderen Seite der Welt spielen, zu vermeiden), was er ermöglicht, dass Gruppen, die sich schon kannten, es im Team zusammenspielen. Aber die meisten Teams entstehen durch Matchmaking-Systeme, die auf zufälliger Basis Zuweisungen treffen, wer miteinander spielt: Das bringt hier Menschen zusammen, die sich zuvor nicht kannten, aber aus ähnlichen geografischen Kontexten stammen.

Diese Erkenntnisse schließen ein wesentliches Einfallstor von unserer Ansicht nach unberechtigter Kritik an ethnografischer online-Forschung. Wenn Strübing schreibt, dass die Verbindung zwischen Ethnografie und dem Internet „eine technische Infrastruktur zum Ausgangspunkt" habe statt eines „kulturelle[n] Phänomen[s], eine[r] Szene, ein[es] Milieu[s]" und damit „,die Netzwelt' […] Gegenstand moderner Internet-Ethnografinnen" sei (Strübing 2006, S. 250), propagiert das ein weiteres Mal seltsame und anachronistische Trennungsnarrative und versucht, bereits breit vorzufindende Arbeit ohne Not infrage zu stellen. (Allerdings ist die Kritik auch bereits fünfzehn Jahre alt.) Einige online-Kontexte materialisieren sich nur auf dem Bildschirm, und dann untersucht man eine Gruppe, eine Szene etc., die sich in diesem Kontext konstituiert; andere materialisieren sich teilweise „auf dem Bildschirm", teilweise außerhalb davon, und eine vollständige Ethnografie darf dann nicht nur die „Bildschirmkomponente" der Gruppe untersuchen. Tumblr wäre ein Feld, das oft rein bildschirmorientiert funktioniert und das von seinen Nutzern gerade zur Schaffung eines Rückzugs von offline-Netzwerken verwendet wird, und eine offline-Komponente wäre hier für die Forschung tödlich. Facebook wäre als ethnografisches Feld dagegen oft nur schwer vorstellbar, solange es nicht nur ein Aspekt der Erforschung einer größeren Gruppe darstellt.

Zugang und Alltagssoziologie ohne zivile Unaufmerksamkeit

Zugang zu ethnografischen Feldern gehört häufig zu den schwierigsten Aspekten des Forschungsbeginns. Wax warnt, „easy initiations […] are rare" (Wax 1985, S. 17), und „immersion […] is a joint process, involving numerous accommodations and adjustments by both the fieldworker and the people who ‚accept' him" (Wax 1985, S. 42–3). Das erste praktische Problem der Forschung besteht daher darin, überhaupt erst in die zu untersuchenden Gruppen zu gelangen, also Zugang zu ihren Welten zu gewinnen. Das bedeutet klassisch, dass Orte oder Kontaktpersonen aufgesucht werden müssen, und dass die anderen Mitglieder der untersuchten Gruppe die Präsenz und das Mitmachen des Forschers akzeptieren müssen. Das bedeutet, dass es eine beständige Aushandlung zwischen den Interessen des Forschers und den Interessen des Feldes bedarf, die nicht ignoriert werden dürfen; anders als bei klassischer, methodisch strukturierter Forschung, die erwartet, dass die Beforschten sich in die Strukturen und Interessen der Forscherinnen einfinden und ihre Handlungen an den methodischen „Zwängen" der Forschung ausrichten oder in denen die Forschung gleich Situationen einfach schafft, in denen sie die Beforschten diesen Zwängen aussetzen muss eine offene Forschung auch an diesem Punkt die Strukturen des Feldes ernst nehmen. Forscherinnen müssen das Vertrauen der Mitglieder gewinnen, eine Rolle im Feld ausfüllen. Das geschieht entweder in einer Adaption einer bestehenden Rolle, wie im Fall des Sozialarbeiters, der zum Zweck der Forschung beim Amt arbeitet, oder einer Neuschaffung einer Rolle, wie im Fall der Ethnografin, die Drogenhändler begleitet und dabei nicht selbst die Rolle der Drogenhändlerin oder üblicher „Begleitakteure" annimmt (z. B. Adler 1993; Venkatesh 2008). Auch hier ist die Forschung von einem Prozess der Anpassung abhängig: Die Möglichkeiten des Zugangs und die Rolle im Feld ist nicht von außen methodisch vorbestimmbar, sondern werden von den Möglichkeiten und Aushandlungen im Feld strukturiert und in Auseinandersetzung mit den Mitgliedern des Feldes flexibel bestimmt.

Es ist häufig festgestellt worden, dass Zugang zu online-Kontexten einfacher wäre, als Zugang das ansonsten – also: in „offline"-Kontexten – wäre. Bei online-Kontexten, bei denen einfache Anmeldung oft ausreicht und oft nicht einmal notwendig ist, um das Feld zu sehen, das zudem ohnehin einen beständigen Influx neuer Mitglieder aufweist, ist die Schwelle deutlich niedriger als bei klassischen Feldern wie z. B. einer Ethnografie in einer Feuerwehrstation oder einer wandernden Schaustellertruppe. Zudem liegt die Interaktion aller anderen Beteiligten in einem online-Feld dem Forscher nicht selten sofort nach einem Beitritt, z. B. zu einem Messageboard, breit offen. Das ist zumindest insofern irreführend, als es die Annahme beinhaltet, man könne sich einfach hinzugesellen und zusehen, wie Interaktion in online-Kontexten abläuft und dabei glauben, man gewänne bereits dadurch Einsicht in die Realitätskonstruktionen des Feldes. Das führt eine Gefahr ein, die wir als „Lurkerfalle" bezeichnen möchten: „The presence of ethnographers in a virtual field site is often physically ‚invisible' – what Ebo terms ‚cyberstealth'" (Murthy 2008, S. 840; Zitat aus Ebo 1998, S. 3). In online-Kontexten bezeichnet „Lurker", etwa: „Rumschleicher", eine Person, die die Inhalte einer interaktiven Seite beständig und ausgiebig ansieht, ohne jedoch aktiv an der Interaktion teilzunehmen, d. h. ohne selbst beizutragen. Die Präsenz des Lurkers ist dem Rest der Nutzerinnen oft gar nicht bewusst, solange sie keinen Einblick in die Zugriffsdaten haben. Ein offen zugängliches Messageboard und auch viele soziale Netzwerke können von Lurkern durchforstet werden, ohne dass diese sich einen Nutzernamen anlegen oder sonst in Erscheinung treten, oder indem sie zwar Nutzernamen haben, aber dennoch niemals auf den betrachteten Seiten auftauchen, d. h. nicht posten oder kommentieren. Damit ist die verdeckte Ethnografie, ansonsten schon aus ganz praktischen Gründen eine seltene Ausnahme (vgl. Dellwing und Prus 2012), in der Onlineforschung so verführerisch: Manche online-Kontexte scheinen sehr einfach in solch „reiner Präsenz" beforschbar zu sein.

Eine solche „Abschöpfung" von Inhalten allein kann durchaus ein Gefühl für die Interaktionsformen und damit für die internen Realitäten generieren. Eine solche passive Form der Präsenz muss auch nicht immer und notwendigerweise problematisch sein:

> „[…] unobtrusive exploration of online landscapes can be an immersive ethnographic experience in its own right, and a particularly useful one for an ethnographer interested in those aspects of the minutiae of everyday life which participants may find difficult to talk about retrospectively in an interview situation" (Hine 2015, S. 157).

Eine volle Ethnografie ist es jedoch nicht, denn dieser Zugang ist trügerisch: wenn man nicht weiß, was *das* ist – wenn man nicht Teil ist – bedeutet all *das* potenziell etwas ganz anderes als das, was es für die Beteiligten bedeutet. Eine Festplatte voller Daten zur Interaktion auf *League of Legends* oder auf 4chan, und der nicht initiierte Forscher sieht nur bullies, Angriffe, Konflikte, empörende posts; eine Festplatte voller nude posts of tumblr, und Uninitiierte, die mit niemandem reden, sehen nur Menschen, die aus momentaner Lust unverantwortlich mit ihrer Privatsphäre umgehen. Damit wäre nicht nur eine unzulässige Außendeutung durch mitgebrachte Wertungen hindurch geschehen, die Kultur des Feldes nicht nur nicht korrekt abgebildet, eine solche Analyse würde Gefahr laufen, nur mit Scheinbelegen gefüllte, mitgebrachte Kategorisierungen wiederzukäuen.

Dass ein solches „Abschöpfen" als Option überhaupt ins Blickfeld gerät, weist auf die Nähe der online-Ethnografie zur klassischen Ethnografie öffentlicher Räume hin. Zusammen mit dem eingangs erwähnten Umstand, dass online-Ethnografie die neue Alltagsethnografie darstellt, ist eine solche Annahme durchaus fundiert. Die Loflands bemerken bereits zu offline-Kontexten, „[i]f a setting is public and open, that is, defined in law and tradition as a place where ‚anyone' has a right to be in, it is a very simple matter to enter it" (Lofland und Lofland 1984, S. 21). Hier sitzt die Ethnografin einfach, beobachtet, fällt nicht weiter auf und kann „teilnehmen", ohne eine Beziehung zu haben. Lange vor dem Aufkommen von online-Kontexten schreiben Lofland und Lofland, „in public place research, researchers are largely irrelevant" – und meinen damit, dass die klassischen Aufgaben des ethnografischen Zugangs, inklusive der

Herstellung von Beziehungen und Vertrauen und dem Einfügen in bestehende Vernetzungen, an „öffentlichen" Orten wegfallen. Kozinets spricht von einer „uniquely unobtrusive nature" (2002, S. 65) von Beobachtungen im Internet, und Hammersley und Atkinson schreiben ebenso,

> „[i]t might be thought that problems of access could be avoided if one were to study ‚public' settings only, such as streets, shops, public transport vehicles, bars, and similar locales. In one sense this is true. Anyone can, in principle, enter such public domains; that is what makes them ‚public'. No process of negotiation is required for that. On the other hand … in many settings, while physical presence is not in itself problematic, appropriate activity may be so." (Hammersley und Atkinson 1983, S. 56).

Lyn Loflands bekannteste Beispiele sind Wartezimmer und öffentliche Verkehrsmittel; Goffmans Alltagsbeobachtungen sind ein wesentlicher Prototyp dieser Betrachtungen, die auch für online-Kontexte gelten könnten, insofern auch diese eine Form der Öffentlichkeit darstellen. Auch hier kann *jeder, im Prinzip, diese Felder betreten.*

Es ist im Internet einfacher, mitzumachen – aber das gilt auch für öffentliche Verkehrsmittel und ist damit kein besonderes Element von Onlinekontexten, sondern eben von *öffentlichen* Orten. So scheint sich auf den ersten Blick eine Äquivalenz zwischen Ethnografien in online-Kontexten und Ethnografien öffentlicher Orte anzubieten, vor allem auf Basis der anfangs gemachten Feststellung, dass online-Ethnografie die neue Alltagsethnografie ist. Aber mindestens eine gewichtige Unterscheidung fällt auf: die der starken Abschwächung von Normen ziviler Unaufmerksamkeit. Klemm und Staples bemerken, die „soziale Verpflichtung sich spontan auf eine Konversation (Interaktion) einzulassen […] existiert im digitalen Raum nicht, weil es keinen wechselseitigen Wahrnehmungsraum und dadurch auch keine unmittelbare zwischen körperliche Resonanz gibt" (Klemm und Staples 2015, S. 123). Diese Einschätzung ist problematisch, um nicht zu sagen: kurios, denn das Gegenteil ist der Fall. Gerade *weil* in online-Kommunikation keine klassische körperliche Resonanz zu finden ist, ist die Regel der civil inattention weitgehend aufgehoben, weil unnötig, und das Ansprechen Fremder ist online deutlich normaler, erwarteter und erfolgreicher, als das auf der Straße oder sogar noch in einer Bar der Fall ist. So ist Ethnografie online eben keine Ethnografie in öffentlichen Räumen, wie Lofland und Goffman sie vornahmen. Das macht diesen Raum zu etwas anderem als dem Ort des aufeinander bezogenen Nebeneinanders, an dem die Beteiligten dennoch so tun müssten, als ignorierten sie sich. Sie agieren beständig miteinander, und das offen. Es ist genau diese Verknüpfung, die reine Anwesenheit, das „lurking", als

Forschungsform nicht nur unangemessen macht, sondern, in der neueren Verwendung des Begriffs, *creepy:* sozial seltsam, nicht einzuschätzen und damit latent bedrohlich. Mit anderen Worten: zivile Unaufmerksamkeit schützt die Menschen einander im Alltag; sie kann sie online jedoch bedrohen.

Zudem ist Lurking kaum geeignet, die eigentliche Körperlichkeit dieser Interaktionen praktisch zu erkennen: die Verkörperlichung des eigenen Mitmachens – nicht die der physischen Präsenz, sondern die des Erfahrens am eigenen Leib. Hier findet sich die eigentliche Bedeutung der Losung der „körperlichen Teilnahme", die von älteren Zugriffen fälschlicherweise gegen online-Ethnografie ins Feld geführt wurde: Um Ethnografie sein zu können, ist die Immersion und die Verkörperlichung des Wissens in der eigenen Felderfahrung notwendig, und das bedeutet nicht, dass sich ein physischer Körper in Kopräsenz mit anderen physischen Körpern befinden muss, die hier direkt interagieren, sondern nur, dass in einem Naturalismus der Präsenz *dieselben* verkörperlichten Erfahrungen gemacht werden, die die anderen Teilnehmer des Feldes ebenfalls machen: Es muss am Feld auf eine Art und Weise teilgenommen werden, die es erlaubt, dass diese Form der eigenen Erfahrung darin generiert werden kann – auch von hinterm Bildschirm aus, an den normalen Handlungen im Feld.

Das führt teils hohe Hürden ein. In Spielen wie *League of Legends, Apex* oder *Fortnite* muss der Forscher in der Lage sein, das Spiel zu spielen: Als Komplettamateur ist man nicht nur lediglich eine sehr kurze Zeit überhaupt im Spiel, bis man ausscheidet, man bemerkt auch nur zusehend, was andere tun, ohne es körperlich selbst nachvollziehen zu können, was es z. B. heißt und welche Fingerfertigkeit es erfordert, in Sekundenschnelle riesige Bauten zu errichten, die im Rahmen einer Auseinandersetzung als Cover, Diversion und High Ground verwendet werden. In Teamspielen muss eine Rolle im Team eingenommen werden, wofür eine Kenntnis der Rollen und ihrer Interaktion, der üblichen Erwartungen an diese Rollen und die Möglichkeiten, mit ihr umzugehen, notwendig ist. „[I]t would be difficult to conduct a close study of raiding without becoming a raider because the venue is not available without full participation. […] a spectator is not an option programmed into the game" (Boellstorff et al. 2012, S. 66). Um das zu tun, muss der Avatar daher in der Lage sein, diese Rolle auszufüllen: „the player must have a level 85 character to study level 85 players, since parity will typically be the only way researchers can meaningfully participate alongside […] informants" (ibid., 74), und auch Pearce sekundiert: „Playing more structured MMOGs requires a certain skill set as a player to follow a guild through its trajectory" (Pearce und Artemesia 2010, S. 54). In anderen Umfeldern, zum Beispiel in *Second Life,* war es dagegen möglich, einen „anthropologist as a character" zu „spielen", wie Boellstorff es getan hat (2008, S. 67). In sozialen

Netzwerken ist es immer möglich, als Forscherin präsent zu sein, aber wie das eine Immersion in die geteilten Praktiken des Feldes erlaubt, hängt von diesem Feld ab; wann es möglich und unmöglich ist, selbst verkörperlicht teilzunehmen und so das implizite Wissen des Feldes zu internalisieren, ist ebenso vom Umfeld abhängig. Wie immer in der Ethnografie ist das keine Frage abstrakter, von außen zu setzender Regeln, sondern vielmehr eine Frage der Anpassung ans Feld und seinen spezifischen Strukturen, die immer auch erst erfahren, erlernt werden müssen. Schon die Gewinnung des Zugangs ist damit eine durch und durch ethnografische Aufgabe in dem Sinne, in dem sie ein Einlassen auf die Deutungen und Ordnungen des Feldes erfordert.

Eine Spielerkarriere in einem MOBA-online-Spiel wie *DOTA 2* oder *League of Legends* zu beobachten ist etwas anderes, als das Erspielen einer Karriere und den Wettkampfcharakter des Spielevents und des Rankings auch körperlich zu erfahren, nicht nur in Bezug auf die nötigen Fähigkeiten, sondern auch in Bezug auf die im Feld involvierten Emotionalitäten und verkörperlichten Wissensbestände. Das bedeutet, dass Zugang immer eben auch Zugang zu den interaktiven Deutungen sein muss – und Zugang zu interaktiven Deutungen gewinnt die Forscherin durch Mitmachen, nicht durch Zuschauen. Ethnografien haben diese Form des Zugangs häufig auch opportunistisch hergestellt, ein Terminus, der zunächst abschätzig klingen kann, aber nicht so intendiert ist: Als opportunistischen Zugang versteht man Zugänge, die nicht aufgrund eines Forschungsinteresses zustande gekommen sind, sondern solche, die bereits vorhanden waren und später zu einem forscherischen Interesse geführt haben. Howard Beckers Ethnografie unter Jazzmusikern ist beispielsweise nicht aus einem rein wissenschaftlichen Interesse an Musik und ihren Akteuren entstanden, aus dem heraus er dann eine Gruppe gesucht hätte; er war dort ohnehin aktiv und hatte bereits als Teenager Geld durch Pianospielen in Bars verdient, wodurch er in diesen Netzen bereits verankert war. Als dann eine Identität als Sozialforscher hinzukam, war das nicht nur ein Feld, das er dadurch gut beforschen konnte – es war auch ein Feld, bei dem Becker bereits wusste, welche verzerrenden Außenbilder von ihm vorherrschten, sodass eine gute Studie auch aufklärerisch wirken konnte und sollte.

Lofland und Lofland (1984) hatten festgestellt, dass es durchaus nützlich sein kann, eine „Lernendenrolle" oder gar „Inkompetentenrolle" anzunehmen, um die Innendeutungen des Feldes zu erlangen; in der Neulingsrolle ist man in der Lage, Fragen zu stellen, „naiv" zu beobachten und die Deutungen des Feldes aufrichtig auf sich wirken zu lassen, ohne dass die eigene Haltung schon verfestigt ist. Honer spricht von einer Haltung künstlicher Dummheit (Honer 1993, S. 247), aber diese Dummheit ist nicht immer künstlich: man will ja tatsächlich erfahren, wie das Feld von innen funktioniert, und weiß es in der Tat nicht, jedenfalls nicht vollständig – sonst wäre die Forschung auch keine Entdeckung. Klassisch ist es gerade eine Aufgabe der ethnografischen Arbeit, solche Bekanntschaft durch Mitmachen, Immersion, praktische Intersubjektivität und Vertrauen herzustellen (Grundzüge, zu denen wir noch gelangen werden). Viele Ethnografien haben sich in Felder gewagt, mit denen die Forschenden vorher in der Tat nur wenig Bekanntschaft aufweisen konnten – und gerade das hat häufig eine neugierige, lernende, entdeckerische Sensibilität gefördert. Damit aus der Bekanntschaft jedoch Erkenntnisse gewonnen werden können, scheint es uns unerlässlich, bereits einige grundlegende Verständniselemente mitzubringen. Lofland und Lofland weisen daher zugleich darauf hin,

„[l]ike all good things, however, this strategy can be pushed too far, and when it is, it becomes a liability. The getting-in-stage [...] is one point where overplaying the learner can have negative, perhaps fatal, consequences. If you are to avoid being perceived as either frivolous or stupid and dismissed as such, you should have enough knowledge about the setting or persons you wish to study to appear competent to do so." (Lofland und Lofland 1984, S. 83)

Zu sehr als unwissender Neuling aufzutreten und *zu* viele „naive" Fragen zu stellen kann das Feld irritieren, von seinen Alltagshandlungen abhalten, an ignorante Außenwertungen erinnern, gegen die es sich immer verteidigen muss oder schlicht nerven. Gerade eine Erforschung von internetbasierter Interaktion wird schnell zum Punkt führen, an dem die Mitglieder des Feldes testen, wie viel man über das Feld weiß, wie sehr man die Strukturen dieser Räume versteht. Wer zu verstehen gibt – vorgespiegelt oder nicht – von dieser Materie völlig überfordert zu sein, wird es sehr schwer haben, im Feld Vertrauen, Zugang und Intersubjektivität zu gewinnen. Das liegt unter anderem daran, dass unsere Gegenwartskultur Nichtwissen auf diesen Feldern auch zum Punkt der Distinktion gemacht hat: „Ich schaue nie fern"[3], „ich kann keinen Computer bedienen" oder „ich habe nie ein Spiel gespielt!" können gerade in bürgerlichen Kontexten, also unter „Normies", immer noch als Statussymbole verwendet werden, mit denen kulturpessimistische Identitäten verhandelt und verteidigt werden. Das macht solche Aussagen prekär, denn mit ihnen könnte das Feld eine

---

[3] „Ich besitze keinen Fernseher" war dagegen in der Vergangenheit eine kulturpessimistische Abgrenzung; heute kann es im Gegenteil eine progressive Aussage sein, da sie häufig verwendet wird, wenn Unterhaltungsmaterial nur noch übers Internet und nicht mehr über Sendesignale oder Kabelanschlüsse konsumiert werden.

Feindseligkeit assoziieren – und alltagspraktisch hat es gute Gründe, dies zu tun, da es sich in der Tat um etablierte Codes der Abgrenzung handelt. In offensiver Abgrenzung zum Forschungsfeld sind die Ziele der Ethnografie aber nicht zu erreichen, und ohne Grundwissen wird es schwierig, die spezifischen Realitätsverhandlungen, die hier stattfinden, überhaupt zu sehen. Michaels Studie in tumblr hat einen internen Ausgangspunkt: als Fan von Fernsehproduktionen war er in den Fandom-Subkulturen der Plattform ohnehin unterwegs, hat dort die Nacktkultur entdeckt und sie als warme, progressive, unterstützende und offene Gemeinschaft kennengelernt. Die Beziehungen und Verbindungen, die dort entstanden, entstanden zunächst nicht aus einem forscherischen Interesse – aber der Soziologe ist immer im Dienst, und so ist es unvermeidlich, dass aus diesen Immersionen dann auch Analysen fast automatisch emergieren. Marc spielt ohnehin *League of Legends,* und die Bekanntschaft mit dem Feld und seinen Akteuren prädatiert auch hier die Forschung. Wir alle sind Gamer, wir alle sind im Internet aufgewachsen, und unser Interesse an den hier explizierten Feldern war nie ein externes. Das ist für Kontexte der online-Ethnografie nicht nur problemlos; wir wollen vielmehr feststellen, dass alles andere in gegenwärtigen Umwelten online-Kontextforschung eher prekär machen kann. Wie bereits festgestellt ist ein Fremdeln mit diesen Umfeldern oft keine gute Ausgangssituation, um Zugang zu den Felddeutungen zu erhalten und zu explizieren, was in ihnen „vor sich geht."

Menschen, die Internetinteraktion erforschen möchten, sollten dazu ein solides Grundwissen über online-Strukturen mitbringen. In unserer Erfahrung mit Studierenden, die online-Forschungen betreiben wollen, hat sich eine Balance als nützlich erwiesen: Genügend Grundwissen, um zu verstehen, vor welchem Hintergrund die Verhandlungen geschehen; genügend Berührung mit dem Feld, um ihm mit Offenheit begegnen zu können; und genügend Neugier, um die spezifischen Verhandlungen auf dem Feld intensiv und immersiv betrachten zu wollen und zu können. Wenn Studierende sich damit schmücken, in keinem sozialen Netzwerk aktiv zu sein, kein Smartphone zu nutzen und Nachrichten aus Hauptnachrichtensendern eines öffentlich-rechtlichen Senders erhalten, dann aber z. B. die Interaktion in online-Datingplattformen oder dezentralen Nachrichtenseiten untersuchen wollen, raten wir in der Regel ab: Die Gefahr, dass sie ein von Vorurteilen geprägtes Kulturkritiksimulacrum von „alles-ist-furchtbar" als Analyse auszugeben versuchen, ist hier sehr hoch, und die Chance, zu verstehen, was hier interaktional geschieht, ist dagegen sehr niedrig. Ethnografie erfordert echtes Sich-Einlassen, und wer die Chance dazu jahrelang hatte, aber mit Ressentiment aktiv gemieden hat, ist womöglich von einem solchen Einlassen weit entfernt. Für unsere Zwecke ist eine zumindest gewisse bestehende Familiarität mit online-

Praktiken wohl unerlässlich, um keine Außenbeschreibungen zu produzieren, die an den Realitäten des Feldes vorbeigehen.

Offener Start und Offenlegung

Wesentlich für die offene Praxis der Ethnografie ist der offene Start. Eine Forschung, die sich an den Deutungen des Feldes ausrichtet, darf keine von außen betriebenen Kategorisierungen zur Grundlage der Forschung machen, vor allem keine administrativen Ordnungen, die zur Kontrolle des Feldes verwendet werden. Hypothesen, die „bewiesen" werden sollen, widersprechen daher dem Format einer Ethnografie, und die Ordnung des Feldes in mitgebrachte theoretische Kategorien oder die Verwendung des Feldes, um bestehende theoretische Kategorien zu füllen, nehmen seine Eigenordnung und -deutung nicht ernst. Da Ethnografie die Realität des Anderen in ihrer intersubjektiven Konstitution erforschen möchte, muss sie sich dagegen verwehren, zu viele Wissensbestände mitzubringen. Matt fasst das in den Widerstand gegen eine „subsumptionslogische Argumentation" (Matt 2001, S. 39), Prus bemerkt, „The world of human lived experience cannot be reduced to nice, neat little boxes, charts or tables" (Prus 1997, S. 22), und Hammersley bemerkt, „history and ethnography ... share ... a distaste for theories which ... ride roughshod over the complexity of the social world" (1992, S. 32), indem sie sie in so einfache Kisten einsortieren. Das *Feld* ist erst einmal primär, nicht eine These oder Fragestellung.

Wenn zum Beispiel versucht würde, zu zeigen, dass tumblr eine Hinterbühne im Sinne der Verwendung des Begriffes durch Erving Goffman (1959) ist, wäre das zwar gut nachzuvollziehen und mit Material auch zu belegen, aber es wäre keine gute Ethnografie und keine spannende Einsicht – die theoretische Rahmung bestand schon, und diese Arbeit würde sie nur durch weiteres Material füllen. Dass tumblr so beschrieben werden kann, liefert zudem keine Erkenntnis; es wirft nur einen Begriff aufs Feld und setzt einen Haken dahinter, entdeckt wurde damit nichts. Dagegen kann der Begriff als Werkzeug, gut und kreativ verwendet, neue Erkenntnisse liefern, die über solche Einordnungen (weit) hinausgehen, wie z. B. tumblrs nude culture zeigt, wie sich Hinterbühnenpraktiken und -agbrenzungen verschieben und welche neue politischen Kämpfe mit diesen Verschiebungen einhergehen. Das jedoch gibt die begriffliche Einordnung selbst nicht her, zu dieser Erkenntnis ist sie höchstens eines von vielen Mitteln. „Zeigen" zu wollen, dass auf online-Interaktionsforen die „Privatheit" verloren ginge, wäre eine normativ-moralische Zielsetzung, die in bestehenden Debatten zu Öffentlichkeit und Privatheit liegende Urteile reproduziert und in dieser Beurteilung nicht wirklich versucht, zu verstehen, was die Beteiligten tun. Zum Kritiksimulacrum träte so ein Analysesimulacrum. Dagegen plausibel zu machen, dass die auf den ersten Blick als Brüche zu deutenden Handlungen eine Ausweitung und Stärkung der Verteidigung von Privatheit darstellen können und selbst kritische Praktiken zum Umgang mit sich einengenden Überwachungsregimen sein können: jetzt ist der Begriff zum Werkzeug geworden, mit dem eine neue Erkenntnis erlangt werden kann. Zeigen zu wollen, dass *League of Legends* „verbale Gewalt" hervorruft, würde sich auf eine statische Idee von Gewalt stützen und ebenso wieder ein Kritiksimulacrum im Form der alltäglichen Verurteilung in die Fragestellung einbauen. Zu bemerken, wie die Grenzen des Spiels unterschiedlich gedeutet werden, wie verbales Sparring Teil des Spiels sein kann, entweder als strategische Handlung zur Ablenkung des Gegners oder als eigenes Spiel der schlagfertigen Auseinandersetzung, wie das für Teile der Spielerschaft gerade wesentlicher und erwünschter Teil des Spiels sein kann: nun ist die Eigendeutung miterfasst, von der eine tiefere Analyse abheben kann. „Often the investigator will find that the meanings he has learned to attach to an object have no relevance for the people he is observing" (Denzin 1970, S. 8). Die oben genannten Trennungs- und Gefährdungsmythosnarrative zu verwenden, um eine erste Fokussierung zu leisten, kann leicht dazu führen, stereotypisierende Außennarrative ins Feld zu tragen; sie finden sich daher in der Regel unter den denkbar schlechtesten Erstzugriffen.

Das bedeutet jedoch nicht, ziellos ans Feld heranzutreten: Erstzugriffe sind unvermeidlich. Ohne Forschung betrieben zu haben, weiß die Forscherin nicht, wohin das Feld sich eigentlich erstreckt. Noch viel weniger ist sie dazu in der Lage, an diesem Punkt eine Frage zu formulieren: Denn die käme an diesem Punkt auf der Basis eigener Ideen zustande, womit Fragestellungen vor Feldbekanntschaft oft Vorurteile über das Feld reproduzieren (müssen). Ohne zu wissen, wie die Deutungsstrukturen des Feldes organisiert hin, hat der Forscher keine realistische Möglichkeit, überhaupt eine sinnvolle Frage zu stellen, die nicht von Außendeutungen durchstrukturiert ist. Das bedeutet nicht, dass am Anfang keine Ideen stehen könnten; das wäre umgekehrt unmöglich, keine Forschung kann bei null und ohne Vorannahmen beginnen. Die Ethnografie hat das in die Figur des sensibilisierenden Konzepts gefasst. Herbert Blumer bemerkt, dieses „gives the user a general sense of reference and guidelines in approaching empirical instances. Where defintive concepts provide prescriptions of what to see, sensitizing concepts merely suggest directions along which to look" (Blumer 1954, S. 7). Dabei ist es durchaus üblich, dass nach einem Erstkontakt völlig andere Orientierungen aufkommen als zuerst formulierte Ideen – da nun erst bemerkt werden konnte, was interessant ist; genau das ist die Funktion der

Zurückhaltung, die in sensibilisierenden Konzepten liegt. Diese werden aufgestellt, um sie wieder zu verlieren, d. h. um sie im Laufe der Forschung zugunsten von im Feldkontakt entwickelten Zielen aufzugeben: Der initiale Respekt vor den Eigennarrativen des Feldes erfordert es dann jedoch, sich dem Widerspruch des Feldes auszusetzen, einerseits zu bemerken, wenn mitgebrachte Fragen im Feld wenig nützlich sind und die Fokussierung im Licht dieses Lernens zu verändern, andererseits auch zu sehen, dass die offenen Eigendeutungen des Feldes Verkürzungen, Simplifizierungen oder schlicht Ideologie darstellen, die die praktische Ordnung der Deutung des Feldes ebenso nicht abbilden. So verbindet sich die Offenheit der emergierenden Forschungsfrage im Laufe der Studie mit den Interessen, die Forscherinnen mitbringen, denn „research never starts from scratch, it always relies on common-sense knowledge to one degree or another" (Hammersley und Atkinson 1983, S. 64). Wissenschaftliche Arbeit benötigt Ansatzpunkte, und interesse-, vorannahmen- oder ziellose Forschung ist unmöglich; wer vorgibt, sich ohne Vorannahmen nur beeindrucken zu lassen, hat seine Vorannahmen nur nicht bemerkt. Da jede Wahrnehmung bereits eine Deutung ist, wie der ethnografische Zugriff ja zugrunde legt, und jede Deutung in einem Kontext, in einer Situation, zu einem Zweck und aus einer Position erfolgt, wie oben expliziert wurde, ist auch die Deutung der Ethnografin in dieser Positionalität und Kontextualität verhaftet. Forschung braucht Richtungen, in die sie schaut, um etwas sehen zu können, und wer konstatiert, sie wolle auf „alles" achten, achtet tatsächlich wohl eher auf unausgesprochene Vorannahmen. Die Verbalisierung mitgebrachter Interessen, Ideen und Annahmen stellt damit die anfängliche Offenlegung dar, die die Forschung zunächst begleiten soll. Das bedeutet, dass der Forscher sich bewusst sein muss, dass jeder emergierende Forschungsfokus und jede Erkenntnis ebenso nicht nur im Rahmen der Strukturierungen des Feldes auftaucht, sondern auch im Rahmen der Beobachtungsschwerpunkte, Deutungslinien und Interessen des Forschers. Die forscherische Entdeckung baut damit auf eine Offenheit, die aus dem Bewusstsein mitgebrachter Ideen entspringt, aber die Festigkeit dieser Ideen im Laufe der Forschung infrage stellt. Diese ersten Annahmen sollen vage und unbestimmt bleiben; je spezifischer sie werden, desto mehr Ballast bringen sie mit. Ein „Interesse an der Konstruktion von Körperlichkeit" kann eine erste Orientierung darstellen. „Privatheit" und „Hinterbühnen" können Anfangsgedanken sein, die man mitbringt – auch und gerade, weil sie im Alltagsdiskurs so prominent sind. Aber eine Ethnografie zu verfassen, die diese Alltagsdiskurse reproduziert, ist keine soziologische Befremdungsleistung.

Boellstorff et al. (2012, S. 52) bemerken, „we can start with very little as long as we are pointed in a general direction". How do people socialize in online

MPGs? How does culture work in virtual worlds? und stellen fest: „Crafting a research question is ... often linked to exploration", d. h. geschieht erst im Laufe der Forschung, wenn im Kontakt mit dem Feld klar wird, was an ihm eigentlich spannend ist. Auch Hine betont, „the object of ethnography emerges through fieldwork" (Hine 2015, S. 61). Wenn die Betrachtung Körperlichkeit in Spielen den Vordergrund stellt, treten damit die Praktiken in den Vordergrund, in denen Körper „ausgespielt" werden: Welche Bewegungen einprogrammiert sind (z. B. führen Avatare in vielen Spielen automatisierte Bewegungen aus, wenn die Spielerin sie lange nicht bewegt hat); welche Bewegungen der Absicht des Spielers zugerechnet werden, sind spannend Fragen, da Körperbewegungen oft als nicht-absichtlich gelten, während Avatarbewegungen als bewusste Eingaben der Spielenden wahrgenommen werden. Was aber nicht der Fall sein muss: Gerade in Gefahrsituationen bei Anfängern kann die Panik dazu führen, dass irgendetwas gedrückt wird, oder andere Knöpfe als jene, die die intendierten Handlungen auslösen. So kann man in *Fortnite* Avatare finden, die der Gefahr, die damit einhergeht, andere Spieler zu treffen, damit begegnen, Bewegungen auszuführen, die nicht aus der Gefahr helfen – der Spieler hatte die falschen Knöpfe gedrückt. Auch Verbindungsschwierigkeiten können dazu führen, dass Avatare Bewegungen ausführen, die in diesem Moment nicht (oder nicht mehr) hilfreich sind. Welche Körperlichkeit Avatare ausspielen, ist damit in einem breiten Kontext von strukturellen Rahmen eingefasst und wird mit einem breiten Fächer an Erklärungen „eingefangen". Wenn in diesem Deutungsrahmen dann auffällt, dass unterschiedliche Spielergruppen Körperlichkeit ganz unterschiedlich verwenden, wie im Fall von Alessandros *World of Warcraft*-Ethnografie, ist eine Einsicht gewonnen, die die spätere Notizaktivität wieder einschränkt. Das ist der Weg der Findung eines Ziels durch die Beobachtung hindurch. Sie begann mit der Idee, Dinge aufzuschreiben, die mit dem Körper zu tun haben – eine noch sehr breite Eingrenzung; dann findet der Forscher im Laufe dieser Notiztätigkeit eine Besonderheit; dann schränken die späteren Notizen diese bereits eingeschränkte Idee wieder ein. Es ist dabei durchaus denkbar, dass eine ursprüngliche Idee völlig verschoben wird: aus einer Orientierung an Körperlichkeit wird eine parallele Konstruktion zweier Welten auf derselben Plattform, die sich in ihrer Konstruktion von Körperlichkeit unterscheiden. Contentspieler auf *World of Warcraft* gehen durch Rollenspieler hindurch, als wären sie nicht vorhanden, gehen in Gebäude, durchsuchen Orte, öffnen dort Kisten oder sind auf dem Weg zu Missionen, eine Zielsetzung, für die die dazwischenstehenden Rollenspielerinnen nicht wesentlich sind, sodass sie ignoriert werden können. Die Rollenspieler in ihrem Rollenspiel, in dem durch Menschen nicht durchgegangen werden kann, auch wenn die Software das erlaubt, ignorieren die Nichtrollenspieler, die durch sie hindurchlaufen, ebenso einfach: für die gemeinsam konstruierte Welt des Rollenspiels existieren diese nicht. Zwei parallele Welten spielen auf demselben Server, der dadurch handlungspraktisch nicht dieselbe Welt ist. Diese Erkenntnisse können erst aus dem Feld emergieren; sie konnten vorher nicht gesetzt werden.

Die Forschung zur „öffentlichen Privatheit" eines der Autoren dieses Bandes startete mit einer Betrachtung von tumblr als Ort der Fankultur, eine Zielsetzung, die aus der Beschäftigung des Autors mit Kult(ur)serien und Fernsehforschung entstand (Dellwing 2017). Michaels Betrachtung von Fandominteraktion hat zum Beispiel sichtbar gemacht, dass verschiedene Fandom-Untergruppen sich gegenseitig in einem Prozess der „lane culture" (Dellwing 2019) in Frieden lassen: Lanes sind Spuren, und die Nutzerinnen bleiben innerhalb jeweiliger Spuren dessen, was sie besprechen, was sich vor allem in der Verwendung von hashtags bemerkbar macht. Auf der Beobachtung von Fandoms auf tumblr kommt dabei das Phänomen in den Blick, dass Nutzerinnen, die negative Inhalte zu Fandoms posten, dazu neigen, die hashtags zu „verhunzen", also absichtlich anders zu schreiben: ein negativer Post zu Benedict Cumberbatch kann dann den hashtag „Cumberbottle" tragen. Das ist kein Fehler, sondern ein Versuch, jenen Fans, die den hashtag durchsuchen, diesen nicht mit „hate" zu verschmutzen. Die Struktur von tumblr führt jedoch dazu, dass nicht unbedingt Themenbereichen, sondern blogs gefolgt wird – alles, was die Betreiber aller blogs posten, denen man folgt, erscheint dann in Sequenz auf der Hauptseite des tumblr-Nutzers. So wurde schnell deutlich, dass die Fankulturposts oft von hochpersönlichen Inhalten unterbrochen wurden, die eine Thematisierung von Innerlichkeit und eine Intimität aufwiesen, die auf Netzwerken wie Facebook kaum denkbar wäre. Dazu gehören Brüche mit dem Positivitätszwängen öffentlicher Kommunikation, in denen das eigene Leben als Ideal, das Essen und der Urlaub als großartig usw. präsentiert werden. Eine negative Darstellung vor Freunden und Familie bringt Rollenzuschreibungen mit sich, die später problematisch und gar schädlich werden können. Tumblr weist jedoch, wie bemerkt, eine Kultur auf, die sich gegen die Vernetzung von Menschen stellt, die sich außerhalb tumblrs kennen; und zudem wies es lange auch eine anti-Perfektionskultur auf. So kamen Posts auf, in denen besprochen wird, wie furchtbar der eigene Beruf ist, wie unglücklich man in seinem Familienleben ist, wie sehr man mit sozialen Erwartungen kämpft - Einsichten in die Imperfektionen des Lebens, die vor Freunden und Familie, aber vor allem auch vor Kolleginnen und Bekannten im Rahmen gegenwärtiger Emotionsnormen versteckt werden müssen. Im Rahmen dieser Betrachtung fällt dann eine scheinbar ganz andere Subkultur, die des nude blogging – die sich mit Fandomblogging schon alleine dadurch überlapt, weil oft dieselben Menschen beides tun. Tumblrs „Kultur des Fremden" macht sich durch hochgradige Intimisierung bemerkbar, die sich auch hierhin weiterträgt. Hier kommt nun bemerkenswerterweise dieselbe Positiverwartung wieder auf, nur noch viel stärker: Nacktbilder werden mit der expliziten Erwartung gepostet, positive, aber nicht-sexualisierte Rückmeldung zu erhalten, was eine Unterstützung von Körpern beinhaltet, die in klassischen Schönheitsidealen als „abweichend" markiert werden können. Damit werden Darstellungen privilegiert, die den Idealbildern nicht entsprechen, während zugleich normierende Kräfte, die Instagram-Perfektionismen durchziehen, auf Abstand gehalten werden. Jahre später hat sich dieser Trend zur Instagram weitergetragen, wo er bekleideter vollzogen werden muss, als das auf tumblr der Fall war.

So fielen interessante Phänomene in den Blick, das nähere Betrachtung einladen: Das Feld hat dadurch eine Eingrenzung erfahren, und diese Eingrenzung ist bereits konzeptioneller Art, da nun eine bestimmte Form von Darstellung in den Blick fällt, die – immer noch völlig vorläufig – als „intimisierte Kommunikation" benannt werden kann. Diese nähere Betrachtung dieses Feldes wird eine genauere Eingrenzung und auch eine Ordnung zutage fördern können. Wie auch die Auswertung (s. u.) sind die Wahl der Gruppe und die Eingrenzung derselben immer bereits mit den Wissenskonstruktionen verwoben, die die Forschung und das Feld gemeinsam um sie herum bauen. Wenn einem Phänomen über Gruppen- und Raumgrenzen hinweg gefolgt wird, wie z. B. dem in US-Kontexten weit verbreiteten Phänomen der Geistererscheinungen (Waskul 2016), steht am Beginn der Arbeit zunächst, wie bereits festgestellt, eine allgemeine Idee, ein sensibilisierendes Konzept, keine feste und zuvor eingegrenzte Forschungsfrage. Dabei sind beide in der Regel jedoch nicht so stark zu trennen: sensibilisierende Konzepte verschieben sich im Kontakt mit Feldern, Feldschwerpunkte verschieben sich durch Druck der Konzepte, und beide verschieben sich so gegenseitig.

Dieser mäandernde Wanderweg scheint auf den ersten Blick ineffizient. Er garantiert jedoch, dass Erkenntnisse aus einem Prozess erwachsen, in dem sich die Forscherin wirklich auf ihr Feld *eingelassen* hat. Es mag schneller gehen, wenn als Alternative eine Zielsetzung anvisiert wird, die von vornherein verfolgt würde, aber eine solche Zielsetzung hätte kaum eine Chance, auf die Deutungen des Feldes einzugehen und sich von den eigenen Realitäten dieses Feldes beeindrucken zu lassen. Diese Art der Zielgewinnung ist daher tatsächlich sehr effizient, wenn es darum geht, zwei Ziele miteinander zu mischen, die nur gemeinsam funktionieren: einerseits die langsame Immersion in die Deutungen des Feldes, andererseits die langsame Gewinnung eines richtigen Ziels, das dieses Feld ernst nimmt, im Laufe dieses Prozesses. Das folgt dem entdeckerischen

Ideal von Forschung, das einen Kontinent betritt, ohne zu wissen, was sich auf ihm finden lässt; „the researcher is and should act the learner, indicating no inclination to evaluate the host's activities" (Schatzman und Strauss 1973, S. 24). Für Ethnografie ist diese Offenheit grundlegend. Ethnografie beginnt mit einem Feld und vagen Ideen, um im Laufe der langsamen Erkenntnis, was das Feld eigentlich ist und was es tut, eine neue Zielsetzung aus der Forschung emergieren zu lassen. Zu konkrete Ideen zu früh in der Forschung behindern diese Forschung. Die Frage nach der Delineation, die anders formuliert einfach lautet: „wo genau soll geforscht werden?", sollte daher ihrerseits in der Vorausplanung nicht überbewertet werden. Diese Offenheit gehört zum Naturalismus der Forschung: An die Stelle von Hypothesen tritt ein Vertrauen, dass die soziologische Vorstellungskraft (mit Mills: „sociological imagination", 1959) ausreicht, um im Kontakt mit dem Feld das soziologisch Interessante zu erkennen. „The theory of naturalists is that a direction will emerge, will be ‚discovered'" (Lofland und Lofland 1984, S. 69), und auch Schatzman und Strauß betonen, „[T]he field method process of discovery may lead the researcher to his problem after it has led him through much of the substace in his field. Problem statements are not prerequisite to field research; they may emerge at any point in the research process, even toward the very end" (Schatzman und Strauss 1973, S. 3).

Mitmachen: Praktische Forschung

Wir haben also nun einen Raum (den wir erst noch entdecken müssen), Zugang (der angepasst, beständig neu evaluiert und verhandelt werden muss) und erste Ideen (die wir im Laufe der Forschung hoffentlich zugunsten eines von Feldverständnis informierten, emergierenden Ziels verlieren). Damit sind wir bereit für den Kern der Ethnografie: Rumhängen, Mitmachen, die Beteiligten mit Interesse ernst nehmen.

Die interpretative Sozialwissenschaft fokussiert besonders auf die Rolle des gemeinsamen Tuns zur Konstitution und Aufrechterhaltung sozialer Realität, „doing things together" (Becker 1986). Das steht auf Basis der Feststellung, dass soziales Handeln in sich immer bereits ein Angebot der Definition sozialer Realität trägt (Goffman 1971; Dellwing 2014) und seinerseits auf Definitionen der sozialen Realität reagiert, die dem Umfeld unterstellt werden. Das Forschungsproblem der Ethnografie lautet in diesem Sinne: Wie findet die Forscherin einen Weg hin zu dem, was in ihrem Feld „eigentlich vor sich geht", um die Form der eigenen Teilnahme zu erreichen, die Zugriff zu den praktischen, verkörperlichten Felddeutungen erlaubt?

Um diese praktische Konstruktion gelebter Realität zu erforschen, macht die Forscherin in dieser Konstruktion dieser Realität mit, eine Herangehensweise, die sich zunächst nicht sonderlich von dem unterscheidet, was man im Alltag tun würde, um in einer Gruppe Anschluss zu finden: „Certainly, many of the same sorts of social skills that people use to relate to others on a day-to-day basis are fundamental to ethnographic inquiry or field research" (Dietz et al. 1994, S. 2). Man muss am Alltag jedoch tatsächlich mitmachen, und das erfordert ein detailliertes und in der Regel nicht expliziertes Wissen dazu, wie dieser Alltag funktioniert: Mitmachen in Kontexten, an denen man ansonsten keinen Anteil hat, ist nicht ohne Weiteres möglich und benötigt eine kaum abzukürzende Zeit der Einsozialisierung, die nicht durch einfaches Abfragen oder theoretisches Erlernen möglich ist.

Die Hauptpraxis ethnografischer Arbeit besteht daher daraus, diese Zeit zu investieren und sich in die untersuchten Räume einsozialisieren zu lassen. Ethnografie zentriert sich daher vor allem um die teilnehmende Beobachtung herum. Dem liegt der Gedanke zugrunde, dass die Forscherin die zu untersuchende Realität so am eigenen Leib erleben kann, die Zwänge bemerkt, die unausgesprochenen Selbstverständlichkeiten, die routinisierten und daher vergessenen Abläufe, die beständige Arbeit, die erforderlich ist, um eine nur scheinbar aufwandslose Normalität aufwendig aufrechterhalten zu können. „The outstanding peculiarity of this method is that the observer, in greater or lesser degree, is caught up in the very web of social interaction which he observes, analyzes, and reports" (Hughes 1961). Geertz hat das in die Formel des „deep hanging out" gefasst (Geertz 1998), in der der Forscher sich „in intimate contact with various sorts of persons" begibt und es sich erlaubt, „to awake in himself a life similar to their own, which he afterwards to the best of his ability, recalls and describes" (Cooley 1909, S. 7). Das trägt sich in die Ethnografie als Anleitung, mit den Beteiligten gemeinsam zu handeln. Hammersley und Atkinson schreiben:

> „ethnography usually involves the researcher participating, overtly or covertly in people's daily lives for an extended period of time, watching what happens, listening to what is said, and/or asking questions through informal and formal interviews –in fact gathering whatever data are available to throw light on the issues that are the emerging focus of inquiry" (1983, S. 3).

Die Ethnografie hat das in die Zwillingsbegriffe von Immersion und Intersubjektivität gegossen (Dellwing und Prus 2012), wobei die Herstellung von Intersubjektivität mit dem Feld den Prozess bezeichnet, in dem Zugang zu den Deutungen des Feldes dadurch erlangt wird, dass sie handlungspraktisch nicht nur verstanden werden, sondern an ihnen teilgenommen werden kann. Immersion, „Eintauchen", bezeichnet den Prozess, in dem an diesen Praktiken teilgenommen wird, soweit wie möglich so, wie sie im Feld vorgenommen werden, also naturalistisch. Das ändert sich online zunächst nicht.

„As an ethnographer, the Internet becomes a landscape we and the people that we study inhabit, but this is a landscape that is actively shaped and brought into being by our actions. Ethnography for the Internet involve studying the way that people move through, bring into being attend to, and ignore that landscape as they go about their daily activities" (Hine 2015, S. 51),

in einem Umfeld, in dem tägliche Aktivitäten immer mehr online stattfinden – teils zum Großteil, wie Deutungsverhandlungen auf twitter und Interaktionen in Spielen und um sie herum, teils vorgelagert, wie die Interaktion auf Dating-Portalen, die aber auch Selbstzweck sein kann, teils verwoben, wie die Navigation durch den Straßenverkehr – fahrend und gehend – mithilfe von Mapdiensten oder die zeitgleiche Konversation mit physisch Anwesenden und Abwesenden in einem physischen Raum und per Chat-App.

Immersion und Intersubjektivität erlauben „sympathetic introspection", nämlich dass die Realität der zu Untersuchenden nicht nur tabuliert, sondern in ihren Details und Untiefen verstanden wird, „putting himself in intimate contact with various sorts of persons and allowing them to awake in himself a life similar to their own, which he afterwards to the best of his ability, recalls and describes" (Cooley 1909, S. 7). Der Begriff der Immersion ist gerade auf dem Feld der Spieleforschung verbreitet, wo er dazu verwendet wird, das „Aufgehen" der Spielerin im Spiel zu bezeichnen: Immersion ist dann erreicht, wenn der Spieler vom Spiel eingenommen ist und das Spiel die Aufmerksamkeit auf eine Art bindet, dass flüchtig vergessen werden kann, dass eine aktive Handlung des Einlassens aufs Spiels nötig ist, um der Illusion zu folgen. Im Fall von virtual reality bedeutet es, sich für die Zeit der Teilnahme so zu fühlen, als wäre man in der so simulierten Welt physisch präsent. Das betrifft vor allem die Bewegung in diesen simulierten Welten, die durch tatsächliches Gehen des physischen Körpers, der spielt, erreicht werden kann, aber nur bis zur nächsten Wand des Zimmers, in dem gespielt wird. Andere, weitere Bewegungen werden dann z. B. durch Betätigen des Controllers vorgenommen, während der spielende Körper aber stehenbleibt, was das Gefühl des Eintauchens in diese simulierte Welt stark behindern und gar Übelkeit hervrorrufen kann. Auch im Fall anderer Spiele ist es das Fehlen von Elementen, die die Spielerin aus der Illusion reißen, z. B. Grafikfehler oder grob unrealistische Interaktionen mit Figuren oder Objekten.[4] Die Idee der Immersion im Fall der Ethnografie ist dem nicht ganz unähnlich: Immersion ist erlangt, wenn die Ethnografin so körperlich mitmacht, so eintaucht, dass die Praktiken des Feldes auch verkörperlicht und im eigenen Erleben erforschen werden *können*. Es ist dieser Punkt, an dem Patti und Pete Adler betonen, dass die alte Angst der Ethnografie vor „going native", vor der Annahme der Felddeutungen als eigene Deutungen, überspitzt ist: Es ist gerade notwendig, diese „Einwohnerrolle" des Feldes anzunehmen, um zu verstehen, was auf ihm vor sich geht, wobei es zugleich notwendig ist, zu dieser Rolle wieder eine Distanz zu finden, wenn es um die Analyse geht.

Mitmachen in klassischen Ethnografien ist nötig, um überhaupt an Material zu kommen, das untersucht werden *kann;* Eintauchen erlaubt es, reichhaltiges und detailliertes Material zu sammeln, das den Deutungen des Feldes gerecht wird, da sie in der Praxis nicht nur beobachtet, sondern mit durchgeführt werden konnten. Online-Ethnografien können dagegen häufig das umgekehrte Problem aufweisen: Dadurch, dass im Internet Interaktionen so einfach zu sehen sind, sind massive Mengen an Daten einfach zu sammeln. „These resources can provide an unprecedented amount of information on cultural members, values, and

---

[4]Dabei bemerkt Golub, dass Immersion als Ziel des Spiels überbewertet sei: Anhand von *World of Warcraft* bezweifelt er „that people become ‚immersed' in virtual worlds because of their sensorial realism" (2005, S. 17); gerade, erfolgreiche Spielerinnen „überladen" ihre Nutzeroberfläche mit Zusatzeinblendungen, die Informationen zum Status des Spiels anzeigen, anhand derer das Spielhandeln angepasst und optimiert werden kann. Es ist damit gerade nicht „sensorrealistisch" in dem Sinne, dass das vom Spiel bietende Bild ähnlich aussieht wie Bilder, die einem in der nicht-computerdargestellten Welt begegnen. Dabei wäre zu bemerken, dass die Immersion nicht nur Bildrealismus betrifft, sondern gerade das Gefühl, im Spiel mitgenommen zu sein; das bringt Immersion in die Nähe des hierzu ebenso immer wieder verwendeten Begriffs des „flows". Ein solches Eintauchen ins Spiel kann auch bei Spielen erfolgen, die sensorisch als völlig „unrealistisch" gedeutet werden. Golub geht weiter und nutzt diese Erkenntnis als Grundlage für die Argumentation, es handle sich in Onlinefeldern nicht um „Orte" (18 ff.) – basierend auf der Annahme, dass sensorischer Realismus die Grundlage für die Ortsmetapher für Onlinefelder sei. Diese Annahme ist kurios: „Ort" als Metapher zu verwenden ist in keiner Weise davon abhängig, dass das untersuchte Feld für menschliche Augen aussieht, als sei es ein nicht-computergenerierter Ort. Das Argument setzt voraus, dass Menschen auf sehr enge und vor allem sehr visuell zentrierte Ortsbegriffe limitiert wären, eine Annahme, für die wenig, gegen die jedoch das Gros der Raumsoziologie spricht, die ja gerade die Konstruktion des Raumes durch sich ihn aneignende Gruppen betont.

structures" (Kozinets et al. 2014, S. 263). Hier ist die Immersion nicht nur ein Weg, reichhaltiges Material zu sammeln; sie kann ein Weg sein, dieses Material sinnvoll zu begrenzen und in dieser begrenzten Sammlung zu vertiefen, statt es seicht, aber überwältigend in der Breite auszudehnen. Beobachtung ohne Teilnahme führt somit dazu, dass ohne Referenzrahmen der produzierenden Gruppen archiviert wird (data overkill) oder auch dazu, dass Potenziale eines Feldes unauffällig oder nicht erreichbar bleiben. Gerade Immersion ermöglicht es, nicht nur blind Datenmengen anzuhäufen, sondern in der Teilnahme am Feld die Intersubjektivität, das gegenseitige Verständnis handlungspraktischer Deutungen, an die Stelle einer unüberschaubaren Menge zu stellen: es ist die Qualität reichhaltigen, tiefgründigen Verstehens anstelle der Quantität von „big data".

Teilnehmen ist körperliches Teilnehmen, und in online-Kontexten ist körperliches Teilnehmen dadurch gewährleistet, den Körper das tun zu lassen, was andere Beteiligte auch tun. Das betrifft nicht nur offensichtlich körperliches online-Handeln wie z. B. die Teilnahme in online-Sexchats (Waskul 2002; Boll 2019), die nur schwer nachvollzogen werden kann, wenn der Forscher sich nicht auf diese Körperlichkeit mit all den damit verbundenen Elementen einlässt. Auch die Teilnahme an Dating-Portalen, die zum Teil die Anbahnung von Körperlichkeit anstreben, bringen eine starke Involvierung des Körpers bereits im online-Teil mit sich, z. B. auf der hochgradig visuell orientierten Plattform tinder, auf der der eigene Körper dargestellt wird, um damit als „Werbung" für den physischen Kontakt dienen zu *können* – wenn die Beteiligten die Plattform so verwenden, was sie, wie oben festgehalten, nicht müssen. Plattformen wie fetlife, eine Fetisch-Kink-Seite, die ursprünglich vor allem Menschen vernetzt hatte, die sich aus BDSM-Szenen bereits kannten und dann gewachsen ist, um auch Menschen zu involvieren, die keine vorherige „körperliche" Immersion in die BDSM-Szene aufweisen können, sind ebenso in ihrer Visualität hochgradig körperlich orientiert: Fetlife wird unter anderem genutzt, um eine ästhetische Präsentation von BSDM-Szenerien kommunizieren zu können, indem Bilder des eigenen Körpers in BDSM-Szenen gepostet werden.

Aber online-Teilnahme muss nicht auf diese Weise den Körper integrieren, um körperlich zu sein. Ein Beispiel für die Körperlichkeit der online-Interaktion kann das für posts typische „Warten auf Reaktion" sein, das bei nicht wenigen Teilnehmenden eine Form der aufgeregten Lauerstellung einnimmt. Stark visuell orientierte Plattformen wie instagram oder TikTok benötigen einen ständigen Körpereinsatz; im Fall von TikTok auch einen beweglichen, da es sich um ein Videoportal handelt, auf dem gerade Tanzen zentral ist. YouTube ist selbstverständlich auch sehr körperlich für jene, die Videos von sich hochladen, aber auf TikTok kann auch mit Videos auf andere posts reagiert werden – oder Videos gar als Duett ineinander eingefügt werden, um aufeinander dramaturgisch abgestimmte Videos zu produzieren, die dann gleichzeitig laufen können, um eine Gesamtpräsentation zu ergeben.

Auch Spielen ist auf viele Weisen hochgradig körperlich und materiell: das zeigt sich nicht nur in spezialisierten Tastaturen und Mäusen, die eine besondere taktile Zugänglichkeit aufweisen, mit ausgedehnten keybinding-Möglichkeiten (der Zuweisung von Tasten zu Spielzügen jenseits der Vorgaben durch die Spielprogrammierung) und der Fähigkeit zu schnellen Reaktion, die gerade in kompetitiven online-Spielen wesentlich ist. Auch die Bedeutung des Tons in Spielen ist interessanterweise in Computerspielen regulär häufiger explizites Wissen der Teilnehmerinnen, als das in klassischen Feldsportarten der Fall ist. Während in Feldsportarten Klangwissen selbstverständlich ausgiebige Informationen über den Zustand des Spiels liefert und eine Orientierung ohne Hinsehen ermöglicht, wo an Klängen feststellbar ist, ob ein Mit- oder Gegenspieler Bewegungen richtig oder falsch absolviert hat oder ob Probleme lauern, ist dieses Wissen von den Mitspielerinnen im Sport nur selten einfach zu verbalisieren: es ist implizites Handlungswissen, das eine Ethnografie – oder eine Klanganalyse – zutage fördern kann. In eSports ist es jedoch Standard, einen hochwertigen Kopfhörer zu verwenden, um die vom Programm generierten Klänge, die Hinweise z. B. auf Position und Handlungen anderer Spielerinnen oder Zustände der Spielwelt beinhalten und die als solche explizit einprogrammiert sind, mit feiner direktionaler und Distanzabstufung, wahrnehmen zu können. Da es sich hier um zusätzliches Equipment handelt, dessen Anschaffung bedacht werden muss, ist diese Bedeutung des Klangs den hier Beteiligten deutlich bewusster; da Tonwelten einprogrammiert sind, sind sie ebenso viel eher explizites Wissen als einfach auftretende Töne in anderen Kontexten. Diese Bedeutung des Tons involviert wieder eine feste und detaillierte Körperlichkeit ins Spiel.

Wer über online-Kontexte schreiben möchte, muss in diese Kontexte eintauchen; wer über Spiele schreiben möchte, muss spielen. „If we have not experienced the game personally, we are liable to commit severe misunderstandings, even if we study the mechanics and try our best to guess at their workings" (Aarseth 2004, S. 3). Ohne Teilnahme an den Realitäten des Feldes ist es nicht nur unwahrscheinlich, die Deutungen zu erlangen, die in der Körperlichkeit des Mitmachens erfahrbar sind; es ist zudem unwahrscheinlich, dass die von Becker bereits erwähnte Sympathie zustande kommt, die für ein Verständnis in der Tat wesentlich sein kann, da sie eine ganz eigene Form der Verkörperlichung von Innendeutungen in sich trägt: eine emotionale, „viszerale" Innenposition, die das Verständnis im analytischen Sinne mit einem Verständnis im normativen Sinne verbindet, kann das auf das analytische Verständnis rückwirken und dieses stärken.

Während es offensichtlich scheint, dass eine Immersion in Multiplayerspiele wie *League of Legends* oder *World of Warcraft, Eve* oder *DOTA* Zugang zu Interaktionen erlaubt, die die geteilte Kultur, die geteilten Definitionen der Situation im Feld, die geteilte Fassung, was das Feld ist und was zu ihm gehört (und was – und wer! – nicht), bedeutet dieser Rekurs zur geteilten Sprache, dass auch nichtgleichzeitige Interaktionen interessante Einsichten dieser Art generieren können. Miller vertritt das z. B. bezüglich ethnografischer Arbeit in Singleplayerspielen. Ihr Beispiel von Ethnografie in Spielen, die nur eine Spielerin putativ alleine spielt, ist *Grand Theft Auto*. Während GTA mittlerweile eine lebendige Multiplayerplattform hervorgebracht hat, bleibt es weiterhin zentral ein Einzelspielerspiel. Miller bemerkt,

> „But you might also be wondering why anyone would use the framework of ethnographic fieldnotes to account for her experience with a game like this one: it is not a MMOG, it does not support online co-op play, and it barely has a local multiplayer mode. Why talk about ethnography when no one else is there?" (Miller 2008).

Millers Antwort auf ihre rhetorische Frage ist natürlich, dass auch ein singleplayer-Spiel extensive geteilte Verweissysteme mit geteilten Sprachen, geteilten Deutungen von Orten und damit geteilten Feldern hervorbringt, die eine Aneignung dieser Strukturen und Symbole erfordert, um diese Referenzen, diese geteilte Sprache, zu verstehen. Auch hier ist ein Mitmachen notwendig, um diese zu erfassen. Das betrifft die Körperlichkeiten des Spielens und die in Interaktionen, in denen erst deutlich wird, welche Arten der Handlung in diesen Kontexten möglich und unmöglich, begünstigt und erschwert sind, welche Reaktionen belohnt und bestraft werden, etc. In der Interaktion mit computergesteuerten Charakteren, NPCs (non-player characters), wird ebenso eine Form der Realitätskonstruktion geleistet. Dazu betrifft es die Interaktionen über das Spiel in Onlineforen, auf twitchstreams und let's plays, in denen Spielende erlernen, was übliche Strategien und Praktiken sind, übliche Reaktionen auf Herausforderungen, übliche emotionale Rahmungen des Geschehens. Auch ein single player-Spiel ist damit hochgradig sozial, und auch diese Sozialität kann im Mitmachen erfasst werden. Miller schließt daraus, „[t]he lone-explorer experience of the gameworld is a fiction. No one is ever truly alone in Liberty City, just as no one ever reads the newspaper, watches television, or surfs the 'net alone; all these media serve to constitute imagined communities of other readers, consumers, players, or citizens" (Miller 2008). Um diese geteilte Deutung zu verhandeln kann sich die Studie jedoch wieder auf Drittplattformen erstrecken – Diskussionsforen, posts in sozialen Netzwerken, livestream-Videos in Streamingportalen, walkthroughs etc. 2008 schreibt Miller noch, „much of that sociality is either imagined or deferred until the game is turned off" (Miller 2008), aber heute sind diese Formen der plattformübergreifenden Vergemeinschaftung häufig simultan zum laufenden Spiel in discord-channeln und twich- oder mixer-streams.

Interviews und Gespräche

Eintauchen, Mitmachen, Zugang zu den Felddeutungen gewinnen, ohne nur als „fly on the wall" zuzuschauen: Das schließt von sich aus bereits ein, mit den Beteiligten der Felder, die wir beforschen, zu sprechen. „Interviews" oder, in ethnografischen Studien präferiert: Gespräche, stellen somit einen wesentlichen Kern ethnografischer Arbeit dar. Zugleich begegnen Ethnografinnen der klassischen Praxis des sozialwissenschaftlichen Interviews auch mit Skepsis. Klassische Interviews, zu denen Beforschte eingeladen werden, mit einem Fragekatalog des Forschers, auf den die Interviewpartnerin reagiert: Das ist, das ist sofort deutlich, keine naturalistische Situation. Sie würde im Alltag der beforschten Person so nicht aufkommen und entreißt die Beforschten ihren Abläufen. Die Person wird in solchen künstlichen Situationen in der Regel gebeten, *über* ihr Alltagshandeln zu erzählen, aber in einem Setting, das von diesem Handeln – und den Kontrollen, Konsequenzen, der Beobachtung durch Andere, den Zwängen der Darstellung vor Publikum und der Einfügung in beobachtete, strukturierte Abläufe, etc. – allesamt entbunden bleibt. Reines Erfragen von Wissensbestände ist zudem aus mehreren Gründen nicht opportun: Erstens erhält der Interviewer eine Version der Geschichte, die an der Situation des Interviews und nicht an der handlungspraktischen Realität der Anwendung dieses Wissens im Feld orientiert ist; zweitens erhält die Interviewerin eine Vorderbühnenvariante dieses Wissens, die für den öffentlichen Konsum gemacht ist, nicht für die Handlung; drittens wissen die Beteiligten oft selbst nicht, welches Wissen sie in ihren alltäglichen Handlungen implizit anwenden und produzieren. „[I]f one is interested in action, the statements made by social actors during interviews cannot be treated as an appropriate substitute for the observation of actual behavior" (Gobo 2008, S. 5).

Viele der oben festgestellten Deutungen, die im Feld aufkommen, sind nicht explizit: Verkörperlichtes Wissen ist gerade solches, das dem Reden enthoben ist, und Interviews können es nicht hervorbringen. Die Beteiligten könnten nicht wirklich darüber sprechen, wie sie in *Fortnite* bauen, jedenfalls nicht, ohne Verbalisierungen zu übernehmen, die in den einschlägigen Tutorial-Videos aufkommen und die damit bereits *anders* alltagstheoretisiert und analytisch geschlossen sind: nämlich für die Situation des Tutorials, nicht für die des Spielens. Die tatsächliche Handlung geschieht so schnell, dass vieles davon vorreflexiv geschehen muss, auch wenn das Ergebnis trotzdem stark systematisch rahmbar ist.

Ethnografische Forschung wird gerade an den Punkten notwendig, an denen diese Konstruktion einer sozialen Realität auf dem zu untersuchenden Feld eben *nicht* durch reines Erfragen offengelegt werden kann. Das betrifft vor allem das praktische Handlungswissen, das für Feldteilnehmer nicht verbalisierbar ist und/oder nicht sein darf: Wissen, das verkörperlicht und implizit einfach Anwendung findet und in direkter Nachfrage nicht ausgesprochen werden kann, sowie Wissen, das Regeln der Selbstpräsentation des Feldes bricht und daher nicht verbalisiert werden darf. Zudem kann es häufig schwierig sein, Wissen zu devisualisieren (Woermann 2013, S. 87 ff.). Obwohl wir in einer logozentrischen Welt leben, die zumindest die Vorderbühnennarrative pflegt, dass Wissen letztlich textual sein kann und auch textual sein können muss, sind visualisierte, taktile und auditorische Wissensformen nicht leicht zu verbalisieren. Daher hat das Interview zu vielen Formen der Realitätskonstruktion keinen Zugang.

Zu diesen zu gelangen ist Fokus der Immersion, die aber selbstverständlich auch Reden beinhaltet: der Großteil dieses Redens ist nicht als abgeschottetes Interview strukturiert, auch wenn spezielle für die Zwecke der Forschung eingefügte Gespräche durchaus üblich sein können.

Diese sind jedoch wie der Rest von Ethnografie nicht hochgradig strukturiert. Girtler spricht von „ero-epischen Gesprächen" als teils lange Konversationen, teils nebenbei erfolgendem Reden, die Feldforscher mit den Mitgliedern des erforschten Feldes führen; diese können Teil des üblichen Tagesablaufs sein oder aber „zusätzliche" Gespräche darstellen, in denen Forscherinnen ihre erarbeitete interne Rolle nutzen, um tiefere Informationen zu erfragen. Dabei kann die erlangte interne Rolle im Idealfall dazu führen, dass die Aufbereitung der Darstellung für ein „Außenpublikum" von internen Redeweisen ersetzt wird, was auch dadurch befördert wird, dass die Ethnografin ja am Alltagsleben der Gruppe teilhat und daher Kontextwissen besitzt, dass allzu offensichtliche Außendarstellungen nicht lediglich unplausibel, sondern gar zu einem Widerspruch und/oder Vertrauensbruch werden lässt.

Für Onlinekontexte eröffnet sich jedoch auf diesem Feld eine schwierigere Problematik und eine überraschende Einfachheit – je nach Kontext. Da die Forschung in der Regel in naturalistischen Umfeldern verbleibt, ist das Gespräch davon abhängig, welche Arten von Gesprächen in welchen Kontexten üblich oder gar möglich sind. Gespräche müssen nicht verbal erfolgen; viel Gesprächskommunikation online erfolgt in einer „verbalisierten Schriftform" als Chat, d. h. einer Schriftform, die die üblichen Regeln der Schriftform zugunsten einer Text-Zwanglosigkeit hinter sich lässt und die oft ausführlich, lange und hochgradig interaktiv ablaufen. Das sind selbstverständlich Gespräche, auch wenn sie in Texten stattfinden. Felder, auf denen schriftliche Kommunikation die übliche Form der Interaktion darstellt, würden aus ihrem naturalistischen Rahmen enthoben, wenn ein verbales Gespräch hinzuträte, schlimmer noch, wenn das nur geschieht, weil Forscher mit einem mitgebrachten Stereotyp im Feld auftauchen, der sie dazu veranlasst, nur verbalisierte Interaktionen als Gespräch zu verstehen und sich daher verpflichtet fühlen, eines zu erzwingen, auch wenn das die Normalitäten des Feldes bricht.

Das betrifft damit wieder die oben bereits diskutierte Thematik des Naturalismus und ist mit der besprochenen Problematik eng verwandt, wann eine Form der Forschung das Feld so erweitert, dass sie es aus seinem üblichen Rahmen enthebt. Genau, wie auf tumblr Treffen außerhalb der Plattform eher unüblich sind und die sichere Interaktion auf der Plattform stören, würden auch Bitten um Telefongespräche diese Sicherheit durchbrechen. Andere online-Umfelder sind dagegen sehr gesprächsintensiv – und das oft noch stärker als klassische offline-Kontexte. Online-Multiplayer-Spiele können mit Headset und Mikrofon gespielt werden, sodass die Teammitglieder miteinander reden können, während sie spielen, was für die Koordination des Spiels auch oft ausschlaggebend ist; ohne solche Koordination befinden sich Teams in einem deutlichen Nachteil. Das ist unter etablierten Spielgruppen jedoch oft üblicher als unter von Matchmaking-Systemen zusammengewürfelten „Randoms", in denen verbalisierte Kommunikation oft nicht erfolgt. Wenn mit Headset gespielt wird, muss sich jedoch nicht permanent abgestimmt werden; so öffnen sich große Zeitfenster, um über andere Dinge miteinander zu reden und so soziale Beziehungen aufzubauen und zu festigen. Alessandro hat beispielsweise bemerkt, dass Jugendliche, die miteinander *Minecraft* spielen, nicht nur miteinander mehr, tiefgründiger und offener reden als die, die das nicht tun; das gemeinsame Reden und Agieren im Spiel bietet auch eine Grundlage, *außerhalb* des Spiels miteinander tiefer zu kommunizieren. So wäre es eine Möglichkeit, eine Ethnografie in *Minecraft* zu machen, eine andere, eine Ethnografie mit Menschen zu machen, die miteinander *Minecraft* spielen, aber nicht unbedingt im System kommunizieren. Das wären beides mögliche Felder, aber eben verschiedene.

Zudem ist es in diesem spezifischen Kontext auch denkbar, Drittmaterial als Quasi-Interviews zu verwenden. Möchte ich wissen, wie eine Plattform funktioniert, z. B. ein online-Spiel, findet sich eine kaum überschaubare Masse an Videos, die diese Einführungen anbieten. Diese weisen gewisse Ähnlichkeiten zu einem Experteninterview auf. Der Content Creator (zum Beispiel der Betreiber eines YouTube-Channels, der sich mit einem Interessengebiet beschäftigt) beginnt ein Video mit „Many of you have asked me: what is your take on the new patch in Game X, and how will those changes influence the game as an experience". Die Frage ist aus der Perspektive „many of you" gestellt, und „you" bezeichnet hier die unterstellten Zuschauerinnen des Channels, die subscriber („subs"). Was folgt, ist ein längerer Monolog über die Frage und relevante Kontexte. Oft wird das Video dann mit einer Aufforderung beendet, in den Kommentaren weiter zu diskutieren. Dieses Material kann tiefe Einblicke in die interaktive Kultur des Feldes liefern, trägt interne Deutungen und Kontroversen an die Forscher heran und eignet sich damit, die Selbstverständlichkeiten und auch die Bruchlinien zu überblicken. Es ist als Material, das gerade zur Vorbereitung auf das Feld, an dem teilgenommen werden soll, außerordentlich nützlich sein kann. Scherr und Niermann erinnern daran, „[d]as Forschungsideal besteht darin, möglichst alle Datenquellen (Dokumente, Beobachtungen, Gespräche, Interviews, Statistiken usw.) zu berücksichtigen, die relevante Einsichten ermöglichen" (Scherr und Niermann 2014, S. 132): Künstliche Einschränkungen, methodische Zäune und Forschungsdesignhindernisse gibt es hierzu in einer Ethnografie auch hier ein weiteres Mal nicht.

Dokumentation und Feldnotizen

Am Ende des Prozesses einer Ethnografie steht in der Regel eine schriftliche Arbeit. Die Offenheit der Ethnografie geht hierbei in die Offenheit der Verschriftlichung über: Auch hier ist keine eine, feste Regel zu finden, auch – und schon gar nicht – dass alles gesammelte Material schriftlich vorliegen müsste, um verwendet werden zu können. Auch hierfür lässt sich keine strikte Regel setzen, und so schlägt sich der forschende Teilnehmer zumindest am Anfang der Feldphase mit den Fragen „what to write down, how to write it down, and when to write it down" (Hammersley und Atkinson 1983, S. 146) herum.

Grundlage empirischer Forschung ist auswertbares Material. Das Wort „Daten" ist dafür ein höchst irreführender Begriff und zur Beschreibung des gesammelten Materials letztlich nicht wirklich hilfreich. „Datum" bedeutet „das Gegebene", und die Materialien einer Forschung sind niemals einfach nur gegeben, auch außerhalb der Ethnografie und außerhalb der qualitativen Sozialforschung nicht. Materialien werden immer gesammelt, gerahmt, sind immer bereits von Annahme und Interessen durchzogen: dass sie „einfach gegeben" wären, ist immer eine Illusion, die jedoch häufig aus Gründen der Fassade der Objektivität aufrechterhalten wird. Auch qualitative Sozialforschung geht manchmal davon aus, dass Material einfach „da" gewesen wäre, aber die hier vorgeschlagene Form der Ethnografie geht damit einher, diese Illusionen fallen zu lassen. Sie sind nicht nur überholte Formen eines Glaubens an Datenobjektivität, sie sind für Forschung zudem aktiv hinderlich, da sie Forschende von Aufgaben abbringen, die sie in einer interpretativen Forschung erfüllen müssen: Jene von Kreativität und Eigendeutung. Forscherinnen müssen beständig reflektieren, welche unserer Handlungen die Materialsammlung erst zu einer solchen gemacht haben und welche eigene Deutung unvermeidlich in die Sammlung einging. Kathy Charmaz nutzt zur Beschreibung dieser Dynamik den Begriff der Ko-Konstruktion (2006), um festzuhalten, dass einerseits die Realitätskonstruktionen des Feldes Forschungsziel sind, es andererseits jedoch auch unmöglich ist, im Laufe dieser Sammlung nicht selbst strukturierend tätig zu werden. Gerade für Onlineforschung schafft das besondere Rahmen: Für die Forschung in einem online-Feld, das Massen an Material scheinbar von sich aus liefert, bedeutet das, dieser Lieferung skeptisch entgegenzutreten – und sich zuletzt auf seine eigene Selektion zu verlassen. Tom Boellstorff et al. fragen, wie die Selektion „in an area that oozes data" (2012, S. 6) vor sich geht. Die Infrastruktur des Internets scheint der Forscherin einige Annehmlichkeiten zu bieten, was die Notation angeht: Oft sieht es aus, als könne man das Notieren auslagern, zusätzlich noch die Situation ganzheitlich visuell erfassen, und all das, ohne dabei in der Situation als störend in Erscheinung zu treten (vgl. hierzu Boellstorff et al. 2012, S. 113 ff.); das Feld liefert potenziell leichten Zugang zu chatlogs (114), screenshots (116), Videomaterial (117) etc. Lediglich das Anonymisieren müsste noch von dem Ethnografen persönlich vorgenommen werden. Alessandro hatte die Chatprotokolle mitgeschnitten, die in seiner Ethnografie von *World of Warcraft* angefallen waren: Nach nur wenigen Tagen hat das ein Datenmaterial produziert, das dermaßen unüberschaubar wurde, dass es nicht mehr realistisch Grundlage einer tiefen Analyse sein konnte, ohne dass mehrere Mitarbeitende eingestellt worden wären. Ein solches Abschöpfen aller verfügbaren Daten hilft der Ethnografie nicht, es behindert sie, und wo keine Zufalls- oder Stichprobenauswahl erfolgt (die in der Ethnografie nicht angemessen wäre) muss die Kenntnis des Feldes und seiner Realitätsdeutungen anders ablaufen. Der Fallstrick der ermöglichten ‚automatisierten' Datenerfassung und Archivierung wird auch von Hine als „tempting" (2015, S. 74) beschrieben, da eine solche Sammlung zunächst als möglicherweise entlastend aufgefasst werden kann. Dass sie das nicht ist, liegt daran, dass die Ethnografie eben das *Verstehen* der Deutungen in den Vordergrund rückt und die

„Verarbeitung" der Materialien im Prozess der Einsozialisierung der Forscherin ins Feld erfolgt. Das ist eine Form der Datenverarbeitung, die nicht formalisierbar ist, da sie gerade durch Immersion und Intersubjektivität zustande kommt. Daher ist es wichtig, dass die Notizenanfertigung weiter eine Handlung bleibt, die nicht dem Feld und einer sammelnden Software überlassen wird, die einfach mitschneidet, da diese „Datenmaterial" nicht wirklich „liefern" kann – jede Auswahl ist eben das, eine Auswahl, und „big data" verschleiert diesen Auswahlcharakter und verlagert ihn im Fall einer Ethnografie auf Akteure, deren Wahlpraktiken man nicht durchschaut. So ist es wichtig „to distinguish analytic notes from accounts provided by participants" (ebd., S. 164) – und von scrapern. Während das eigene Erfassen die Feldaccounts mit analytischen Anmerkungen paart – „while taking fieldnotes … promising theoretical ideas often arise" (ebd., S. 164) – bleibt das ausgelagerte Aufzeichnen bei den Accounts stehen, die die Beteiligten verwendet haben, denn es sind ihre Begriffe. Nur aneinander gereihte Accounts, ohne die Anmerkungen bzw. hergeleiteten Erklärungen des Forschers sind letztendlich ethnografisch ziellos. „(T)he ease of obtaining data in virtual worlds can also be a curse, because the very processes of memory and handwriting force ethnographers to focus on what seem to be the most consequential incidents encountered during participant observation" (Boellstorff 2008, S. 75). Hine sekundiert weiterhin und fügt hinzu, dass „to store data away *rather than actively collecting it and reflecting on* what it means, moment by moment" (Hine 2015, S. 74) eher zu einem „recording" (Hine 2015, S. 76) als zu einem Verstehen führt. Und letzteres ist es, was die Ethnografie ermöglichen soll. Da Komplett-transkripte von Chats oder Messageboards viel zu viel wären, die eigentlichen Einsichten überschwemmen würden und zudem vorselektiert wären, besteht das Material einer Ethnografie nicht aus solchen ausufernden Sammlungen.

Vermeintlich wird durch den Einbezug dieser Werkzeuge ein genaues Abbild der Situation geschaffen; die Forschende kann sich entlastet fühlen. In der Praxis des Schreibens stellt sich aber dann für den Ethnografen die Frage, was er da eigentlich hat notieren *lassen*. Beim notierenden Erfassen des Feldes ist weniger folglich oft mehr. „(A)ll ethnographers have to resist the very ready temptation to try to see, hear, and participate in everything that goes on. A more selective approach will normally result in data of better quality" (Hammersley und Atkinson 1983, S. 48). Zwar wird durch ein selektiveres Notieren statt eines reinen Aufnehmens (recording), der Materialkorpus spezieller und andere Interessante Dinge fallen möglicherweise ‚hinten runter', aber die Materialien zu dem ins Auge gefassten Themengebiet werden pointierter und aussagekräftiger, der Materialkorpus insgesamt also überschau- und brauchbarer. Eine andernfalls rein technokratische Aufzählung der beobachteten Feld Dynamiken, wird so durch den Ethnografen zu einer geschlossenen und sinnvollen Geschichte.

Der Grundstock einer jeder Ethnografie sind daher Feldnotizen, Aufzeichnungen der Forscherin selbst. Diese Feldnotizen erfassen eine Masse ein Eindrücken schriftlich, indem sie erst in der Situation kurz notiert und später in längeren Feldnotizen expliziert werden (vgl. Dellwing und Prus 2012). Üblicherweise werden im Verlauf der teilnehmenden Beobachtung kurze Notizen angefertigt, die als Erinnerung dienen, dass bestimmte Szenen und Interaktionen genauer niedergeschrieben werden sollen. Das geschieht immer unter der Limitation, dass es im Feld möglich sein muss und die Situation nicht zerstört. Während viel Notizenaktivität unter Beobachtung anderer die Situation stören kann, ist es hier selten zu erwarten, dass es andere stört, wenn Forschende notieren, es sei denn, eine Videoverbindung zeigt es auf oder Hände und/oder Computers der Forscherin werden für andere Handlungen beständig gebraucht. In einem hektischeren online-Spiel wie z. B. *League of Legends,* kann eine kurze Ablenkung nicht nur das Spielende für die Forscherin bedeuten, sondern auch einen großen Nachteil für das gesamte Team darstellen: Es würde eine zeitliche Störung auftreten, z. B. wenn ein Spiel gemeinsam gespielt wird und es von der Forscherin als Teilnehmende an diesem Spiel erwartet wird, ihre Aufmerksamkeit dem Spiel zu widmen; eine Aufmerksamkeit, die zu vielen Zeitpunkten auch eine Sekunde „afk" („away from keyboard" – hier metaphorisch, da es sich wohl um das Öffnen einer anderen Software handelt, in der die Notiz gemacht wird) nicht funktioniert. Ein Notieren in einer solchen Situation kann auch hier als „totally disruptive to any ‚natural' participation" (Hammersley und Atkinson 1983, S. 147) angesehen werden. Dann kann es durchaus sinnvoll sein, eine Aufnahme zu machen, aber nur, um diese danach zur Grundlage der Notiz machen zu können – wir würden weiterhin empfehlen, dass dann diese Notizen das Material darstellen, die Aufnahme jedoch nicht darüber hinaus als Datenmaterial verwendet wird, da sonst wieder eine Überschwemmung an Datenmaterial produziert würde.

Nachdem die Situation vorbei ist und die Forscherin ein wenig mehr Zeit hat, werden diese Notizen zu längeren, ausformulierten Felsnotizen erweitert, in der Szenen und Interaktionen genauer ausformuliert werden. Dabei ist es wichtig, beschreibend zu bleiben und wertende, abkürzende Darstellungen zu meiden: Abkürzungen wie „A war traurig" kommuniziert zu wenig und zu viel. Zuwenig, da die Kontexte der Interaktion nicht mitnotiert sind, zu viel, da eine komplexe Situation auf „er war traurig" heruntergebrochen und damit bereits mit einer Deutung überformt wurde. Besser, die körperlichen Interaktionen, Aussagen, Körpersprache und Abläufe der Interaktion zu notieren, am besten, wenn das ohne Zuschreibungen geschieht, was innerhalb der Person vorging – das ist nicht tatsächlich sichtbar, sichtbar sind die nach außen dargestellten Handlungen. Feldnotizen sind damit im Idealfall ausführlich beschreibend, ohne

Schlussfolgerungen über Innenzustände von Personen, Motivationen oder Gründe zu beinhalten: sie beschreiben Abläufe, Szenen, Situationen. Diese Erfassung ist hochgradig selektiv: Was beschrieben wird, wie es beschrieben wird, welche Details beschrieben und welche ignoriert werden und nicht zuletzt aus welcher Perspektive und mit welchem Schwerpunkt diese Szenen beschrieben werden – all diese Entscheidungen erfordern Selektion, und alle tragen bereits Richtungsentscheidungen in sich, die in sensibilisierenden Konzepten gefestigt, aber auch verändert wurden, wie oben bereits beschrieben. Besonders am Anfang einer Forschung ist das dennoch eine starke Probe der forscherischen Disziplin. Während die Notizen „omnivores in the beginning" sind und den Schreibwillen des Forschers herausfordern können, werden sie „more specific later on" (Hammersley und Atkinson 1983, S. 150). Die Anforderungen an die *Breite* des Aufschreibens von Notizen wird mit steigender Zeit im Feld um so geringer, je deutlicher sich ein Interesse an einem bestimmten sensibilisierenden Konzept herauskristallisiert hat. Damit wird auch die Frage, was aufgeschrieben werden soll, durch die Zeit immer eingegrenzter beantwortet: Die Notizen folgen diesen sich verändernden Zielsetzungen mit sich verändernden Schwerpunkten der Notizaktivität, die den sich verändernden Zielsetzung der Entwicklung des Ziels aus sensibilisieren Konzepten zu einem festen Forschungsinteresse folgen.

Dabei ist jedoch nicht nur in Feldnotizen niedergeschriebenes Material verwendbares Material. Das unterscheidet die Ethnografie von anderen Forschungsformen: Interviewforschung transkribiert ihre Interviews regelmäßig, um sie als verschriftlichtes Datenmaterial auswerten zu können. Da Gespräche in der Ethnografie naturalistische, nicht strukturierte Interviews sein sollen, sind diese jedoch grundsätzlich nicht transkribiert. Teile von Gesprächen finden sich in Feldnotizen wieder, aber Feldnotizen sind nicht *alleine* das Material von Ethnografien. Die Ethnografie sammelt ständig Material, und ein Großteil dieses Materials wird tatsächlich niemals verschriftlicht. Das langsame Erlernen einer Kultur des Feldes, eines verkörperlichten Wissens, Wissen über den Umgang mit dem System und das „Auflevelen" als Spielerin sind alles Lernschritte, die Material über das Feld sammeln – auch dadurch, dass die Ethnografin sich langsam im Feld einfindet. Die Ethnografie macht den Körper des Forschers selbst zum Forschungswerkzeug, und in gewisser Hinsicht sind die in den Körper eingeschriebenen Wissensbestände ebenso Material, das zitiert werden kann, der eigene Körper selbst ein Notizblock, der gelesen werden muss, um ihn zu einer Analyse zu verarbeiten. Einige der Verschriftlichungen der Ethnografie nehmen damit die Form von Feldnotizen und Feldtagebüchern ein, andere werden daher erst beim Anfertigen der schriftlichen Arbeit zum ersten Mal in einem Text fixiert. Das ist in Ethnografien nicht nur kein Problem, sondern übliche Vorgehensweise: Zu den verschriftlichten Notizen, die im Laufe der Ethnografie angefertigt wurden, treten die in den Körper eingeschriebenen Wissensbestände, die ebenso in der Schriftform verwenden finden.

Auch von der Konvention verschriftlichter Datengrundlagen nimmt die offene Forschung der Ethnografie somit Abstand. Ziel ist weiterhin ein Verstehen der Eigendynamik des Feldes und ein Überführen dieses Verständnisses in eine Analyse, was auf diesem Feld vor sich geht; alle anderen methodischen Strukturen treten dagegen in die zweite Reihe zurück.

Auswertung und Ergebnisse 6

Am Anfang dieses Buchs stand die Einsicht, dass online-Forschung heute die neue Alltagssoziologie darstellt. Es ist jedoch ein Alltag, der einem nicht geringen Anteil jener Menschen, die mit diesem Alltag nicht aufgewachsen sind, dennoch weitgehend fremd ist. Dazu haben wir kurz und beispielhaft stilbildende Zentren identifiziert, nicht, um anderen diese Bedeutung zu nehmen, sondern um an diesen Beispielen nachzuvollziehen, wie dieser Alltag sich in einer Reihe jeweils eigener Interpretationsgemeinschaften strukturiert. Die Erkenntnisse sind Erkenntnisse über das Funktionieren spezifischer Segmente dieses Alltags, aber als solche sind sie in diesem nicht zu isolieren: Die Tatsache, dass das Internet eben nicht exzeptionalistisch ist und die Verhandlung sozialer Realität in online-Kontexten eben nicht „virtuell" und vom Rest der Welt geschieden sind bedeutet, dass sich hier Transformationen abspielen, die weitreichende Transformationen des Alltags darstellen – und das auf subtilere und komplexere Arten, als klassische pädagogische und journalistische Gefahrendiskurse das in der Regel ordnen. Das sind keine einfachen Kausalverbindungen wie „Spiele führen zu Gewalt" oder „soziale Netzwerke verursachen Depression" – Argumentationen dieser Art sind so simplistisch, dass die durchschnittliche Leserin sie als beleidigend empfinden könnte, vor allem dann, wenn diese Leserin mit den Feldern auf Arten vertraut ist, die es offenkundig machen, wie wenig tragfähig diese leichten Verbindungen sind.

Die Analyse einer Ethnografie soll idealerweise auf eine Form der Erkenntnis hinauslaufen, die eine eigene Strukturierung aus Überraschungen des Materials heraus entdeckt. Um das zu versinnbildlichen, wollen wir die oben eingeführten Beispiele noch einmal kurz entlang dieser Schritte abgehen, um zu bemerken, wie erste Ideen, Überraschungen, dann Ordnungen und Schlussfolgerungen zu ihnen zustande kamen.

Erstes Ziel einer Ethnografie, haben wir bemerkt, ist es, die Eigendeutungen des Feldes zu verstehen; das läuft in einer Ethnografie jedoch nicht darauf hinaus, diese nachzuerzählen (das könnte das Feld selbst besser), sondern vielmehr nachzuvollziehen, *wie* die Realitätskonstruktionen zustande kommen. Das kann das Feld selbst nicht, und diese Zielsetzung meidet zudem, in einer Form der Leichtgläubigkeit die vom Feld verwendeten Eigennarrative einfach für bare Münze zu halten. Unsere Geschichten erzählen von der kontextual eingebetteten Konstruktion und zwischen pluralen Positionalitäten sozial verhandelter Deutung: Wie deuten die Beteiligten Privatheit, wie verteidigen sie sie und ziehen damit die Grenzen von Privatheit in digitalen Gesellschaften neu? Das würde das tumblr-Feld von sich so nicht sagen, aber in seinen Praktiken ist ein Set dieser Praktiken, mit denen diese Deutungen im Feld gemacht werden, zu finden, und eine Ethnografie kann diese Deutungen aufdecken. Wie konstruieren Spielerinnen in World of Warcraft Körperlichkeit? Das besprechen sie so nicht, aber die Arten, wie sie mit ihren Avataren umgehen, lassen eine Praxis der Körperkonstruktion entdecken. Die Geschichten, die wir übers Feld erzählen, sollen so aus der befremdenden Distanz zu einem pluralistischen Bedeutungsnetz erwachsen: zuerst ist es nötig, dieses Bedeutungsnetz nachzuvollziehen, dann, es zu durchschauen und zu verstehen.

Ethnografie und grounded theory

Ziel einer Ethnografie ist es, eine *Geschichte* über das Feld zu erzählen, die nachzeichnet, wie die Deutungen des Feldes zustande kommen, welche Pluralität von Deutungen aufeinandertrifft, in welchen Konflikten und in welchem Kontext sie stehen und welche Konsequenzen sie mit sich bringen. Der Kern einer Auswertung besteht darin, über das Feld etwas *Interessantes* sagen zu können. Das klingt banal, ist aber der aufwendigste Teil der Arbeit: es erfordert kreativen Umgang mit dem Material und Distanz zu bestehenden Diskursen über die beforschten Felder. Lofland und Lofland sprechen hier vom „thrill of a beautiful idea" (1984, S. 127), Goffman und Geertz einfach davon, ein Narrativ zu finden, das die Frage „what is going on here?" auf eine interessante, kreative Weise beantwortet. Die Ethnografie als Forschungsform ist dabei historisch mit der grounded theory als Auswertungstechnik eng verwoben, die genau diese Zielsetzung unterstützt; beide kommen im selben sozialen Umfeld auf, unter ethnografisch-interaktionistisch orientierten Forscherinnen, die im Erbe der Chicago School stehen. Grounded theory möchten wir vor allem als offene Form der Ordnung verstehen, die es sich zum Ziel gesetzt hat, „Theorie" im überschaubaren Sinne – das heißt konkret: ein Verständnis über ein zu erforschendes Feld – aus dem Kontakt mit diesem Feld und der Untersuchung desselben emergieren zu lassen (Charmaz 2006; Charmaz und Mitchell 2001; Breuer 2018).

Es ist gerade grounded theory, die die Emergenz konkreter Verbindungen in den Mittelpunkt rückt, die sich auf diesem Feld ergeben und die am Ende eine analytische Darstellung mit Material füllen und ihr ein Ziel geben. Sie erwachsen aus einer vorher unbestimmbaren Kombination aus Feldwissen mit bestehendem soziologischen Wissen und Interessen der Forscherin, gepaart mit einer beständigen Aufmerksamkeit gegenüber der Konstruktion sozialer Realität im Feld. Die methodische Ordnung einer grounded theory-Analyse beginnt regulär mit einer offenen, initialen Kodierung, die erst einmal Ideen zu dem sammelt, was das Material hergibt, die sich langsam in weiteren Ebenen zu Gruppen und schließlich zu linearen Narrativen ordnen (vgl. Dellwing und Prus 2012; Breuer 2018). Diese Kategorienbildung „aus dem Feld" heraus geschieht daher in der oben beschriebenen Verbindung zwischen wissenschaftlichen Interessen und dem Feld in dem Sinne, dass es der Forscherin bewusst sein soll, welche Annahmen sie mitbringt. Das sind die sensibilisierenden Konzepte, die idealerweise jedoch so nicht bestehen bleiben sollen – während sie sich zugleich vom Feld und seinen interessanten entdeckten Ordnungen beeindrucken lässt. Danach ordnet eine grounded-theory-Analyse diese Codierungen in Kategorien, und baut aus diesen letztlich eine narrative Linie; diesen Prozess hat einer von uns an einem anderen Ort detaillierter beschrieben (Dellwing und Prus 2012), und wir möchten das hier nicht wiederholen, vor allem, da eine solche Beschreibung des Ablaufs vielleicht ohnehin nicht den zentralen Punkt einer Analyse trifft. Denn auch hier ist, wie bei der Erhebung, keine feste methodische Rahmung vorzugeben.

Gute Analyse zeichnet sich nicht dadurch aus, ein Rezept gewissenhaft umzusetzen; im Gegenteil ist es eine der häufigsten Erfahrungen unter Studierenden, den Vorgaben einer Auswertungsmethode akribisch zu folgen und dann überrascht zu sein, dass das keine Analyse hat erwachsen lassen. Ein tief einsozialisiertes Vertrauen in Methode bringt sie dann manchmal dazu, nachzufragen, was sie an der Methode falsch gemacht hätten. Die Antwort ist: nichts, aber ein Abarbeiten eines Regelkatalogs kann kein Ziel auswerfen, keine Idee generieren. Das muss die Forscherin selbst tun, und idealerweise emergiert das, *während* man methodisch ordnet. Das ist jedoch ein Punkt der Inspiration außerhalb der Ordnung, der dann in die Ordnung zurückgeführt werden muss. Wer akribisch methodisch arbeitet, habt jedoch keine Möglichkeit, diese nichtmethodischen Inspirationen einzufügen. Diese stammen nicht aus der Methode.

Umgekehrt besteht Auswertung auch nicht aus der reinen Anwendung von Theorie. Wenn die „Idee" darin besteht, Goffmans Konzept der Hinterbühne an das Feld heranzutragen und zu fragen, wo hier Hinterbühnen zu finden sind, ist das kaum als Idee zu bezeichnen. Eine theoretische Ordnung zugrunde zu legen und Beispiele für diese Ordnung zu suchen generiert, anders als rein methodische Arbeit, zwar ein Ziel; es ist aber ein derivatives, wiederholtes Ziel, denn wer auch immer die theoretische Ordnung liefert, hatte dieses Ziel ja bereits bearbeitet. Das wäre nicht sonderlich spannend und würde das Feld auch nur zum Lieferanten von Material für bestehende Ordnungen degradieren. Material auf einem Feld danach zu sammeln, wo Elemente im Sinne der Theorieordnung aufkommen, ist eine ordnende Leistung, aber noch keine analytische Leistung. Es wäre Malen nach Zahlen. Auch hier geht es vielmehr darum, im Spiel mit diesen mitgebrachten Ideen Inspirationen zu entwickeln: Wo passt die mitgebrachte Ordnung nicht? Wo sind die Prozesse viel komplexer, als die mitgebrachte Ordnung das erwarten lässt? Wo ergeben sich Paradoxien, Überlappungen, Uneindeutigkeiten? Wo sind Einordnungen völlig konterintuitiv? Warum sind sie das? In Begriffen, die die grounded theory hierzu verwendet, ist das der Punkt der *Abduktion,* des Schlusses aus der Überraschung heraus. Diese kommt dort auf, wo Praktiken von den Erklärungen, die die Erforschten zu diesen Elementen haben, nicht so recht eingeholt werden können; auch die Erklärungen, die das Feld liefert, irritieren. Eine bestehende Kenntnis vorheriger soziologischer Studien ist hierfür nützlich – diese müssen sich jedoch nicht auf diese spezifischen Forschungsfelder beschränken und sind umso besser, je weniger sie abstrakte Theorieideen reproduzieren. Dabei müssen keine wissenschaftlichen Theorien irritiert werden; auch mitgebrachte Alltagsdeutungen, Stereotypen und (nur scheinbar) offensichtliche Ideen zum Feld eignen sich zur Irritation. Wenn Venkatesh bemerkt, dass die Gangs, die er untersucht, Sozialstaatsfunktionen übernehmen – kaputte Waschmaschinen austauschen, Gefahrenquellen kontrollieren und Konflikte zwischen Bewohnerinnen vermitteln –, und das dazu führt, dass Bewohnerinnen die Gang rufen, nicht die Polizei, irritiert das bürgerliche Selbstverständlichkeiten darüber, was Gangs sind. Für die erforschten Umfelder zeugt es davon, dass die Gang nicht nur responsiver ist als die sozialstaatlichen Akteure, sondern von ihnen auch als *ungefährlicher* eingeschätzt wird: Wer in einem von Minderheiten bewohnten Ghetto Chicagos die Polizei ruft, setzt Leben und Gesundheit aller Beteiligten oft weit größeren Gefahren aus als jemand, der die Gang anruft, wie in den letzten Jahren auch breit bekannt wurde (dank dezentraler Online-Kommunikation, ohne dass klassische legacy-Medien hier mehr getan hätten als auf Notwendigstes beschränkt auf das zu reagieren, was dezentrale Informationsquellen verbreitet hatten). So entsteht eine Grundidee, aus der eine Analyse entstehen kann, die jetzt nach den verschiedenen Arten sucht, auf die die Gang Ordnungsfunktionen erfüllt. In diesem Muster sind „Erhebung und Auswertung [...] überhaupt nicht zu trennen. Interpretationen vollziehen sich im gesamten Prozess einer Forschung, im kontinuierlichen Teilnehmen, Beobachten, Interviewen und Schreiben – und nicht in einer hermetisch abgetrennten, methodisch kontrollierten Auswertung zuvor erhobener Daten" (Bethmann und Niermann 2015, S. 10). Das bedeutet, Überraschungen und Irritationen, die die Saat der Analyse darstellen, müssen überhaupt gar nicht aus einer offenen Anwendung von Methode oder Theorie erwachsen: Sie können im Laufe der Sammlung auf vielen verschiedenen Wegen auftauchen. Es kann die Einsicht sein, dass etwas, was immer über das Feld gesagt wird oder was in der Literatursichtung dazu aufkam, dem Gesehenen widerspricht, Irritationen auslöst, Erwartungen bricht oder aus irgendeinem Grund, der nicht so genau zu benennen ist, am Folgetag noch im Gedächtnis hängt und eine Erklärung erfordert, die scheinbar zum Zeitpunkt der Beobachtung noch ausblieb.

Das heißt nicht, dass ethnografische Analyse theorielos oder gar theoriefeindlich wäre; das ist eine Fehleinschätzung. Die Frage ist vielmehr, welchen Stellenwert Theorien zur Ordnung des Feldes erhalten und welche theoretischen Zielsetzungen die Forschung verfolgt. Theoretische Anbindungen sind notwendig, allerdings als Werkzeug zur Strukturierung einer Zielsetzung, die nicht bereits aus dieser Theorie *vorentschieden* war. Theorie und Methode sind damit zuerst nur Vorarbeit, nicht das Gerüst der ganzen Auswertung. Es sind diese Inspirationen, aus einer nie ganz zu trennenden Mischung aus Gelesenem und Gesehenem, aus Literatur Erinnertem und im Feld Erlebtem, die die Analyse tatsächlich *neu starten*: Jetzt, wo eine Irritation auftritt, Überraschungen zu bewältigen sind, ist eine Saat gefunden, um die herum eine neue Ordnung entstehen kann, die nicht einfach mitgebrachten Linien folgt.

Das vornehmste Ziel der Ethnografie besteht somit darin, einen Zugang zu diesen betrachteten Lebenswelten zu generieren, um so aufzuzeigen, wie Geschichten in ihnen gemacht und zur Deutung der Welt verwendet werden, welche Kontexte und Konsequenzen mit diesen Geschichten einhergehen, in welchen Interpretationsgemeinschaften sie aufkommen, welche Zwecke und Interessen mit ihnen verknüpft sind, welche „gegnerischen" Interpretationsgemeinschaften andere Geschichten produzieren und wie diese miteinander verzahnt sind, auch wie einzelne Akteure oft aufwandslos zwischen Interpretationsgemeinschaften wechseln können, wenn die soziale Situation und damit der Kontext sich ändert. Ziel ist es somit, von einer Überraschung kommend herauszufinden, was mit diesen Praktiken und den im Feld zu ihnen aufkommenden Deutungen eigentlich vor sich geht. Das öffnet einen weiten Raum der Untersuchung: Welche Formen der sozialen Normalität werden im Feld durch diese Praktiken und Deutungen gemacht, aufrechterhalten, verhandelt oder umkämpft? Wie sind diese Praktiken und Deutungen im Kontrast zu Praktiken und Deutungen auf anderen Feldern verständlich? Was leisten sie im Feld und außerhalb des Feldes, indem sie gemacht und geglaubt werden?

Das ist von den Eigendeutungen des Feldes abhängig, aber macht sie nicht nach. Um diese Analysen machen zu können, muss man die Deutungen im Feld *kennen* und ihren Kontext verstehen: ohne sie funktioniert die Analyse nicht. Es ist jedoch noch keine Analyse, die Eigendeutungen einfach wiederzuerzählen: Das würde lediglich eine Form der Hilfestellung zur Autobiografie darstellen, keine Analyse. Die Mitglieder des Feldes leisten diese Distanzierung von eigenen Realitätskonstruktionen zugunsten einer Frage, in welchen Kontexten und mit welchen Praktiken sie aufkommen, verhandelt, herausgefordert und verteidigt werden, nicht regulär – und ihr Alltagshandeln wäre von dieser Frage auch behindert. Paul Rock bemerkt,

> „There would clearly be no need for sociology if the reports produced by the identical subject-object were comprehensive and adequate. All men would then become practical sociologists whose knowledge required no amendment or supplementation. However, the interactionists' actor is not quite so competent. He is locked into a sequence of situations which he cannot wholly grasp, which are dimly perceived, typically uncompared and often unscrutinised. They are ordered by limited perspectives, open and unfinished" (Rock 1979, S. 80).

Soziologische Analyse benötigt somit einen Grenzgang zwischen Felddeutung und Analyse, zwischen praktisch-konkreten Bedeutungszuschreibungen, die beobachtet werden und ihrer Abstraktion. Das ist als Fähigkeit weiträumig vorhanden, auch bei den Teilnehmenden, die diese Distanzierungspraktiken oft nicht verwenden, weil sie ihren Alltag stören (nicht, weil sie nicht dazu in der Lage wären). Auch Studierende, die solche Arbeiten machen, sind zu diesen Distanzierungen ausgezeichnet in der Lage (und verwenden sie in Seminarsituationen oft nur deshalb nicht, da sie sich legitimisiert fühlen, sie zu machen, weil sie kein Buch zitieren können, in dem genau das steht). Hammersley und Atkinson schreiben von Studierenden, die „when asked to comment and criticize a film or novel (one) can do no more than rehearse the plot" (1983, S. 213). Wenn universitären Hausarbeiten oft nur den „plot wiederholen" – also entweder einfach (scheinbar neutral) schreiben, was geschehen ist, liefern sie keine Forschung. Das kann in Arbeiten über Forschungsfelder, die ansonsten wenig bekannt sind, durchaus nützlich, einsichtsreich und damit auch wissenschaftlich wertvoll sein; eine komplette, abgerundete Ethnografie wäre es jedoch vermutlich nicht.

Wenn Hausarbeiten dagegen nur Theorien wiedergeben oder Feldbeispiele nur in bestehende Theorien einordnen, liegt das nicht daran, dass die Fähigkeit zu mehr nicht da wäre. Es hat eine stärkere Verbindung zur strukturellen Gefahr, die mit dem Mut einhergeht, etwas *Anderes* zu sagen oder sich an eigenen Strukturen zu versuchen. Es scheitert nicht am Können, sondern am „darf ich das?", nämlich: Darf ich eine Kategorie selbst wählen, selbst benennen, selbst das Material mit Leben füllen, selbst kreative Verbindungen legen, selbst eine Schlussfolgerung ziehen, selbst Ähnlichkeiten und Unterschiede entdecken und benennen, wenn diese nicht in der Literatur schon zu finden sind? (Ja, zu allen.) Deutungen zu reproduzieren, die in bestehender Forschung aufgefunden wurden, ist für eine machtunterlegene Arbeit wie die von Studierenden (die ja von anderen bewertet wird) einfach sicherer: Man kann jede Aussage mit einer Quelle belegen und damit im Zweifel auf andere verweisen. Eigene Kategorienbildung „belegt" sich mit dem Material, das unter sie fällt, aber eben nicht von selbst: sie braucht eine eigene Plausubilisierung, ein eigenes Argument für eine bestimmte Kategorisierung, die diese Elemente nicht einfach nur als Beispiel einer in der Literatur bestehenden Kategorie versteht. Im Sinne einer kreativen, konstruktivistischen grounded theory beinhaltet sie eine eben ganz eigene Überraschung, eine eigene Gruppierung, eine eigene Vergleichsarbeit, eine eigene Schlussfolgerung. Die ethnografische Antwort auf die Frage, ob das erlaubt ist, ist nicht nur ein enthusiastisches, volles Ja: mehr noch, damit es gute ethnografische Arbeit ist, sind diese eigenen kreativen Schritte *unbedingt notwendig*.

Nachdem solche Irritationen, Überraschungen, Widersprüche aufkommen, kann dann wieder methodische Arbeit beginnen: Jetzt kann eine Ordnung von Codes und Kategorien folgen, die jetzt aber nicht an Methode oder Theorie orientiert ist, sondern an diesen Überraschungen. Die Auswertung einer Ethnografie ist damit ein wenig alchemistisch; „with ethnography, we can move grounded theory away from technology and toward art" (Charmaz und Mitchell 2001, S. 161). So bevorzugen wir die grounded theory in ihren offeneren (und ehrlicheren) Varianten, die vor allem von Kathy Charmaz vertreten wird. Dieser Ansatz gibt eher Ratschläge als Regeln vor: „grounded theory began with gentle guidelines, but now risks being reduced to rigid rules imposed on researchers and on research practices" (Charmaz und Mitchell 2001, S. 161). Charmaz spricht von strenger wirkenden neueren Rezeptionen der älteren Varianten (die nie praktisch strenger waren, aber in ihrer Literatur so wirken können), und stellt bezweifelt das Narrativ, dass sorgfältige Anwendung von Kodierregeln zu einem tieferen Verständnis führt (Charmaz 2006, S. 131). Wir folgen dieser Einschätzung: Wissenschaftliche Erkenntnis benötigt kreative Auseinandersetzung mit dem Feld und eine Idee, an der eine Auswertung sich entlang entwickeln kann; ohne einen solchen kreativen Funken ist methodische Arbeit zur Wiedergabe des bereits Bestehenden verdammt.

Befremdende Analysen

Das klingt zunächst alles sehr abstrakt und ist es bisher auch; wir möchten zu unseren mitgenommenen Beispielen zurückkehren, um diesen Prozess der Ordnung um Überraschung herum zu exemplifizieren. Sie folgen nicht alle denselben Linien: in einigen Fällen ist die Irritation eine, die eine theoretische Idee destabilisiert; auf anderen ist es ein Prozess, in dem eine Erkenntnis auf einem Feld auf einmal über einen anderen Teil des Feldes stolpert; in wieder einem anderen Fall sind es vor allem Alltagsvorurteile, die von Erkenntnissen im Feld irritiert werden. In allen Fällen ist es jedoch eine Irritation, eine emergente Idee, um die herum sich die Ordnung dann arrangiert.

Körperlichkeit in *World of Warcraft*

Die Studie zu World of Warcraft hatte die Formen der Verkörperlichung des Avatars betrachtet. Erste Aufgabe ist die Abkehr von starken, über das Feld anzutreffenden alltagstheoretischen oder sonstig bestehenden Diskursen zu einem Feld. Ideen wie „ist das denn echte Körperlichkeit?" können daher gleich zu Beginn als ein wenig naive und (nicht sehr stark) versteckte Wertungen des Feldes mit Außendeutungen ausgeschlossen werden. Fragen, die sich an solche Außendeutungen anschließen, führen zu schlechten und derivativen Ordnungen.

„Körperlichkeit" als feste Zielsetzung einer Studie wäre dabei zugleich zu allgemein und zu spezifisch: zu allgemein, da aus dem Begriff noch keine konkrete Erkenntnis zu gewinnen ist, zu spezifisch, da eine mitgebrachte Ordnung von Körperlichkeit die Studie zu sehr festlegen würde. Ein *allgemeines* Interesse an Körperlichkeit und der Verhandlung von Körperlichkeit in online-Spielen ist jedoch als sensibilisierendes Konzept nützlich, da es zunächst den Blick auf etwas lenkt, ohne noch genau zu wissen, was daraus entstehen wird.

Als nächster Schritt kommt im Laufe der Beobachtung des Feldes eine Idee oder ein Set von Ideen auf. Das kann bereits bei der Beobachtung, bei der Verschriftlichung in Feldnotizen oder bei der ersten Sichtung der Notizen zur ersten Codierung geschehen, wobei die erste Codierung zwar Ideen liefern sollte, keineswegs jedoch die endgültige Idee liefern muss. In diesem Fall war die bereits erwähnte Einsicht „Rollenspieler gehen, Contentspieler rennen" Funke der Inspiration und Grundlage einer Analyse, die aus dieser Saat erwächst. Das weist darauf hin, dass die vom Spiel vorgegebenen, einprogrammierten Möglichkeiten in (mindestens) zwei verschiedene kulturelle, angeeignete Verwendungen des Spiels münden. Dass es Bewegungspraktiken sind, ließ es zu, dass sie unter Körperpraktiken auffielen; dass die Rahmung „Körperpraktiken" als Interesse besteht, erlaubt es dagegen, den weiteren Blick nach Unterschieden und Ordnungen zu schärfen.

So entsteht eine Ordnung des Feldes: Welche Körperpraktiken als Umgang mit dem Avatar als Spielerinnenkörper sind in den Feldnotizen zu finden? Welche kommen bei der einen Gruppe auf, welche bei der anderen? Welche kommen bei beiden auf? An welchen bricht die Trennung? Welche anderen Praktiken kommen auf, die mit diesen Körperpraktiken zusammenzuhängen scheinen, die allerdings selbst keine zu sein scheinen? Die „scheinen"-Form ist hier absichtlich gewählt, denn das kann nicht abstrakt und von außen entschieden werden; wenn diese Fragen aufkommen, muss das Material neu befragt werden, um herauszufinden, „was hier vor sich geht" – oder, im Sinne von Kathy Charmaz, um eine plausible, begründete Ko-Konstruktion dessen zu liefern, was hier in der sozialen Konstruktion des Körpers vor sich gehen könnte, was eine plausible und nachvollziehbare Geschichte über die Art erwachsen lässt, wie die Beteiligten ihre Avatar-Körperwelten *machen.*

Aus diesen Interessen und Ideen heraus entsteht dann die Ordnung: Dass Körper nicht „durchlaufen" werden, obwohl das möglich wäre: die Konstruktion der Solidität des Avatarkörpers. Dass nicht gerannt wird, wo es keinen narrativen Grund zum Rennen gibt: die Konstruktion der narrativen Plausibilität der Handlung im Rahmen der Rollenspielgeschichte, etc. Diese Kategorien erwachsen aus dem Kontakt zwischen Material und Interesse am Punkt der ersten Idee, aber durch ihre Benennung als Kategorie üben sie eine eigene Macht aus. Nun kann das restliche Material nach Szenen durchforstet werden, die ebenso als „Konstruktion von Solidität" – oder gerade nicht – oder ebenso als „Konstruktion narrativer Plausibilität" erkennbar sind (oder nicht). Das sind Kodierungen im eigentlichen Sinne: Nicht aus der Theorie übernommen, aber theoretisch informiert; aus dem Feld erwachsend, ohne es einfach wiederzugeben; hinreichend konkret, um eine Ordnung zu ermöglichen, aber weit genug, um verschiedene Szenen in und mit ihnen ordnen zu können. Währenddessen tauchen neue Szenen auf, die im Orbit dieser Kategorien zu Hause zu sein scheinen, aber nicht ganz in ihnen unterkommen; aus ihnen bilden sich neue Kategorien. Es können Szenen auftreten, die allesamt unter eine dieser Überschriften fallen, aber deutliche Unterschiede aufweisen: aus ihnen bilden sich Unterkategorien.

Diese Kategorien „warten" nicht auf den Abschluss der Forschung: Die Bildung von Kategorien ist ein die Forschung beständig begleitendes Moment, das immer wieder auf neue Ideen im Feld reagiert und sich während der Forschung auch ändern kann. Eine erfolgreiche Forschung kann viele unterschiedliche Arten von Kategorisierungen hervorgebracht haben, die nicht alle unter derselben „Großüberschrift" kompatibel sind. Da eine Arbeit jedoch nur eine Geschichte mit einem roten Faden erzählen soll und multiple, unverbundene Kategorisierungen eine Arbeit chaotisch und ziellos erscheinen lassen, muss die Forscherin ein Ziel aus den sich aus den Kategorien ermöglichenden Zielen auswählen. Das bedeutet zugleich, Kategorisierungen, Ordnungen, Vergleiche und Ideen, die mit diesem Ziel nicht übereinstimmen, beiseite zu lassen; aus ihnen kann später eine andere Arbeit werden, aber sie sollen die *eine* Arbeit mit dem *einen* Ziel, an dem wir jetzt arbeiten, nicht verwässern. Speichern wir sie für einen späteren *run*.

Die Ordnung dieser Kategorien erlaubt es schließlich auch, breitere Schlussfolgerungen aus ihnen zu ziehen. Wenn Rollenspielpraktiken ihre Körperkonstruktion an ihren Ideen ausrichten, was narrativ plausibel ist, transportieren sie damit herrschende Diskurse zum „physischen" Körper in ihren Handlungen, die aus ihnen wiederum abgelesen werden können. Wenn Rollen- und Contentspiel nebeneinander geschieht, aber ohne, dass die Beteiligten aufeinander auch nur reagieren, können zwei Welten in einem Umfeld parallel und unverbunden existieren. Das ist nicht nur aufs Computerspiel beschränkt; auch außerhalb digitaler Umfelder ist es durchaus möglich und auch häufig anzutreffen, dass zwei Gruppen dasselbe Umfeld bewohnen, aber tatsächlich in verschiedenen Welten leben: Einkaufende in der Innenstadt und die Bettelnden oder andere, die die Straße zum längerfristigen Aufenthalt nutzen, ignorieren sich regelmäßig, und zumindest die EInkaufenden sind sich in keiner Weise der Lebenswelt der Anderen bewusst. Hier herrschen teils simplistische Vorurteile, weitgehend jedoch einfachen Desinteresse. Wie im Fall von WoWist das an ihren Praktiken zu sehen, in denen diese Gruppen nicht auf die Handlungen der anderen reagieren.

Das ist der Weg der Auswertung: Mitgebrachte Positionen sind unvermeidlich, aber sollen nicht bereits die Kategorien festlegen. Im Kontakt mit dem Feld entsteht dann eine Idee, oft an einer Interaktion, das eine Benennung erfordert, die idealerweise ebenso nicht aus der Theorie übernommen ist. Aus dieser Interaktion heraus beginnt die Suche nach ähnlichen und unterschiedlichen Szenen, mit deren Hilfe aus dem einen Fall eine Gruppe gemacht werden kann, und aus einer Gruppe Gruppen. So entsteht aus einer im Feldkontakt aufkommenden Idee die Ordnung der Konstruktion des Körpers in Unterscheidung zwischen Rollen- und Contentspielern, und daraus die breitere Erkenntnis, dass dasselbe Umfeld unterschiedliche Welten zugleich beheimaten kann, die sich nicht berühren, nur kontaktlos überlappen. Praktisch beginnt die Auswertung damit inmitten dessen, was später der Hauptteil wird: Der erste Funkle ist ein Code, der später in breiteren Kategorien aufgehen wird, die dann mit anderen Kategorien verbunden eine analytische Geschichte über das Feld erzählen.

Management von Risikopräsentationen auf tumblr

Während die *World-of-Warcraft*-Studie ihrer allgemeinen Grundidee, über Körperlichkeit sprechen zu wollen, treu blieb und aus dieser allgemeinen Idee eine kreative Linie entwickelte, ist die am Ende leitende Idee der tumblr-Studie erst im Kontakt mit Feldmaterial erwachsen. Das Material ging, wie oben bereits erwähnt, aus einer Fandomstudie hervor, in der ihrerseits „lane culture" (Dellwing 2019) als Thema emergiert war. In einer ersten Codierung kam auf, dass Menschen Konflikte zwischen verschiedenen Segmenten eines Fandoms meiden: jene, die Charaktere nicht mögen, nutzen hashtags, um nicht von denen gefunden werden, die sie mögen, was Auseinandersetzungen meidet. Das geht nur, wenn die Gruppen von sich wissen, aber Grenzen zwischen ihnen ziehen. Das wiederum stellt ein Konzept infrage, das zur Betrachtung des gegenwärtigen Internets häufig verwendet wurde: „filter bubbles." Das ist eine Benennung, die in der Betrachtung des Feldes irritiert wurde: Dass die Segmente verschiedener Felder nichts voneinander wussten, ist schon bei anfänglicher Betrachtung kaum haltbar.

Hier ging es zunächst um die gegenseitige Beobachtung von Teilen eines Fandoms, die sich dabei jedoch in Frieden lassen. Sie referenzieren ständig Segmente, denen sie nicht angehören. Teilweise sind das Auseinandersetzungen, aber häufig eben auch bewusste Trennungen der Spuren (Abb. 6.1):

Was im absichtlichen Falschschreiben des Namens verhindert wird ist, dass „ein Wesen herbeibeschworen wird" – hier ist das vordergründig, für den Witz, Benedict Cumberbatch, aber es ist hintergründig das „Wesen" des Fans des Schauspielers, das von einer richtigen Schreibweise „angelockt" würde – denn nun würde der Post in Suchen auftauchen. So tut er das nicht, und man kann kritisches über den Schauspieler sagen, ohne damit die Fans und dabei einen Konflikt „heraufzubeschwören". Das hält die Interaktion nicht nur friedlicher, es trennt auch die Puren zwischen Fans und Kritikern – die natürlich voneinander wissen. Es geht nicht darum, die Existenz zu verstecken; es geht darum, den Fans ihren Spaß nicht durch ein Einfallen in ihren Raum zu verderben, oder, tumblr-kulturell ausgedrückt (Abb. 6.2):

Abb. 6.1 tumblr.com

The way we purposely mangle, misspell, and interrupt the name of a person or thing on Tumblr to avoid a post being found in tags or searches makes me think of various folklore- where a being is summoned by speaking their name. Add this to the list of reasons why the Internet is a folkloric culture of its own.

Every time you type his real name, Bumpershoot Cumbernickle gets cast in another role that could've been done better by someone else

Source:

15,045 notes   ···

Abb. 6.2 tumblr.com

Der Diskurs zur „filter bubble"[1] transportiert eine wertende Linie, die implizit das Ideal des gesamtgesellschaftlichen Diskurses (als Pflicht, über öffentliche Themen *alle* miteinander zu reden) in sich trägt. Dieses Ideal ist in einer pluralistischen Gesellschaft wohl bereits rein praktisch nicht zu halten, und aktuellere Diversitätsdiskurse betonen auch, dass es nicht die Pflicht aller gesellschaftlichen Gruppen ist, sich mit den Positionen (und den oft abwertenden Zuschreibungen) anderer Gruppen auseinanderzusetzen; „filter bubble" ist auch die Zuschreibung, dass etwas in einer Debattenkultur *falsch* ist, wenn Teile der Öffentlichkeit herrschende Positionen nicht „sehen" (oder sich nicht mit ihnen auseinandersetzen; darin liegt das Herrschaftselement der dominanten Diskurse, die erzwingen wollen, dass in Bezug auf sie gesprochen wird). Diese Perspektive eröffnet einen Zugang zu den Machtstrukturen, die diesen Deutungen unterliegen: Der Zwang des bürgerlichen Arguments, „aber darüber müssen wir doch diskutieren dürfen!" übersetzt sich dann schnell in den Zwang, dass minder privilegierte Gruppen sich den Deutungen und Zuschreibungen machtvoller Gruppen aussetzen sollen, müssen, und ihre Deutungen in Bezug auf sie entwickeln und verteidigen sollen.

In einer pluralistischen Medienökonomie stellen gerade Nischen und ihre Besonderheiten einen wesentlichen Teil dieser Medienlandschaft dar, Nischen, von denen man weder erwarten kann (noch ist es für die Beteiligten wünschenswert), dass sie sich vermischen. An die Stelle der Thematisierung von „filter bubbles" wollten wir „lane culture" setzen, etwa „Spurkultur" (im Sinne einer Fahrspur): die Erkenntnis, dass plurale Gruppen sehr wohl voneinander wissen und aufeinander reagieren, sich aber nicht in allen dieser „Spuren" engagieren und viele der Spuren, die sie bemerken, auch ignorieren, und das aus guten und diversen Gründen. Der Begriff ist im Sinne der grounded theory ein „in-vivo code", d. h. er ist aus dem Feld selbst übernommen, wo „stay in your lane" eine häufig referenzierte Regel ist, mit der Herausforderungen von Nichtmitgliedern der Gruppe abgewehrt werden (Abb. 6.3):

---

[1]Die Figur der *filter bubble* betont zusätzlich jedoch auch die algorithmisch hergestellte Unsichtbarkeit der Inhalte anderer Gruppen und damit die Unmöglichkeit, seinen Horizont zu erweitern. Diese Zuschreibung ist jedoch eine Deutung, die im Alltagskontakt mit diesen Kontexten schnell fraglich wird, denn nicht nur tauchen diese Elemente immer wieder auf, vor allem werden sie aktiv gesucht und in anderen Kontexten – oft mit kritischen Kommentaren versehen – verbreitet. Die Beschreibung dieser Kontexte als „filter bubble" kann fragwürdig sein, eine Einschätzung, die selbst eine eigene Analyselinie begründet hat, die hier jedoch nicht Thema sein soll (aber siehe Dellwing 2019).

Abb. 6.3 tumblr.com

Mitglieder unterschiedlicher Gruppen sind online alles andere als fest getrennt: das Internet ist eine Referenz- und Dekontextualisierungsmaschine der unübersichtlich verwobenen Vernetzung, und Nutzerinnen haben immer *potentiellen* Zugang zu Inhalten anderer Gruppen. Das reicht von Inhalten, die sie nicht interessieren bis zu denen, die ihnen offen zuwider sind und von Inhalten, die sich ihnen aufdrängen zu denen, bei denen einiges an Kompetenzen notwendig ist, zu ihnen zu gelangen. Potenziell zugänglich sind letztlich, abhängig von Kompetenzen und Ressourcen, alle. Wo besondere Ressourcen notwendig sind, sind es heute deutlich geringere, als sie das vor zwanzig Jahren noch waren. Die Trennung unterschiedlicher Gruppen ist damit heute weit geringer als sie das in den Neunzigerjahren war: damals war es nahezu unmöglich, in andere Szenen zu blicken, wenn man keine eigenen Bindungen zu ihnen hatte, und Berichte über sie kamen als journalistische Außenbeobachtungen gefiltert – wenn Journalisten ihre institutionellen Ressourcen investierten, um in diese Kontexte zu gelangen und ihre Interessen und Deutungen mitnahmen. Dieses journalistische Monopol, diese Gruppen für den Rest zu rahmen, ist vorbei, und damit das Monopol der Interessen, die damit einhergehen. Damit ist eine viel festere *filter bubble* nicht länger aktiv, die der massenmedialen Vorselektion von geteilten Narrativen. Gegenüber dieser massenmedialen Filterung ist die Pluralität des Internets spektakulär offen und durchlässig. Eine eigene Betrachtung ist nicht nur möglich, sie geschieht durch die plurale und überlappende Vernetzung des digitalen Zeitalters auch ständig. Anstatt dass das in ständige Kämpfe zwischen Befürwortern und Gegnern ausartet, bleiben diese Gruppen jedoch unter oft einfach unter sich. Sie teilen sich in ihre „Spuren" auf, und die Spuren meiden es, untereinander letztlich unsinnige Konflikte zu führen. Das ist lane culture. Lane culture wird zur Praxis, die eine durchlässige Membran verteidigt, ohne dabei anzunehmen, dass sie durch diese Praktiken geschlossen werden könnte.[2]

Die zweite Überraschung ist, dass wir erkennen, dass lane culture-Praktiken nicht nur in Fandoms und politischen Positionen zu finden sind, sondern auch in der Kommunikation um Nacktbilder, „nudes." Während es in der Kommunikation zu fandoms noch um den Schutz von Gruppen vor Inhalten ging, die ihren Spaß verderben und unnötige Konflikte auslösen würden, wird es nun zunächst prekärer: Mit der Veröffentlichung von Nacktbildern geht immer noch (aber immer weniger) eine echte persönliche Gefahr aus, die nicht mit der Nackheit selbst verbunden ist (die ist für sich ausgesprochen sicher), sondern mit der sozialen Verurteilung und anhaltenden Stigmatisierung dieser Art der körperlichen Selbstbestimmung (Döring 2012, 2014). So kam dann auch die Benennung zustande: Wir haben sie „Risikopräsentationen" genannt, da die „lane culture"-Praktiken, die hier aufkommen, als solche gedeutet werden konnten, die verhindern, dass eine Offenlegung, die potenziell negative soziale Konsequenzen haben könnte, bei jenen ankommt, die diese Konsequenzen in die Wege leiten könnten.

"Lane culture" hatte die Idee der filter bubble irritiert; lane culture auf Nacktbilder auszudehnen irritiert dagegen dominante Diskurse zu Privatheit. Daten, die online kommuniziert und auch gepostet werden, sind auf breiter Basis potenziell zugänglich. Online präsentierte Darstellungen können verlustfrei kopiert werden,

---

[2]Das tun sie natürlich nicht immer. Das Speichern von screengrabs von Inhalten, die man für anstößig hält, um sie mit bissigen Kommentaren zu posten, ist ein wesentlicher Teil politischer Auseinandersetzung. „Raids" von „gegnerischen" Communities kommen häufig vor, wenn z. B. 4chan-Nutzer sich bei tumblr anmelden, um dort genau die Dinge zu posten, die dort Empörung hervorrufen und umgekehrt (https://knowyourmeme.com/memes/events/2014-tumblr-4chan-raids). Auch verbreitet sind Invasionen „geschützter" Communities, als z. B. die Partei geschlossene facebook-Gruppen der neuen Rechten infiltriert hatte, um dann die internen Kommunikationen zu „enttarnen" (https://www.bento.de/today/die-partei-und-shahak-shapira-kapern-ueber-30-afd-facebook-gruppen-a-00000000-0003-0001-0000-000001653842). Lane culture erschöpft sich nicht in der Selbstbegrenzung auf die eigene „Spur": es betont nur, dass diese Begrenzung eine Handlung ist, sie auf der Basis der Kenntnis der anderen Spuren vollzogen werden *kann*.

aufgrund ihrer Persistenz auch lange nach der Erstellung, und können so anderen, ausgeweiteten und vorher nicht erwarteten Publikumssegmenten zugänglich gemacht werden. Sie sind persistent, durchsuch-, replizier- und skalierbar (Niemann et al. 2012), und unerwartetes Publikum kann sehr leicht Zugang zu diesen Darstellungen gewinnen. Die Zustimmung oder Mitwirkung der ursprünglich Beteiligten ist hierzu technisch nicht nötig, und bestehende rechtliche Eingrenzungen – beispielsweise das „Recht am eigenen Bild" – ist in einem online-Kontext oft zahnlos, da online verbreitete Inhalte technisch und rechtlich dem Zugriff der nationalen Behörden enthoben sind und, wenn sie einmal kopiert sind, auch nicht wieder eingehegt werden können, auch wenn nationale Behörden Jurisdiktion beanspruchen. So gilt, „das Individuum kann im 21. Jahrhundert ... nicht mehr drauf vertrauen, dass seine persönlichen Daten ... nicht früher oder später öffentlich zugänglich gemacht werden" (Hotter 2011, S. 108). In Rekurs auf diese Tatsache digitaler Kommunikation wird Nutzerinnen dann „Inkompetenz" unterstellt, das zu „erkennen" und ihre privaten Informationen als Schutzreaktion privat zu halten. Das kann als eine Form von „blaming the victim" in einer Konzernwelt gedeutet werden, die systematisch ihre Marktmacht verwendet, um einen riesigen Fundus an persönlicher Information auf oft obskuren Wegen zu sammeln. Gerade die weite Verbreitung von Nacktbildern hat eine Reihe von Außendeutungen dieser beschuldigenden Art auf den Plan gerufen, die mehrheitlich in überlappenden Abwertungen verbleiben, vor allem in den Linien von Privatsphäregefährdungen und sexueller Gefahr (Döring 2012, 2014). Auch hiermit gehen offensichtlich Machtstrukturen einher. Sie unterstellen Nutzerinnen Unwissen und den „Ratgebenden" Kenntnis, was in den Kontexten, in denen Ältere Jüngeren Ratschläge über den Umgang mit Onlinekulturen erteilen, oft ein wenig absurd ist. Es handelt sich um eine hochgradig moralistische Alltagsdeutung, die sich zur Irritation damit auch leicht angeboten hat. Sich von diesen Außendeutungen zu verabschieden eröffnet eine interessantere, nuanciertere Analyse.

Im bestehenden Rahmen bedeutet ein „Einstellen" dieser Praxis, „zu viel preiszugeben", de facto, online nur noch Präsentationen zu leisten, die für Arbeitgeberinnen und konservative Tanten sicher sind. Es nähme der Onlinekommunikation gerade ihre Macht, nicht Presseerklärungs-Vorderbühnenkommunikation zu sein, d. h. ihre Kommunikation eben *nicht* am im öffentlichen Diskurs angemessenen Ausdruck ausrichten zu müssen. Die Abkehr von Darstellungen online, die nicht „vorderbühnentauglich" sind, würde das Internet zur Zeitung degradieren und aus einem demokratischen, egalitären Medium wieder ein redaktionell kontrolliertes gatekeeper-Medium machen. Das ist nicht im Sinne der Nutzenden, wie sie diesen Sinn verstehen, und das ist somit gerade der Kontext, der lane culture in seinen Bezügen, und als Form des Umgangs mit einem Problem erkennbar werden lässt: Lane culture überträgt letztlich *alltägliche* Rollentrennungen in die online-Kommunikation, nutzt die Möglichkeiten, diese Rollentrennungen hier einzubringen und verwehrt sich somit allen Befindlichkeiten, die verlangen, dass hier nur professionelle Vorderbühnenrollen präsentiert werden sollen, genauso wie jenen, die erwarten, dass über Rollen hinweg dieselben Präsentationen an den Tag gelegt werden sollten.[3] Lane culture verteidigt das Recht der Rollentrennung in digitalen Kulturen und das damit einhergehende Recht, andere, die potenziell Zugriff haben könnten, aus Präsentationen auszuschließen, die nicht für sie intendiert sind. Das sind alte Praktiken: Goffman untersucht lange vor dem Aufkommen von Digitalkultur, wie Rollenwechsel Freiheit begründen (1972) und wie Präsentationen, die in Rollen fallen, in denen man nicht involviert ist, zur Wahrung des Gesichts der anderen Person ignoriert werden, z. B. wenn „überhört" wird, was in Nebenräumen geschieht. Wenn diese Praktiken alt sind, ist die Frage, wem das Recht zugestanden wird, seine Rollen zu wechseln oder seine Praktiken nicht referiert zu sehen. Wenn Ältere es Jüngeren nicht erlauben wollen, ist das nicht der Inkompetenz der Jungen geschuldet, sondern der Machtansprüche der Alten.

Nacktkultur setzt diese Trennungen mit Praktiken der lane culture durch. Erstens handelt es sich um Praktiken, sich von machtvollen Akteuren abzuschirmen; zweitens handelt es sich um Praktiken des widerständigen Trotzes gegenüber jenen, die die eigenen abgegrenzten Gebiete invadieren. Das Management der Risikopräsentationen, so kann dann bemerkt werden, orientiert sich an diesem Grundgedanken: es trennt „Spuren", indem es erstens kontrolliert, *wer* die Inhalte finden kann, und zweitens, wer *wie* über sie interagieren kann und soll. Auffindbarkeitskontrolle kann dadurch gewährleistet werden, dass keine Klarnamen und keine Gesichter verwendet oder abgebildet werden; das sind Praktiken, die für die Analyse kodiert werden können. Dazu kommt, nicht dieselben Nicks zu verwenden, unter denen die Nutzer auf Plattformen aktiv sind, auf denen Bekannte einem folgen und oft auch nicht unter denselben E-Mail-Adressen angemeldet zu sein, wenn diese auffindbar sind oder auffindbar machen. In online-Kontexten kann eben nie gewährleistet werden, dass

---

[3] Mark Zuckerberg hatte berühmterweise die Klarnamenpflicht auf facebook damit verteidigt, es sei „nicht integer", verschiedene, getrennte Präsentationen von sich zu leisten. Abgesehen davon, dass eine solche Zielsetzung facebooks Marketinginteressen entspricht ist es zudem auch eine gerade aus soziologischer Perspektive eklatant unrealistische Erwartung.

diese Formen der Kontrolle letztlich sicher sind. Aber das reagiert nur auf die Abwertung von außen: Das ist keine Eigenabwertung, keine Scham gegenüber der eigenen Handlung, nur eine Sicherung vor dem Urteil anderer. Im Rahmen dieses Musters konnte sich so eine *nudes culture* als Form der gegenseitigen Darstellung entwickeln, über die Döring dann feststellen kann, dass es sich heute um eine „normal contemporary form of intimate communication in romantic and sexual relationships between adults as well as between adolescents" handelt (2014). Zu dieser Normalität zählt es, diese Interaktionen als privat zu verstehen, auch wenn sie potenziell sichtbar sind, und diese Privatheit durch diese Formen der Kontrolle als Deutung zu verteidigen – auch und gerade gegen illegitimes Publikum. Zu den Versuchen, nicht gefunden zu werden, tritt daher Interaktionskontrolle für den Fall, dass eben doch Menschen in die „Spur" stolpern, die für sie nicht gedacht ist. In dieser Kontrolle finden sich Praktiken, mit denen kommuniziert wird, dass die Interaktion jenen vorbehalten sein soll, die sich um diese Form der Darstellung herum vergemeinschaften. Auch das ist eine kodierbare Form der Praxis: Was tun Menschen, um Interaktionen von vornherein als falsch zu markieren oder sie abzuwerten, wenn sie auftreten? Für die anderen ist das Feld – die „Spur" – nicht gedacht, und wer die Räume „invadiert", ohne ihr Ethos und ihre Interpretationsgemeinschaft zu teilen, wird als Fremdkörper behandelt. Lane culture in fandoms funktioniert letztlich genauso.

Eine Studie kann diese Formen der Kontrolle des Raumes in den erwähnten Kategorien ordnen. Diese Ordnung ist dann die Ordnung des Hauptteils der Arbeit, der auf diese Kodierungen zurückgreift, um eine strukturierte Übersicht über die Praktiken des Feldes zu bieten. Die eigentliche Analyse geht jedoch darüber hinaus und kann bemerken, was diese Form der Ordnung tut. Diese Schlussfolgerung geht dabei weit über das Feld hinaus. Im Sinne von Bob Prus' *generic social processes* finden wir hier einen Prozess vor, der auf die Unmöglichkeit der völligen Vermeidung von Auffindbarkeit in einer digitalisierten Gesellschaft nicht etwa damit reagiert, sich in öffentlichkeitskompatible Darstellungen zurückzuziehen und damit den Reichtum von Rollenpluralität zu verlieren, der unseren Alltag ausmacht. Wir finden Praktiken, die es erlauben, diesen Reichtum zu erhalten, indem Mechanismen entwickelt werden, mit dieser Auffindbarkeit *umzugehen.* Dieser Umgang ist von einer bleibenden Unsicherheit geprägt, die jedoch nicht zum Rückzug führt, sondern letztlich durch Interaktionskontrolle aufgefangen wird. So lässt sich vielleicht feststellen, dass Privatheit hier paradoxerweise gerade dadurch als Möglichkeit verteidigt wird, indem diese Gefahren letztlich *nicht* als Schicksal verstanden werden und Widerstände weiter aufrechterhalten werden, auch wo die Hinterbühne gebrochen wird. Es ist eine trotzige Art, die Möglichkeit der Privatheit und der

Hinterbühnenkommunikation über diese Auffindbarkeit hinaus zu retten. Das weist einen Weg, Privatheitspraktiken in einem Umfeld ständiger Auffindbarkeit und Durchsichtigkeit trotz allem aufrechtzuerhalten; die Praktiken der nude culture gefährden Privatsphäre dann nicht, sie weisen einen Weg zu ihrem Schutz in gegenwärtigen Strukturen. Die Anbindung dieser Analyse an bestehende Literatur zu Privatheit und an die Praktiken, die die Kapitel zuvor entwickelt haben, wäre das letzte Kapitel einer verschriftlichten Arbeit.

Trolling, Flaming und Toxicity

Auch im Fall von Trolling hat es die Forschung mit einem breiten Fundus an bestehenden Alltagsthematisierungen zu tun, die auch in wissenschaftlichen Betrachtungen Eingang gefunden haben. Die alltagstheoretische Verwendung spricht über „Trollen" vor allem als Form der bösartigen, zerstörerischen Provokation, die als „Anschlag" auf höfliche und seriöse Kommunikation verstanden wird. Oft findet der Begriff Verwendung für Praktiken, mit denen Tagesdebatten beeinflusst und manipuliert werden, z. B. von russischen staatlichen Informationsagenten (Aro 2016, S. 121). Wieder ist diese Verwendung für eine soziologische Analyse verdächtig: es handelt sich um eine Außendeutung des Feldes, die nicht nur moralistisch ist und bestehende Diskursstrukturen stärkt, sondern sich vom Innenverständnis weit entfernt.

Dass Trolling ursprünglich im Feld nur verwendet wird, wenn ein Aspekt des Spaßes mitspielt, ist zunächst keine große Überraschung, da die einschlägige Literatur, die die Innendeutungen ernst genommen hat, das lange festgestellt hatte (Phillips 2015) und es im Feld zudem leicht zu durchschauen ist, wenn die Kenntnisse über es nicht nur aus der Zeitung stammen. Es ist eine Überraschung im Vergleich zum öffentlichen Diskurs – aber das zeugt an diesem Punkt nur davon, wie simplistisch öffentliche Diskurse zu solchen Themen oft organisiert sind, und es ist ebenso leicht zu durchschauen, dass der Alltagsdiskurs zu Trolling diese Komplexität regulär nicht reflektiert. Merritt bemerkt kritisch,

> „The term ‚troll' often is listed alongside other Internet behaviors that are labeled anywhere from benignly mischievous, to antisocial and damaging to online communities, all of which are very subjective claims and do little to identify these behaviors according to the characteristics of their discourse" (Merritt 2012, S. 12),

was Merritt dazu führt, zu bemerken, dass die Debatte „trolling" und „flaming" ohne Unterscheidung als dasselbe betrachtet (ebd.). Während trolling in der

Eigendeutung des Feldes mit Spaß und Witz einhergeht, bezeichnet flaming dagegen die (anhaltende) kritische Herausforderung anderer, die sich nicht an Vorderbühnenhöflichkeiten orientieren und ihnen auch unflätigere Vorwürfe machen; wobei diese Praxis in der Regel auch einen Grund hat, von alltäglich vielleicht verständlicheren Gründen des Bruchs von plattformkulturellen Regeln zu offenen Diskriminierungsgründen, wobei sich beide auch vermischen – Minderheiten und Frauen werden kleinen Verfehlungen oft härter angekreidet als privilegierteren Mitgliedern dieser Kulturen, wobei das natürlich davon abhängig ist, ob andere überhaupt wissen, welche Zugehörigkeiten ein Akteur überhaupt hat.

Die Tendenz dazu, (als) negativ(e) (konnotierte) Interaktionen einzugehen, heißt im Feld dagegen „toxicity", und Nutzer der Plattform verwenden diese Begriffe durchaus zur Selbstbeschreibung: „I'm gonna admit I'm toxic" ist die Selbstzuschreibung, ungehalten und harsch zu reagieren, wenn andere nicht tun, was man erwartet hat, gerade dann, wenn dieses Tun einen selbst betrifft. Mit trollen im Feldsinne hat diese Form der Interaktion jedoch wenig zu tun.

Zudem ist es schwierig, diese Interaktionsformen unter scheinbar neutralen Begriffen wie „Negativität" zu subsumieren, und auch die bereits erfolgte Rahmung als „Toxicity" ist vor allem als Deutung im Feld spannend, nicht als Deutung der Forscherin. Dasselbe gilt für Begriffe wie „Gewalt". Zu untersuchen, ob eine Form der Onlinekommunikation seine Teilnehmer einer Form der Interaktionsgewalt aussetzt, indem Beleidigungen und harsche Auseinandersetzung an der Tagesordnung sind, sieht auf den ersten Blick vielleicht nach einer plausiblen, vielleicht gar nach einer wertfreien Analyse des Feldes aus; das ist es jedoch nicht. Es wäre vielmehr wieder eine mitgebrachte Außendeutung, solange die Beteiligten diese Interaktionen nicht so rahmen, und selbst wenn sie Begriffe wie „toxisch" oder „negativity" verwenden, ist das Feld in der Regel viel komplexer als das. Was aus der Perspektive des Forschers als Form „Gewalt" oder „Unangepasstheit" erscheint, mag für die erforschten Menschen keinesfalls als solches scheinen.

Ebenso offensichtlich wie der Spaß im Trolling und dessen Fehlen in der öffentlichen Thematisierung ist die Verbindung, Trollen sei ein Problem von Online-Anonymität: Auch hier werden Alltagsmoralen reproduziert, Machtstrukturen reproduziert (da Anonymität die Machtlosen vor den machtvollen schützt und ihnen erlaubt, kritisch zu agieren, ohne sofort bestraft zu werden), und auch hier stützt das damit durchsichtige politische Interessen, indem mit der Anonymität und Pseudonymität der Kommunikation ein wesentliches Element der subversiven, machtkritischen Möglichkeiten des Internets angegriffen wird.

Überraschend sind andere Elemente. Überraschend ist vielmehr ein offenkundiger Widerspruch. Wurde im öffentlichen Diskurs über Privatheit in online-Nacktbildern noch der *mangelnde* Schutz der Privatsphäre online als

Problem gerahmt, ist es nun die Anonymität und die damit einhergende Privatheit, die jetzt als Problem konstruiert wird: „In certain academic circles, message boards like 4chan have an ‚anonymity problem' making it a kind of ‚cyber cesspool'" (Phillips 2015, S. 108). Das zeigt, wie kontextual und abhängig von argumentativen Zielen diese Begründungen verwendet werden und welche herrschenden Machtstrukturen sich beider Argumente bedienen, um auf beide Arten Kontrolle über Darstellungen zu behalten.

So kann untersucht werden, wie die unterschiedlichen Verwendungen von „trolling" ein Bild des „gefährlichen Internets" zeichnen, das vor allem in konzernmassenmedialen Repräsentationen verbreitet ist, in Debatten im Internet jedoch häufig entweder nicht aufkommt oder nur hämisch und ridikulisierend betrachtet wird – und, auch hier, ein weiteres Mal nicht ganz unplausibel, da die alltagsmoralische Thematisierung sich scheinbar weigert, die Nuancen einer recht leicht zu verstehenden Praxis zu verstehen. Die Praktiken zu verstehen, in denen ein einseitiges Bild gezeichnet wird, und was diese Praktiken tun, birgt damit tiefere Einsichten.

Interessant werden Analysen erst, wenn sie Offensichtlichkeiten hinter sich lassen; das bedeutet vor allem: wenn sie mainstreammoralische Einordnungen hinter sich lassen. Das bedeutet, die Deutungen des Alltags als Konstruktion zu verstehen, nicht als Tatsache. Die Deutung von Kommentaren als „bösartig" kann durchaus unklar und im Zweifel auch mehrschichtig sein: In Spielkontexten kann ein scheinbar „bösartiger" Kommentar durchaus anerkennend verstanden werden, wenn z. B. ein erfolgreich ausgeführter Spielzug (als Abfolge von spielrelevanten Aktionen verstanden), einem Spieler den Titel Bastard, Arsch, Potato (und einige andere) einbringen. Darin verpackt sein kann auch die Anerkennung der titulierenden Partei, auf dem falschen Fuß erwischt worden zu sein, gepaart mit der Anerkennung der für diesen Moment gezeigten Spielexpertise des Betitelten. Auf der anderen Seite hat es Sanktionsfunktion, wenn ein neuer Spieler einen offensichtlichen Zug nicht ausführt, den die Mitspieler aber gerade benötigen: „wtf dude I need health you potato," wenn der so adressierte Spieler einen support spielt, der heilen könnte, es aber nicht macht. Als Sanktionsfunktionen sozialisieren diese Spieler auf zwei Arten: sie lernen, was die in der community akzeptierten Arten des Spielens sind, aber auch, dass die community eine direkte Form der Interaktion gegenüber versteckten Kritiken bevorzugt. So rufen diese Formen der Interaktion oft nicht Beleidigung hervor, sondern eher entweder Gegenangriffe oder Reaktionen wie „ja, fair", wenn die so kritisierten Spielerinnen sich selbst ebenso als schlechte Spieler deuten.

Das führt zur Erkenntnis, dass es keine eine „richtige" Kommunikationsstruktur gibt, sondern in verschiedenen Kontexten unterschiedlich gedeutete

Kommunikationsstrukturen. Nur, weil öffentliche Diskurse diese Formen der Interaktion negativ deuten würden, bedeutet das nicht, dass diese abstrakt falsch wären (während schulische und journalistische Institutionen im Gegenzug sehr harsch mit Schülerinnen oder mit abgewerteten Populationen umgehen, wenn sie es aus ihrer Machtposition heraus tun; die Kritik trifft in der Regel nur von ihnen abhängige, bewertete Gruppen, nicht sie selbst.) Es handelt sich in den so beobachteten Praktiken vielmehr um eine Feldkultur, die von den Teilnehmenden nicht ausschließlich negativ gewertet werden muss. Interaktionen im chat, der das Spiel *League of Legends* begleitet, sehen von außen betrachtet hochgradig konfliktisch aus, gehören jedoch in dieser Konflikthaftigkeit zum Spiel, wie die Spielerinnen das verstehen; er zeigt, wie interne Deutungen einer offenbar negativen Interaktion positive Deutungen auferlegen können, wie Beteiligte bemerken: „ohne Salz[4] schmeckt's nicht". Das zeigt auch, dass das Spiel zunächst nicht durch das programmierte Spiel beschränkt ist und die Grenzen des Spiels weiter liegen können als das, was „offiziell" als Spiel gilt. Die wirklich interessante Feststellung ist damit, dass der Zauberkreis, der das Spiel „zusammenhält", nicht notwendigerweise nur auf die Handlungen mit der Spielmechanik im Spiel begrenzt ist, sondern die chats und Interaktionen um das Spiel herum mit in es einschließen kann: die Beteiligten lernen, diese Elemente als Teil des Spiels zu verstehen, sodass dem Spiel auch etwas fehlen würde, wären diese Elemente nicht vorhanden.

Auch in sozialen Netzwerk kann ein auf alltagsmoralischen Perspektiven als abwertend und beleidigend eingeordneter Kommentar scherzhaft, anerkennend und problemlos gerahmt werden; wenn in deutschsprachigen redditMemegruppen „Hurensohn" als Kommentar gepostet wird, ist das nichts, woran sich initiierte Gemüter erhitzen.

Damit lassen sich also auch hier Praktiken sammeln: So können die Praktiken der Reaktion auf die Handlungen anderer und die Rederegeln, in denen diese Praktiken eingewoben sind, in Codes und Kategorien geordnet werden. Eine analytische Einsicht ergibt sich, wenn die Alltagsbewertung außenvorgelassen wird und die Forscherin sich erst auf diese Interaktionen einlässt, dann die Distanz herstellt, um diese Kommunikationen als Konstruktionsleistungen zu verstehen, mit denen eine Feldkultur verhandelt und aufrechterhalten wird. Interessant wird es, wenn dabei deutlich wird, wo etwas im Feld als trolling, flaming, oder toxisch gerahmt wird: Wo nämlich das Feld selbst kontrollierend tätig wird, um Exzesse – d. h. Exzesse nach seinem eigenen Verständnis! – einzuhegen. Damit können

---

[4] „Salzig" ist die Eindeutschung von „salty", einem Begriff, der sich für verärgerte oder frustrierte Reaktionen, vor allem in online-Kontexten, etabliert hat.

wir eine Rückbindung zum Beginn dieser Arbeit leisten: Wir hatten das Kapitel zu Eigendeutungen und Fremddeutungen mit Katharina Inhetveens Studien zur „Gewalt" in Hardcorekonzerten und Staci Newmahrs Studien in Kink-Kulturen begonnen. Genau, wie die Außendeutung „gewaltsam" diese Felder verzerrt und vorverurteilend darstellt, stellt die Deutung von trolling und flaming als „bösartig" eine solche Außendeutung dar, die das Feld zudem als „regellos" erscheinen lässt. Das erlaubt eine weitere Rückbezugnahme, nämlich zu Sudhir Venkatesh (im selben Kapitel), der ebenso bemerkt hatte, dass das Ghetto fälschlicherweise als „regellos" verstanden wird: Diese Außendeutung als „regellos" dient hier zur Rechtfertigung äußerer Kontrollnahme über dieses Feld. Sie bietet die Legitimation, vor bürgerlichem Publikum argumentieren zu können, dass dieser „Moloch" geordnet werden müsse, um klassischen bürgerlichen Werten wieder zur Geltung zu verhelfen. Venkatesh bemerkt, dass diese Außendeutung erstens eine Machtstrategie ist, um über diese Felder Kontrolle gewinnen zu können, und dass zweitens damit die Allgemeingültigkeit einer bürgerlichen Werteordnung – auch stark machtdurchflossen – gestützt werden kann. Eine offenere Analyse bemerkt, dass diese Eigenordnungen durchaus regelhaft sind, und dass Außenordnungen dagegen für die im Feld Beteiligten entmächtigend und exkludierend wirken können. Diese Erkenntnisse können nun in einer Parallele an dieses Feld herangetragen werden: Eine Arbeit kann zunächst die Praktiken der Eigenordnung darstellen und kontrastieren, wie die Praktiken der Außenordnung die Grenzen zwischen trolling und flaming verwischen, wie sie die Ironie und den Spaß dieser Eigenordnung aus dem Bild löschen und gerade in journalistischen Darstellung zur schnellen Skandalisierung des Feldes springen. Daraus kann sie nun ein Bild zeichnen, das es erlaubt, Parallelen zu anderen Praktiken aufzuzeigen, in denen über machtlose Populationen – oft vor allem Jugendliche – Kontrolle durch diese Art von Skandalisierung gewonnen wurde. So kann eine Analyse entstehen, die subversiver und kritischer ist als jene, die einfache Außendeutungen reproduzieren.

Das zeigt auch die bleibende Rolle auf, die theoretische Einordnung in ethnografischen Arbeiten spielt: Es geht nicht etwa darum, sie zu löschen; es geht nur darum, ihre Ordnung nicht zur Grundlage der eigenen Arbeit zu machen. Als Faustregel ist die Recherche der Literatur zum Thema etwas, was nicht vor Beginn der Studie oder zu Beginn der Auswertung erfolgen sollte, sondern erst dann, wenn eine spezifische Idee aus einer Überraschung heraus emergiert ist; jetzt erst kann festgestellt werden, welche theoretischen Verknüpfungen tatsächlich notwendig sind, um die langsam entstehende Idee mit Leben zu füllen und an die bestehende Forschung anzuschließen.

Forschungsethik

Kein gegenwärtiges Methodenwerk kommt ohne eine Diskussion der ethischen Rahmung der Forschung aus. Hinweise zur Forschungsethik können dabei hochgradig formalisiert oder ganz alltagspraktisch gegeben werden. Die deutsche Gesellschaft für online-Forschung hat eine formalisierte Liste von Richtlinien zur Erforschung von sozialen Netzwerken bereitgestellt,[5] die sie an Forschungen anwendet. Dabei ist bei formalisierten Katalogen zunächst zu bemerken, dass sie nicht nur den Schutz des Feldes, sondern auch den Schutz der Forscherinnen vor rechtlichen Herausforderungen in den Mittelpunkt rücken; das betrifft vor allem Datenschutz- und Copyrightregeln, die eine Studie einhalten muss, um nichts rechtlichen Herausforderungen ausgesetzt zu sein. Ethik ist jedoch von reinen Rechtsrahmen zu unterscheiden: nicht alles, was legal ist, ist als Forschungspraxis auch vertretbar, und was Forschende rechtlich schützt, muss nicht das Beste für die Teilnehmenden des Feldes sein. Wie auch Methode ist Ethik ist keine Frage der Regel, sondern letztlich eine Abwägungsentscheidung, die vor allem von einem Respekt vor dem Feld und seinen Teilnehmenden geleitet werden sollte: Es gilt, Schaden für das Feld zu meiden und ihre Anonymität zu schützen, wobei auch hierin keine so leichte, eindeutige Regel zu finden ist, wie das geschehen soll oder auch nur kann.

Einverständis?

Die in US-Kontexten häufig zugrunde gelegte Regel, dass die Beteiligten ihr Einverständnis erklären sollen, betrifft das Problem offener und verdeckter Forschung. Während einige, gerade US-amerikanische Ethnografie offene Forschung als einzige ethische Möglichkeit rahmt, haben wir diese Debatte bereits an anderer Stelle für die Ethnografie im Allgemeinen differenzierter dargestellt (Dellwing und Prus 2012). Schon in offline-Kontexten war völlige Offenheit unmöglich, wie Lofland und Lofland bemerken: „the distinction between open and covert research ... is ... essentially artificial" (Lofland und Lofland 1984, S. 24), denn „[s]o long as there exists a separation of role between the researchers and those researched upon, the gathering of information will inevitably have some hidden aspects even if one is an openly declared observer" (Roth 1962, S. 278). Nicht alle Menschen, die in Kontakt mit dem Feld kommen,

---

[5]http://rat-marktforschung.de/fileadmin/user_upload/pdf/R11_RDMS_D.pdf

können gefragt werden, und denen, denen es mitgeteilt wird, wird in der Regel niemals alles und meistens nicht das Ziel der Studie mitgeteilt. „All research is secret in some ways and to some degree – we never tell the subjects ‚everything'" (Lofland und Lofland 1984, S. 24). Dazu kommt, dass das Ziel in einer Ethnografie überhaupt noch gar nicht feststeht, wenn die Feldforschung beginnt; die Offenheit der Ethnografie als Forschungsform macht es damit bereits unmöglich, überhaupt zu Beginn Mitteilungen über Ziele zu machen, da sie im Laufe der Forschung ja erst emergieren.

Gerade für online-Forschung ist eine solche Begrenzung, die Forschung nur mit vollem Einverständnis möglich machen will, zudem von vornherein schon strukturell illusorisch und würde jede Forschung verunmöglichen. „In der Praxis ist es [...] so, dass häufig eine Einwilligung zur Verwendung von Informationen entweder nicht bzw. nur sehr schwer eingeholt werden kann (Teilnehmer/innen einer archivierten online-Konversation sind häufig nicht mehr erreichbar, weil sie die Gruppe verlassen haben oder sich die E-Mail-Adresse geändert hat) oder vorab gar nicht eingeholt werden sollte: Bei synchronem online-Geschehen (z. B. in Chats oder Multiuser-online-Spielen) würde die Spontaneität und Natürlichkeit des Geschehens stark beeinträchtigt, wenn vorab eine Einwilligung zur Beobachtung von den Teilnehmenden erbeten würde" (Gnambs und Batinic 2010, S. 328). Diese bereits breite Feststellung hat dabei noch nicht erwähnt, dass die Personen, die Material vor unseren Augen posten, oft gar nicht Urheber dieser Materialien sind. Das Internet ist eine große Referenz-, Wiederverwertungs- und Dekontextualisierungsmaschine. Die Ursprünge des Materials, das wir vorfinden, wer in seiner Herstellung involviert war, wer es verbreitet und verändert hat sind häufig nicht festzustellen: Im Fall eines tumblr-posts kann ein Originalposter zwar ausgemacht werden, da das Profil, von dem es ausging, verzeichnet ist; die Editierungen, die in reblogs aufgekommen sind, sind jedoch oft nicht nachvollziehbar. Die Originalposter haben das Material zudem oft aus anderen online-Kontexten enthoben und dann bei tumblr ohne Attribution gepostet (Abb. 6.4).

Dazu kommt ganz sozialwissenschaftlich, dass auch ein Reposter ein Originalposter in dem Sinne ist, dass das Material eine Aneignung erfährt – und sei es nur durch die Aufnahme in einen Flow, der von anderen Posts flankiert wird, in eine Rahmung einer Blogästhetik, und dann zusätzlich noch durch Neukontextualisierung, Hashtags oder Kommentierung, die aber als Zusatz gar nicht notwendig ist, um diese Neuverwendung als neu und nicht nur derivativ anzusehen. Anders ausgedrückt: Die Tatsache, dass unsere Gesellschaft solche Kontexte durch die Linse des (intellektuellen) Eigentums denkt verbirgt, dass alle Kulturleistungen Gemeinschaftsproduktionen sind; nur, weil Copyright rechtlich Eigentum

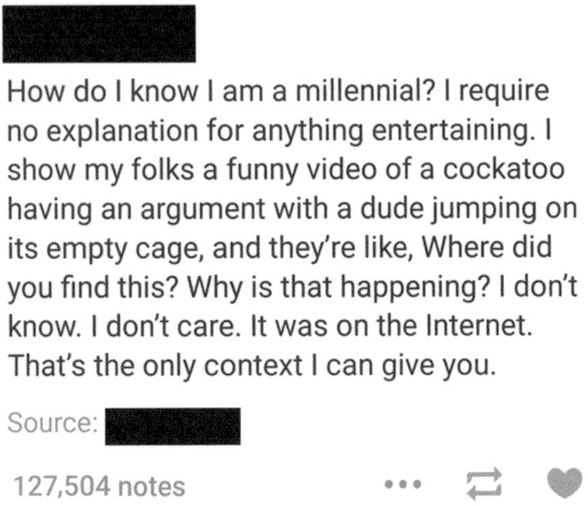

How do I know I am a millennial? I require no explanation for anything entertaining. I show my folks a funny video of a cockatoo having an argument with a dude jumping on its empty cage, and they're like, Where did you find this? Why is that happening? I don't know. I don't care. It was on the Internet. That's the only context I can give you.

Abb. 6.4 Quelle: tumblr

zuschreibt, muss diese Zuschreibung nicht in die sozialwissenschaftliche Analysen übergehen.[6]

Zudem ist es in Foren oder Bloginteraktionen völlig unmöglich, alle Beteiligten ausfindig zu machen – Nutzerinnen können lange nicht mehr aktiv gewesen und so nicht erreichbar sein, und das Feld ist voller Lurker, die sich gar nicht kenntlich machen. In Spielen gibt es auch ein Performanceproblem, wenn der Forscher versucht, gleichzeitig zu spielen, Daten zu sammeln und seine Forschung zu erklären und zu rechtfertigen. Je nach Spiel sind die ersten beiden schon schwer miteinander zu vereinbaren; kurze MOBA- oder Battle-Royale-Spiele, in denen Mitspielerinnen nur eine Viertelstunde oder weniger überhaupt verbunden sind, die zudem dazu verwendet werden muss, zu spielen – Strategien abzusprechen, Bewegungen abzugleichen, Items auszutauschen etc. Eine Forschungserklärung würde den Beteiligten ihr Spiel nehmen.

---

[6]Die wissenschaftliche Verwendung von copyrightgeschütztem Material ist in der Regel problemlos, wenn es zum Zweck der Analyse verwendet wird.

„Veröffentlicht"?

Glücklicherweise wird auch nicht regulär erwartet, dass online-Forschung solch umfassende Benachrichtigungen vornimmt. Die DGOF hat zum Thema der Verwertbarkeit die Regel aufgestellt, dass was im offenen Internet erhältlich ist auch wissenschaftlich verwertbar werden kann, was hinter Zugriffssperren steht, dagegen nicht. Das klingt eingängig, wirft praktisch jedoch einige Fragen auf: Was gilt z. B. als Zugriffssperre? Wir haben oben von „lane culture" und den Praktiken gesprochen, mit denen Gruppen online sich trennen, aber durchaus wissen, was in anderen Gruppen geschieht; wieder ist die Durchlässigkeit und Mobilität online Grund dafür, dass Grenzen nicht so leicht zu bestimmen sind. Interaktionen können auf Seiten stehen, für die Anmeldung nötig ist, die aber trotzdem problemlos durchforstet werden können und die auch von Google erfasst werden. Diese Inhalte sind de facto zugänglich. Fetlife, eine bekannte BDSM-Fetischseite, ist dagegen von Google-Suchbots abgeschirmt, aber auch hier reicht eine einfache Registrierung, um die von Nutzern geposteten Inhalte weitgehend zu sehen, außer jenen, die für Freunde reserviert sind. Facebook-Gruppen, an denen nur mit Einladung teilgenommen werden kann, werden in Google-Suchen ebenso nicht durchdrungen, können auch nicht von außen beobachtet werden und können dagegen auch nicht durch eine einfache Facebook-Registrierung „entsperrt" werden, sondern benötigen eine Zulassung durch Gruppen-Admins. Auch die einschlägigen reddit-Gruppen wie das mittlerweile von reddit gelöschte /r/TheDonald waren zwar von außen einzusehen, aber die Teilnahme ist auf jene beschränkt, die von den Admins der Gruppe zugelassen werden. Diese Gruppen sind gegenwärtig hochgradig interessant und ihre Erforschung auch politisch wichtig, stell(t)en sie doch Zentren der Kommunikation für die neue Rechte dar. Geschlossene Facebook-Gruppen dieser Art sind von politischer Satire infiltriert worden, aber können für sozialwissenschaftliche Forschung zunächst als abgeschirmt gelten.

Es wäre jedoch verkürzt, solche Einschätzungen für eindeutig zu halten. „Inwiefern Daten aus Diskussionsforen oder online-Chats eine private Kommunikation darstellen, welche aus ethischen Erwägungen nicht ohne Einwilligung der Beteiligten analysiert werden dürfen, [...] wird bislang kontrovers diskutiert" (Gnambs und Batinic 2010, S. 327). Die scheinbar einfache Regel der Erhältlichkeit von Daten im offenen Internet trifft damit praktisch also auf einen weiten Fächer von Grenzsetzungen, bei denen eine Entscheidung notwendig ist, was nun als verwertbar gelten soll und was nicht. Formalismus hilft generell nur in formalen Kontexten weiter, und auch da nur, um formale Regulatoren zufriedenzustellen. Die Kontextualität der Entscheidung, welche Form der

Beobachtung ethisch vertretbar ist, gilt umso mehr, als diese eigene Einschätzung oft die einzige Möglichkeit ist, eine solche Einordnung vorzunehmen. Das sind Einschätzungen, die die Regel nicht für einen treffen konnte; Regeln können niemals ihre Deutung abstrakt leiten (Fish 2011; Dellwing 2015), und es ist durchaus wahrscheinlich, dass hier schwierige Abwägungsfragen aufkommen werden. Gerade für ethnografische Forschung ist hier, wie immer, zudem die Frage nach der Anpassung ans Feld wesentlich.

Schadensvermeidung?

An anderer Stelle hat einer von uns bereits festgestellt, dass die ethischen Anforderungen an teilnehmende Beobachtung kritisch hinterfragt werden müssen im Lichte dessen, was anderswo ohne Probleme getan wird – und den Beteiligten weit größere Probleme verursacht. Dass die Sozialwissenschaft sich hier rechtfertigen muss, die Polizei und Verwaltung jedoch nicht, zeugt bereits von einem starken Machtgefälle zwischen diesen Feldern. Jack Douglas (1976) bemerkt, dass staatliche Instanzen wie Polizei und Verwaltung unerkannt sehr viele Daten über Menschen sammeln, die dann auch gegen sie verwendet werden; Ethnografie, bemerkt er dagegen, sammelt nicht nur viel vorsichtiger, sondern ist zudem von der ethischen Maxime gebunden, den Beteiligten nicht zu schaden. Sozialwissenschaft hat nicht zum Ziel, Material gegen das Feld zu verwenden; gerade Ethnografie hat vielmehr das Ziel, zum Verständnis des Feldes beizutragen und Außenproblematisierungen dieses Feldes nicht zu stärken. Immersion und Zugang zu den Intersubjektivitäten des Feldes sind daher zentral, um das Ziel zu erfüllen, keinen Schaden zuzufügen. Während Außenordnungen dazu neigen können, Stigmatisierungen und Gefahrendiskurse, denen sich diese Gruppen bereits ausgesetzt sehen, sind Ethnografien gerade geeignet, diesen zu begegnen; sie sind ihnen aber nicht hörig, sie stellen sie interessiert, aufrichtig und vor allem: diese *ernst nehmend* dar.

So bleibt als Kernregel jeder ethnografischen Forschung die Vorgabe, den erforschten Gruppen keinen Schaden zuzufügen: Das eigene Forschungsziel soll nicht zulasten der Beforschten durchgesetzt werden. Wir sind keine Journalisten und keine Polizei: Ethnografie nimmt nicht an Feldern Teil, um sie zu „entlarven" oder die Teilnehmenden Strafen auszusetzen oder aus der Sicht von Alltagsmoralen zu verurteilen. Da Ethnografie von vornherein die Realität der Mitglieder des erforschten Feldes in den Vordergrund rückt und aktiv gegen die Außenordnung durch mitgebrachte Kategorisierungen arbeitet, ist sie ohnehin darauf ausgerichtet, den erforschten Gruppen ihre Stimme zu lassen und dieser auch Raum zu bieten. Das gehört zu den Grundfesten, die jedoch praktisch nicht immer leicht zu balancieren sind, da dies in einer strengen Auslegung zwangsläufig dazu führen müsste, dass Forschung die Deutungen der erforschten Gruppe einfach wiedergibt: Je nachdem, welche Gruppe untersucht wird, kann diese schon kritische Betrachtungen und die Weigerung, ihrer eigenen Realitätsdeutung als „Wahrheit" zu folgen, bereits als Beschädigung deuten. Die feldeigenen Narrative aus einer distanzierteren Position zu betrachten ist vielmehr Aufgabe einer qualitativen Forschung: sie *muss* die Eigennarrative des Feldes als Konstruktion und in Alltagspraxis eingewobene Leistung einer Realität verstehen, nicht als unverbrüchliche, einfach gegebene Realität. Ließe sie hiervon ab, würde Ethnografie eine Propagandaschrift für die erforschten Felder anstelle einer durchdringenden Betrachtung des Feldes liefern.

Der Schutz des Feldes vor Gefahr ist also nicht der Schutz davor, dass die eigenen Narrative dieses Feldes infrage gestellt werden; es ist vielmehr der Schutz der Beteiligten vor Gefahren, die durch *Offenlegung von internen Praktiken* entstehen könnten. Das beinhaltet in der Regel zwei große Fragen: erstens, was darf überhaupt verwendet werden? Und zweitens, wie schütze ich *darin* die Anonymität der Beforschten und des Feldes, um nicht Informationen über sie zu veröffentlichen, die von anderen Gruppen und Individuen später gegen sie verwendet werden können?

Zentral zur Vermeidung von negativen Konsequenzen durch Drittakteure – wie eben Justiz, Ämter, etc. – ist der Schutz der Anonymität der erforschten Personen als Hauptkriterium einer ethischen Ethnografie. Aber auch hier gilt: wer bestimmt, was als „anonym" gilt, gerade in einem Kontext, in dem – wie wir bereits festgestellt haben – letztendliche Unauffindbarkeit nicht zu gewährleisten ist? Klassisch erreichen Ethnografien das, indem sie die Namen, Orte und Kontexte verfälschen, die im Feld auftauchten und keine Feldnotizen mit dem Publikum teilen, die diese Sicherungsstrategien noch nicht durchlaufen haben. Für online-Ethnografien gilt dasselbe, nur, dass die besondere Situation von online-Kommunikation einige neue Elemente hinzufügt. Vor allem kommen im Internet Klarnamen nicht unbedingt auf; das bedeutet jedoch nicht, dass die Namen, die aufkommen – Usernames, Blognamen, Aliases, Nicks, etc. – daher einfach frei verwendet werden sollten.

> „(W)hile it might be argued that these are not people's ‚real names', such online means of self-representation should rather be seen as very real. The notion that these are not ‚real names' seems to be based on an ideological understanding of the

internet as ‚less real' than the offline world: usernames and avatars are very real to the people who use them to present themselves",

bemerkt Varis (2014, S. 7–8) in Referenz zum bereits angesprochenen Exzeptionalismus- und Irrealitätsdiskurs, den wir bereits kritisiert haben. „(I) f people use the same identifiers for themselves across different contexts and platforms, potentially gives access to intricate worlds of online activity. When necessary, these ‚not real' names should also then be protected" (Varis 2014, S. 8).

Dazu kommt, dass diese Interaktionen immer bereits im Internet auffindbar sind, da sie entweder im Originalkontext noch online stehen oder in Caches und Screengrabs aufgegriffen werden konnten und diese online auffindbar sind. Gerade in online-Kontexten steht unser Handeln beständig unter Beobachtung – zu Zwecken, die die der Ethnografie bei weitem in ihrer Übergriffigkeit übersteigen. Das führt zur besonderen Herausforderungen, Rückwärtssuchen aushebeln zu müssen, um unsere Bedürfnisse von Anonymisierung zu erfüllen: Ein gesprochenes Zitat in einer klassischen Ethnografie konnte verbatim wiedergegeben werden, solange der Name der Sprecherin, ihre institutionelle Anbindung und der Ort unkenntlich gemacht wurden. Für eine Ethnografie, die sich mit online kommunizierten Inhalten befasst, ist es damit oft nicht getan: Wer ein schriftlich erfolgtes Zitat auf einer permanenten Plattform wortwörtlich wiedergibt, macht es suchbar, und über eine einfache Internetrecherche können unkenntlich gemachte Namen und Kontexte schnell wieder aufgefunden werden. Christine Hine schlägt daher vor, „quote sparingly and with caution from internet data in ethnographic publications, […] adapting quotation so that the sense comes through but direct searchability … is not possible" (Hine 2015, S. 163). Über Mikrofon gesprochene Zitate in online-Spielen oder in Chats sind ephemer und können nicht gesucht werden, in Schriftchats Gesprochenes ist auch zumeist nach der originalen Übertragung nicht mehr auffindbar, kann jedoch schon prekärer sein. In der oben erwähnten tumblr-Ethnografie hieß das z. B., dass nur solche Posts als Screenshot oder direktes Zitat übernommen wurden, wo die Bilder und Texte so weit verbreitet waren, dass die eindeutige Zuordnung nicht möglich war; wenn z. B. ein Post tausende Male oder mehr geteilt wurde und damit nicht mehr nachzuvollziehen ist, von wem der spezifische Post stammte. Posts, die dagegen nur von wenigen oder gar nur einer Person online gestellt wurden und danach wenig Verbreitung gefunden haben, sind zur direkten Widergabe eher tabu. In der tumblr-Studie, auf die dieser Band ständig rekurriert hat, hatten wir in solchen Fällen eine Umformulierung der Beiträge vorgenommen, die die kontextuelle Bedeutung des Posts aufrechterhält, ohne aber die direkte Formulierung zu verraten. Damit das erfolgreich möglich ist, muss jedoch bereits ein tiefes, immersives Verständnis des untersuchten Feldes vorliegen; selbst dann ist es weiterhin möglich, die kontextuelle Bedeutung nicht zu erfassen, was eine besondere Vorsicht erfordert.

Zudem sind gerade auf online-Feldern Formen der Beobachtung zu finden, die mit weit weniger Anonymisierung auskommen, z. B. im Fall von Livestreams aus Spielen. Wer hier auf einem Spieleserver spielt und zufällig den Weg eines Livestreamers kreuzt, wird mitgestreamt, oft mit sichtbaren Informationen wir z. B. Login-Namen, wobei einige Spiele hier Einstellungen bieten. *Apex* z. B. lässt Spielende einen „Streamer-Modus" wählen, in dem entweder alle anderen Namen nicht angezeigt werden oder nur der Name der Spielerin, die den Streamer besiegt hat. Spiele ohne diese Einstellungen zu spielen hat derzeit jedoch keine negative Konsequenzen. Eine ethnografische Studie anonymisiert gegenüber diesen Verbreitungen all diese Daten.

Ethnografie ist an den Realitäten und Strukturen des Feldes ausgerichtet und baut auf dem Fundament der Anpassung, nicht der Regel; jede Regel wird infrage gestellt, wenn die Realitäten des Feldes und die Erfordernisse der Herstellung praktischer Intersubjektivität spontane Kurswechsel nützlich machen. Das gilt letztlich auch für die ethische Ausrichtung der Forschung, die sich auch an die erforschten Felder und ihre Besonderheiten anpassen muss. Eine alltagspraktische Variante, die Ethik nicht in Regeln formalisiert, sondern eine beständige Auseinandersetzung mit Grundprinzipien in den Vordergrund stellt, deren Einhaltung letztlich eine Deutungsaufgabe der beteiligten Forscherinnen darstellt.

TL;DR AF

Eine der häufigsten Sorgen, die Studierende bei qualitativer Arbeit umtreiben, ist ihr scheinbares Scheitern daran, den Text zu finden, der ihnen genau sagt, was sie tun sollen. Oft ziehen sich Studierende gerne auf ein Buch zurück, das sehr genaue Anweisungen gibt; ein solches Buch, das die genauen Schritte anleitet, ist selten – und wenn es dann doch gefunden wird, ist es womöglich eher irreführend, um die eigentliche Studie mit seiner Hilfe vorzunehmen. Nach der Lektüre mehrerer Werke im Feld bemerken sie dann, dass diese Lücke sich durch alle guten Einführungen in solche Arbeit zieht, und nach der Lektüre der Arbeiten im Feld bemerken sie, dass die Methodik der Forschung bei tatsächlichen Studien tatsächlich eher unerwähnt, nur knapp angerissen oder in groben Zügen dargestellt bleibt. Das ist für qualitative Arbeit üblich, gerade, weil es in ihr eben nicht hochmethodisch zugeht und die Erkenntnisse gerade auf der Basis von flexibler, kreativer Auseinandersetzung mit dem Feld entstehen; sie beinhalten mehr Kunst als Handwerk.

Qualitative Arbeit generell und ethnografische Arbeit spezifisch bieten sich nicht für solche strikten Kataloge an: Die ganze Forschungsform beruht darauf, gegenüber den Deutungen des Feldes eine Beobachtungsposition einzunehmen und die Ordnung des Anderen ernst zu nehmen. Eine vorher formalistisch geschlossene Forschung wäre genau dazu an genau dem Punkt nicht mehr in der Lage, an dem sie ihre Eigenordnung über die Deutungsordnungen des Feldes setzt. Feste, verpflichtende Methoden wären einfach ein Widerspruch zu dieser Zielsetzung: Es geht gerade darum, das Feld *nicht* mit Außenordnungen zu kolonisieren, und Methode gehört dazu. Das gilt für qualitative Forschung auf breiter Basis und für die Ethnografie mit ihrer besonderen Fokussierung auf die Praktiken, in denen Deutungen im Feld zustande kommen, noch einmal dezidierter.

In Abwandlung eines Memes gilt für Bücher, und damit auch für das hier vorliegende: *I'm a book, not a cop.*[7] Man muss nicht tun, was es sagt, und ist immer frei, auf eine Situation auch spontan zu reagieren. Die ganze Stärke der Ethnografie liegt darin, solche offenen Reaktionen zu unterstützen und gerade damit kreative und einsichtsreiche Arbeit erst zu ermöglichen. Es ist diese Form, die als lose Ausrichtung der Forschung den Rest strukturiert und in dieser Strukturierung dem Rest die Offenheit gewährt, sich an das Feld anzupassen, um dessen Deutungen zu verstehen. Dazu gehört der Mut, abseits von klaren Vorgaben zu agieren, Deutungen zu wagen und aus ihnen eine Geschichte über das Feld zu erstellen – eine Geschichte, von der klar sein muss, dass sie die kreative Energie der Forscherin niemals abstreifen kann. Das ist Kernprinzip der Ethnografie, und es ist auch Kernprinzip der online-Ethnografie.

Online-Ethnografie ist damit einfach Ethnografie. Wie in jeder Ethnografie ist es wichtig, an einem Praxisfeld nach Möglichkeit genauso teilzunehmen, wie die sonstigen Teilnehmer das tun. Die drei Hauptziele hierbei sind, in dieser Abfolge: Zuerst das Verständnis der Realität des untersuchten Feldes; zweitens das Verständnis, dass dieses Feld mehrere Versionen seiner Realität konstruiert; und drittens, den analytischen Abstand zu diesen Konstruktionen zu wahren. Das geht nicht durch Methodenlernen; das geht nur mit Kreativität und Mut zur Schlussfolgerung.

---

[7]https://knowyourmeme.com/photos/1342616-the-simpsons

Diese Kreativität ist jedoch zentral. Wenn wir eine Regel – mit allen Einschränkungen, die oben gegeben wurden – mitgeben wollen, dann: *sei interessant*. Wir haben bemerkt, Onlineforschung ist die neue Alltagsethnografie: Das Alltagsleben ist online, und die Interaktionen online sind jene, die unseren normalen Alltag durchziehen. Erving Goffman hat gerade aus den scheinbaren Selbstverständlichkeiten des Alltags tiefgründige, detaillierte Analysen gewonnen, indem er diese Alltäglichkeiten darauf abgeklopft hat, wie mit ihnen ein stabiler Alltag erst gemacht wird. Es sind diese befremdenden Blicke in ansonsten obskure Ecken des scheinbar Offensichtlichen, in Abkehr der Deutungen, die schon am Essenstisch oder in der Zeitung zu haben sind, die interessant sein können. Interessant sein bedeutet also vor allem, jene Deutungen mit Missachtung zu strafen, die ohnehin an jeder Ecke zu haben sind. In der Sprache einiger Onlinefelder: Gute Ethnografie verwehrt sich Normienarrativen.

Für unser Feld gilt damit auch das Ziel, die versteckten Ordnungen zu entdecken, mit denen das untersuchte Feld in den ritualisierten Praktiken im Umgang mit Infrastrukturen erst gemacht wird. Das erfordert einen kritischen Blick in dem Sinne, dass die mitgebrachten Selbstverständlichkeiten infrage gestellt und umgedreht werden müssen. „Kritisch" bedeutet hier keineswegs, bekannte kritische Diskurse zum Feld einfach nachzuahmen. Eine Idee, die wir im Laufe von Beratungen oft gehört und abgewehrt haben: „Instagram schafft unrealistische Schönheitsbilder!" Das haben wir oben diskutiert: Sicher sind Schönheitskonstruktionen sozial gemacht und erfordern stetige Praxis, um verhandelt und aufrechterhalten zu werden, und sicher geschieht das auf vielfältige Weise online, und sicher spielt Interaktion auf Plattformen wie instagram hier eine Rolle; aber die Idee ist so formuliert simplistisch und unterkomplex, recyclet einfache Alltagsdiskurse über Gefahren, die in journalistischen Betrachtungen bereits weit verbreitet zu finden ist und tut so, als würde ein einheitliches Schönheitsbild mit einfach zu identifizierenden Selbstdarstellungspraktiken reproduziert. Sie weist kein Bewusstsein für Nuancen und Details, für Ironie und Widerstand, für Pluralität und unvorhergesehene Folgen auf. Eine Untersuchung, wie wir sie angeregt haben, kann vielmehr zunächst Formen und Prozesse, Rituale und Strategien von Darstellung und Interaktion suchen. Eine von unten beginnende Analyse kann diese Praktiken der Präsentation ordnen und dann – *danach* – den Prozess der Abstraktion beginnen, um zu einer Analyse zu gelangen, wie die Ordnung dieser Prozesse funktioniert und welche Selbstverständlichkeiten in ihnen präsentiert und reproduziert werden – was zu einer deutlich nuancierteren Erkenntnis kommen wird als „Schönheitsideale."

Anders formuliert könnten wir sagen, wenn wir einen zentralen Appell starten könnten, wäre das dieser: nutze Ethnografie nicht, um Stereotypen wiederzukäuen, Alltagsdiskurse nachzuahmen oder einfache neoludditische Gefahrendiskurse zu stärken; das gilt auch für „kritische" Diskurse, die sozial so weit verbreitet sind, dass sie kaum mehr als kritisch gelten können. Ähnliches gilt für andere einfache Gefahrendiskurse, die über Technologie im Umlauf sind. Neue Technologien als Gefährdung für Moral, Bildung und Familie zu fassen, gehört zu den ältesten Tropen der Geschichte: der Roman wurde als Gefährdung der Moral der Tochter gerahmt, die Oper war niveaulose Massenunterhaltung, Film, Fernsehen, Comics, und auch pen and paper-Rollenspiele wurden alle zu ihrer Zeit als Probleme gerahmt – wenn vor allem junge Menschen Publikum dieser Medien waren, denen älteren Generation mit Skepsis begegnet sind (den Jugendlichen ebenso wie den Medien). Ethnografie bedeutet, die Realitätskonstruktionen der Anderen ernst zu nehmen: Fremdverstehen ist, wie wir anfangs zitiert hatten, Grundvoraussetzung, und Gefahrendiskurse sind mit Fremdverstehen selten kompatibel.

Vor allem den Generationen, die mit online-Interaktionen aufgewachsen sind, wird mit diesen einfachen Geschichten Unrecht getan: nicht nur werten diese ihre Lebenswelt ab, sie schärfen damit auch das Machtverhältnis zwischen „Alten" und „Jungen", indem die Lebenswelt der jungen Generation unter Moral-, Kultur- und/oder Gefährdungsverdacht gestellt wird. Auch das ist eine alte Trope, die immer wieder auf Praktiken angewandt wurde, die für jüngere Generationen normal sind (Stehr 2010). Leitlinie einer Ethnografie ist zunächst Interesse, dann kritische Distanz nicht in dem Sinne, dass die Praktiken herausgefordert werden, sondern in dem Sinne, dass festgestellt wird, wie sie – unsichtbar für die, die sie anwenden – strukturiert sind und welche Normalitäten sie setzen, verhandeln, reproduzieren oder angreifen – ohne, dass wir uns auf die Seite dieser Normalitäten oder gegen sie stellen wollen. Sie sind gerade dann interessant, wenn sich die Forscherin Außenurteile dieser Art zunächst verkneift und stattdessen lernt, die Innenurteile zu respektieren. Dann kann man lernen, dass die Herausforderung ernsthafter Diskussion in Trolling eine Kulturpraxis ist, die zudem konzernmassenmediale und politische Ernsthaftigkeiten auf ihre Bruchstellen und Scheinheiligkeiten hin abklopfen kann und damit eine starke kritische Macht hat; man kann lernen, dass die Trennung zwischen real und virtuell eine interessante Gratwanderung zwischen Ironie und ernsthafter Trennung zwischen Online- und face to face-Kultur beinhaltet und nicht einfach ridikulisiert werden, aber nicht einfach angenommen werden kann. Man kann feststellen, dass die Verhandlung romantischer, sexueller und auch freundschaftlicher Beziehungen heute recht selbstverständlich mit Nacktbildern durchzogen ist und das Nacktbild eine normalisierte Kulturpraxis geworden ist, die nicht nur vor allem bei jüngeren

Generationen oft keine weitere Aufregung auslöst,[8] sondern die auch nicht als ignorante Aufgabe der Privatsphäre verständlich ist, sondern gerade einen Weg des Schutzes einer Form der „Spurkultur"-Privatsphäre aufzeigen kann.

Die Aufforderung „sei interessant" hat damit etwas Widerspenstiges: Interessant ist natürlich genau das, was nicht schon überall sonst zu finden ist. Eine interessante Ethnografie ist eine, die seziert, Details ordnet und aus diesen Details eine komplexere Erkenntnis darüber zieht, wie diese lokalen Ordnungen strukturiert sind, was sie tun und wie sie zu breiteren Ordnungen beitragen; und das alles, während der Respekt fürs Feld und seine Deutungen aufrechterhalten wird. Das Ziel besteht darin, aus der Beobachtung und Teilnahme heraus Dinge zu entdecken, die Alltagsbeobachter genuin überraschen und ihre bestehenden Urteile über diese Felder aus der Bahn werfen würden.

---

[8] „It's 2019. So, unless you're Amish, nudes are the currency of love. So stop shaming us." – Rue (as narrator), *Euphoria* (HBO), S1E1.

Literatur

Titel ohne weitere Angaben (Name, Vorname. Jahr. Titel.) sind Monografien.

Diese Literaturliste entscheidet sich bewusst, bei Monografien weder Ort noch Verlag anzugeben: diese Informationen waren in vordigitalen Kontexten notwendig, um ein Buch selbst oder über Buchhändler bestellen zu können, denn sie erlaubten es, einen Ansprechpartner – d.h. den Verlag – aufzufinden und anzuschreiben, über den ein Bezug erst möglich war.

Das ist, wie es so schön heißt, ein legacy-Format. Im digitalen Zeitalter sind diese Informationen nicht länger notwendig. Wir finden ein Buch online und können es problemlos bestellen, ohne diese Informationen zu kennen. In der Tat muss heute der Ort in der Regel erst nachträglich ausfindig gemacht werden, um lange nach Bezug, Lesen und Exzerpt, Verwendung und Zitierung im dann fertigen Manuskript die Tradition der Literaturliste zu bedienen. Einen tieferen Nutzen können wir in diesem Ritual nicht länger ausmachen.

Da es sich hier um einen Band über online-Ethnografie handelt, scheint dies der richtige Kontext, einen Aufschlag zu machen, diesen Anachronismus zu beenden.

Aarseth, Espen. 2004. Playing Research: Methodological approaches to game analysis.
Adler, Patricia und Peter Adler. 1989. „The gloried self: The aggrandizement and the constriction of self." Social Psychology Quarterly 52: 299–310.
Adler, Patricia und Peter Adler. 1991. Backboards & blackboards: College athletics and role engulfment.
Adler, Patricia (mit Peter Adler, uncredited[1]). 1993. Wheeling and Dealing. An Ethnography of an Upper-Level Drug Dealing and Smuggling.

---

[1]Der Band erschien, und erscheint bis heute, nur unter Patti Adlers Namen. Wie alle ihre Bücher haben allerdings Patti und Peter Adler auch dieses Buch gemeinsam verfasst. Bei ihren Dissertationen war es jedoch institutionell notwendig, diese jeweils unter nur einem Namen zu veröffentlichen. Peter bemerkt: „Patti was lucky. She got dissertation in her name that became famous."

Adler, Patricia und Peter Adler. 2003. Peer Power: Preadolescent Culture and Identity.
Albury, Kath, Nina Funnell und Estelle Noonan. 2010. The Politics of Sexting: Young People, Self-Representation and Citizenship.
Altheide, David. 1976. Creating reality: How television news distorts events.
American Heritage Dictionary. 2000. (vierte Ausgabe)
Anderson, Nels. 1923. The Hobo.
Anderson, Sky LaRell. 2017. "Watching People Is Not a Game: Interactive Online Corporeality, Twitch.tv and Videogame Streams." Game Studies 17. Online bei: http://gamestudies.org/1701/articles/anderson.
Apperley, Thomas und Dale Leorke. 2013. "From the cybercafé to the street: The right to play in the city." First Monday 18. Online bei: https://firstmonday.org/article/view/4964/3794.
Apperley, Thomas und D. Jaymane. 2012. „Game Studies' Material Turn." Westminster Papers 9: 5–25.
Auerbach, David. 2012. Anonymity as Culture.
Augé, Marc. 1994 [1992]. Orte und Nicht-Orte.
Argyle, Katie und Rob Shields. 1996. Is There a Body in the Net?
Aro, Jessikka. 2016. „The cyberspace war. Propaganda and trolling as warfare tools." European View 15: 121–132.
Awad, Naveen Farag und M. S. Krishnan. 2006. „The personalization privacy paradox: an empirical evaluation of information transparency and the willingness to be profiled online for personalization." MIS Quarterly 30: 13–28.
BalisticDerr. 2014. Dashcon. Know Your Meme, 13.06.2014, Web, 11.11.2018 um 17:30 in: https://knowyourmeme.com/memes/events/dashcon
Becker, Howard. 1967. „Whose Side Are We On?" Social Problems 14: 239–248.
Becker, Howard. 1986. Doing Things Together.
Becker, Howard. 2013. Außenseiter.
Becker, Howard, Blanche Geer, Everett Hughes und Anselm Strauss. 1961. Boys in White: Student Culture in Medical School.
Behr, Rafael. 2002. „Police as Life World. An Ethnography of Police-Officers' Identity." Forum Qualitative Sozialforschung / Forum: Qualitative Social Research 3. Online bei: http://www.qualitative-research.net/index.php/fqs/article/view/877.
Beneito-Montagut, Roser. 2011. „Ethnography goes online: towards a user-centred methodology to research interpersonal communication on the internet." Qualitative Research: 11: 716–735.
Bennett, Shea 2014. „This is How Much Time we Spend on Social Networks Every Day." AdWeek, 18. November 2014. Online bei: https://www.adweek.com/digital/social-media-minutes-day/
Bethmann, Stephanie und Debora Niermann. 2015. „Crossing boundaries in qualitative research: Entwurf einer empirischen Reflexivität der qualitativen Sozialforschung in Deutschland und den USA." Forum Qualitative Sozialforschung 16. Online bei: http://www.qualitative-research.net/index.php/fqs/article/view/2216.
Bielejewski, Aaron. 2016. „Gangbusters, mavericks, and the cop next door. Dominant models of American policing in popular culture." Kriminologisches Journal 48: 106–127.

Blumer, Herbert. 1954. „What is Wrong with Social Theory." American Sociological Review 18: 3–10.
Blumer, Herbert. 1969. Symbolic Interactionism: Perspective and Method.
Blumer, Herbert. 2012. Symbolischer Interaktionismus.
Blumer, Herbert. 2013. Symbolischer Interaktionismus – Aufsätze zu einer Wissenschaft der Interpretation.
Boellstorff, Tom. 2006 „A ludicrous discipline? Ethnography and game studies." Games and Culture 1: 29–35.
Boellstorff, Tom. 2008. Coming of Age in Second Life.
Boellstorff, Tom. 2009. „A Typology of Ethnographic Scales for Virtual Worlds." S. 123–134 in William Sims Bainbridge (Hrsg.) Online Worlds: Convergence of the Real and the Virtual.
Boellstorff, Tom. 2015. „Three Real Futures for Virtual Worlds." IJournal of Virtual Worlds Research 8. Online bei: https://journals.tdl.org/jvwr/index.php/jvwr/article/view/7167.
Boellstorff, Tom, Bonnie Nardi, Celia Pearce und T. L. Taylor. 2012. Ethnography and Virtual Worlds: A Handbook of Method.
Boll, Tobias. 2019. Autopornografie. Eine Autoethnografie mediatisierter Körper.
Boltanski, Luc und Laurent Thévenot. 2008. Über die Rechtfertigung. Eine Soziologie der kritischen Urteilskraft.
Borchard, Kurt. 2010. The Word on the Street: Homeless Men in Las Vegas.
Box Box. 2015. Boxbox Best Moments #9 – Be my Valentine!. Youtube, 22.02.2015, Web, 11.11.2018 um 16:40, in https://www.youtube.com/watch?v=Uz5UkmOawGA.
Bowker, Geoffrey, Karen Baker, Florence Millerand und David Ribes. 2010. „Toward Information Infrastructure Studies:Ways of Knowing in a Networked Environment." S. 97–117 in: J. Hunsinger et al. (Hrsg.), International Handbook of Internet Research.
Boyd, Danah. 2004. Being Wired Encourages „Human Contact: The Third Space." Online bei: http://www.corante.com/getreal/archives/004843.html.
Bradshaw, Samantha und Philip Howard. 2017. „Troops, Trolls and Troublemakers: A Global Inventory of Organized Social Media Manipulation." Working Paper, Oxford Computational Progranda Research Project. Online bei: comprop.oii.ox.ac.uk'. http://comprop.oii.ox.ac.uk/.
Breuer, Franz. 2018. Reflexive Grounded Theory.
Callois, Roger. 2001. Men, Play and Games.
Caplan, Paula. 1995. They Say You're Crazy: How the world's most powerful psychiatrists decide who's normal.
Carter, Marcus. 2014. „Emitexts and Paratexts: Propaganda in EVE Online." Games and Culture 10: 1–32.
Carpini, Michael und Bruce Williams. 1994. „Methods, Metaphors, and Media Research." Communication Research 21: 782–812.
Caudill, Roger. 2015. Altruism Online: An Ethnographic Exploration into League of Legends.
Carter, Marcus, Kelly Bergstrom, Nick Webber und Oskar Milik. 2015. „EVE is real." Proceedings of DiGRA 2015 Conference. Digital Games Research Association 12. Online bei: http://www.digra.org/digital-library/publications/eve-is-real/.
Castel, Robert. 1983. Die psychiatrische Ordnung.

Charmaz, Kathy. 2006. Constructing Grounded Theory. A Practical Guide Through Qualitative Analysis.
Charmaz, Kathy und Richard Mitchell. 2001. Grounded Theory in Ethnography. S. 160–174 in: Paul Atkinson, Amanda Coffey, Sara Delamont, John Lofland und Lyn Lofland (Hrsg.), Handbook of Ethnography.
Chee, Florence. 2006. The games we play online and offline: Making Wang-tta in Korea. Popular Communication 4: 225–239.
Chen, Vivian Hsueh-hua und Henry Been-Lirn Duh. 2007. „Understanding social interaction in World of Warcraft." S. 21–24 in ACE (Hrsg.)., Proceedings of the International Conference on Advances in Computer Entertainment Technology.
Cohen, Stanley. 1972. Folk Devils and Moral Panics.
Conrad, Peter und Joseph Schneider. 1992. Deviance and Medicalization: From Badness to Sickness.
Cooley, Charles Horton. 1902. Human Nature and the Social Order.
Cooley, Charles Horton. 1909. Social Organization.
Crawford, Gary. 2012. Video Gamers.
Cressey, Paul. 1932. Taxi-Dance Hall. A Sociological Study in Commercialized Recreation and City Life.
Dellwing, Michael. 2012. "Little Dramas of Discomposure: On Doing Face-Work with Disaligning Actions." Symbolic Interaction 35: 146–161.
Dellwing, Michael. 2014. Zur Aktualität von Erving Goffman.
Dellwing, Michael. 2015. Recht, Devianz und Interaktion.
Dellwing, Michael. 2016a. „Methodische Zugänge der Ethnografie," S. 320–354 in: Klaus Hurrelmann, Sabine Walper, Mathias Grundmann (Hrsg.), Handbuch Sozialisationsforschung.
Dellwing, Michael. 2016b. „Doppelte Antizipation: Interne Kontrollen und unklare Reaktionen in der Gestaltung von US-Fernsehserien." Kriminologisches Journal 48: 128–144.
Dellwing, Michael. 2017. Kult(ur)serien: Produktion, Inhalt und Publikum im Looking-Glass Television.
Dellwing, Michael. 2018a. „Halbe Befreiung." In: Michael Dellwing und Martin Harbusch (Hrsg.) „Pathologisierte Gesellschaft" 12. Beiheft des Kriminologischen Journals. [im Erscheinen]
Dellwing, Michael. 2018b. „Das Trollen der eigenen Kultur? Goffmans flaneurethnografische Herausforderung von Alltagswissen." S. 227–238, in: Poferl, Angelika, Ronald Hitzier, Matthias Klemm, Simone Kreher und Norbert Schwer (Hrsg.). Herumschnüffeln – aufspüren – einfühlen : Ethnographie als ‚hemdsärmelige' und reflexive Praxis.
Dellwing, Michael. 2018c. Panische Züge: Die Skandalisierung von Gewalt in Computerspielen als Spielzug in Aufmerksamkeitsökonomien. In: Kriminologisches Journal 50: 274–294.
Dellwing, Michael. 2019. Das Trollen der eigenen Kultur. S. 227–238 in: Ronald Hitzler, Matthias Klemm, Simone Kreher, Angelika Poferl, Norbert Schröer (Hrsg.): Herumschnüffeln – aufspüren – einfühlen: Ethnographie als ‚hemdsärmelige' und reflexive Praxis.

Dellwing, Michael. 2021. Abweichende Nachrichten: Die soziale Reise der "fake news". In: Martin Harbusch (Hg.), Reisendes Wissen. ‚Traveling Concepts' als soziologische Kategorie.

Dellwing, Michael und Jennifer Drescher. 2016. „Fingierte Privatheit: Kontrolle und Management eigener Nacktfotos im Internet." S. 114–135 in: Rüdiger Lautmann und Daniela Klimke (Hg.), Sexualität und Strafe. 11. Beiheft zum Kriminologischen Journal.

Dellwing, Michael und Martin Harbusch. 2013. Krankheitskonstruktionen und Krankheitstreiberei.

Dellwing, Michael und Robert Prus. 2012. Einführung in die Interaktionistische Ethnografie: Soziologie im Außendienst.

Dellwing, Michael und Alessandro Tietz. 2018. „Pathologisierte Sozialität," in Michael Dellwing und Martin Harbusch (Hrsg.) „Pathologisierte Gesellschaft" 12. Beiheft des Kriminologischen Journals. [im Erscheinen]

Dellwing, Michael und Alessandro Tietz. 2019. Pathologisierte Sozialität: „Spielsucht" als institutionelle Verteidigung. S. 50 in: Michael Dellwing und Martin Harbusch. Pathologisierte Gesellschaft. 13. Beiheft zum KrimJ.

Denzin, Norman. 1970. The Research Act in Sociology: A Theoretical Introduction to Sociological Methods.

Deppermann, Arnulf. 2000. „Ethnographische Gesprächsanalyse: Zu Nutzen und Notwendigkeit von Ethnographie für die Konversationsanalyse." Gesprächsforschung. Online-Zeitschrift zur verbalen Interaktion 1: 96–124.

Dietz, Mary, Robert Prus und William Shaffir. 1994. Doing everyday life: Ethnography as human lived experience.

Dippel, Anne und Sonja Fizek. 2016. „Ludifizierung von Kultur. Zur Bedeutung des Spiels in alltäglichen Praxen der digitalen Ära." S. 363–384 in: Koch, Gertraud (Hrsg.): Digitalisierung. Theorien und Konzepte für die empirische Kulturforschung.

Dittmar, Jasmin und Michael Dellwing. 2016. Authenticity. In: D.C. Poff und A.C. Michalos (Hrsg),Encyclopedia of Business and Professional Ethics.

Doctorow, Cory. 2017a. „One of the net's most important freedom canaries died the day the W3C greenlit web-wide DRM; what can we learn from the fight?" Boing Boing: A Directory of Mostly Wonderful Things. 27 November 2017. Online bei: https://boingboing.net/2017/11/27/piracy-is-always-a-smokescreen.html.

Doctorow, Cory. 2017b. „Don't break the 21st century nervous system." New Internationalist. 13. Dezember 2017. Online bei: https://newint.org/blog/2017/12/13/net-neutrality.

Doctorow, Cory. 2019a. Felony Contempt of Business Model: Lexmark's anti-competitive legacy. Boingboing, 28. Juni 2019. https://boingboing.net/2019/06/28/printer-ink-markets-in-everyth.html (Zugriff am 3. Juni 2021).

Doctorow, Cory. 2019b. Adversarial Interoperability: Reviving an Elegant Weapon From a More Civilized Age to Slay Today's Monopolies. 7. Juni 2019. https://www.eff.org/deeplinks/2019/06/adversarial-interoperability-reviving-elegant-weapon-more-civilized-age-slay (Zugriff am 3. Juni 2021).

Doctorow, Cory. 2021. NYC's driver-owned Uber alternative. Pluralistic.net https://pluralistic.net/2021/06/02/arbitrary-arbitration/#gig-no-more. 2. Juni 2021 (Zugriff am 3. Juni 2021).

Douglas, Jack. 1976. Investigative Social Research.
Dourish, Paul. 2014. „Reading and Interpreting Ethnography." S. 1–23 in: Olson, Judith S. und Wendy A. Kellogg (Hrsg.), Ways of Knowing in HCI.
Döring, Nicola. 2012. „Erotischer Fotoaustausch unter Jugendlichen: Verbreitung, Funktionen und Folgen des Sexting." Zeitschrift für Sozialforschung. 25: 4–25.
Döring, Nicola. 2014. „Consensual sexting among adolescents: Risk prevention through abstinence education or safer sexting?" *Cyberpsychology: Journal of Psychosocial Research on Cyberspace 8. Online bei:* https://cyberpsychology.eu/article/view/4303.
Ducheneaut, Nicolas und Robert Moore. 2004. „The Social Side of Gaming: A Study of Interaction Patterns in a Massively Multiplayer Online Game." S. 360–369, in: Proceedings of the ACM Conference on Computer Supported Cooperative Work, CSCW.
Duchenaut, N., N. Yee, R. Moore und E. Nickell. 2006. „Alone Together?: Exploring the social dynamics of massively multiplayer online games." S. 407–416, in: Proceedings of ACM CHI 2006 conferencein human factors in computing systems.
Ducheneaut, Nicholas, Nicholas Lee, Eric Nickell und Robert Moore. 2007. "The life and death of online gaming communities: A look at guilds in World of Warcraft." S. 839–848, in Proceedings of the SIGCHI 2007 Annual Conference.
Eisewicht, Paul und Heiko Kirschner. 2015. Giving In on the Field: Localizing Life-World Analytic Ethnography in Mediatized Fields. Journal of Contemporary Ethnography 44: 657–673.
Elias, Norbert und John Scotson. 1965. Etablierte und Außenseiter.
Erken Brack, Elizabeth. 2011. Mediated Personhood and World of Warcraft: An Ethnographic and linguistic Analysis. Dissertation, University of Pennsylvania.
Escartin, Maria. 2015. „Rogue Cops Among Rogues. Trolls and Trolling in Social Networking Sites." Philippine Sociological Review 63: 169–190.
Farnsworth, John und Terry Austrin. 2010. „The ethnography of new media worlds? Following the case of global poker." New Media Society 12: 1120–1136.
Fine, Gary Alan. 2003. „Towards a Peopled Ethnography: Developing Theory from Group Life." Ethnography, 4: 41–60.
Fine, Gary Alan. 2010. „The Sociology of the Local: Action and its Publics." Sociological Theory 28: 355–376.
Fish, Stanley 1980. Is There a Text In this Class? The Authority of Interpretive Communities.
Fish, Stanley 1989. Doing What Comes Naturally: Change, Rhetoric, and the Practice of Theory in Literary and Legal Studies.
Fish, Stanley. 2011. Das Recht möchte formal sein.
Fiske, John. 1987. Television Culture.
Flade, Antje. 2016. Third Places – reale Inseln in der virtuellen Welt. Ausflüge in die Cyberpsychologie.
Foucault, Michael. 1963. Wahnsinn und Gesellschaft.
Frances, Alan. 2011. Normal.
GameSpot. 2018. FULL Bethesda E3 2018 Press Conference. Youtube, 10.06.2018, Web, 11.11.2018 um 16:10. Online bei: https://www.youtube.com/watch?v=LZOfMttL_Io&feature=youtu.be.

Games Done Quick. 2015. Fallout 3 by BubblesDelFuego in 21:11 – Summer Games Done Quick 2015 – Part 127. Youtube, 08.09.2015, Web, 11.11.2018 um 16:20. Online bei: https://www.youtube.com/watch?v=acDTkudVWOA.
Geertz, Clifford. 1998. „Deep hanging out." The New York Review of Books 45: 69.
Girtler, Roland. 1996. Randkulturen: Theorie der Unanständigkeit.
Girtler, Roland. 2001. Methoden der Feldforschung.
Girtler, Roland. 2004. 10 Gebote der Feldforschung.
Gobo, Giampietro. 2008. Doing Ethnography.
Goffman, Erving. 1959. The Presentation of Self in Everyday Life.
Goffman, Erving, 1961. Asylums: Essays on the Social Situation of Mental Patients and Other Inmates.
Goffman, Erving. 1963. Stigma. Notes on the Managment of Spoiled Identity.
Goffman, Erving. 1967. Interaction Ritual.
Goffman, Erving. 1971. Relations in Public. Microstudies of the Public Order.
Goffman, Erving. 1974. *Frame Analysis: An Essay on the Organization of Experience.*
Golub, Alex. 2005. „Being in the World (of Warcraft): Raiding, Realism, and Knowledge Production in a Massively Multiplayer Online Game." Anthropological Quarterly 83: 17–46.
Gordon-Messer, Deborah, J. A. Bauermeister, A. Grodzinski und M. Zimmerman. 2012. „Sexting Among Young Adults." Journal of adolescent health : official publication of the Society for Adolescent Medicine 52: 301–306.
Gowan, Teresa. 2002. „The nexus: Homelessness and incarceration in two American cities." Ethnography 3: 500–534.
Gnambs, Timo und Bernad Batinic. 2010. „Qualitative online-Forschung." S. 320–332 in: G. Mey K. Mruck (Hrsg.), Handbuch Qualitative Forschung in der Psychologie.
Granovetter, Mark. 1983. The Strength of Weak Ties. Sociological Theory 1: 201–233.
Grenz, Tilo und Gerd Möll. (Hg.) 2014. Unter Mediatisierungsdruck: Änderungen und Neuerungen in heterogenen Handlungsfeldern.
Greschke, Monika Heike. 2009. Daheim in www.cibervalle.com.
Groen, Andrew. 2015. Empires of Eve: A History of the Great Wars of Eve Online.
Gusfield, Joseph. 2003. „A journey with symbolic interaction." Symbolic interaction 26: 119–139.
Hall, Peter. 1987. „Interactionism and the Study of Social Organization." The Sociological Quarterly 28: 1–22.
Hallett, Ronald und Kirsten Barber. 2013. „Ethnographic Research in a Cyber Era." Journal of Contemporary Ethnography 43: 306–330.
Hammersley, Martyn. 1992. What's Wrong with Ethnography?
Hammersley, Martyn und Paul Atkinson. 1983. Ethnography: Principles in Practice.
Heim, Michael. 1998. Virtual Realism.
Hemminger, Elke. 2011. „Wenn Räume verschmelzen – soziale Netzwerke und virtuelle Spielwelten." S. 93–106 in: Fuhse, Jan und Christian Stegbauer (Hrsg.). Kultur und mediale Kommunikation in sozialen Netzwerken.
Hepp, Andreas. 2013. Medienkultur: Die Kultur mediatisierter Welten.
Herbrik, Regine. 2011. Die kommunikative Konstruktion imaginärer Welten.
Hine, Christine. 2015. Ethnography for the Internet. Embedded, embodied and everyday.

Hirschauer, Stefan und Klaus Amann. 1997. Die Befremdung der eigenen Kultur: Zur ethnographischen Herausforderung soziologischer Empirie.
Hitzler, Ronald und Michaela Pfadenhauer (Hrsg.). 2001. Techno-Soziologie. Erkundungen einer Jugendkultur.
Honer, Anne. 1993. Lebensweltliche Ethnographie.
Hotter, Maximilian. 2011. Privatsphäre: Der Wandel eines liberalen Rechts im Zeitalter des Internets.
Hughes, Everett. 1961. „Introduction." The place of fieldwork in the social sciences. S. v– xiv in: B. H. Juncker (Hrsg.), Fieldwork: An Introduction to the Social Sciences.
Huizinga, Johan. 2009. Homo Ludens. Vom Ursprung der Kultur im Spiel.
Hymes, Dell. 1984. „On Erving Goffman." In: Theory and Society 13: 621–631.
Inhetveen, Katharina. 1997: Gesellige Gewalt. S. 235–262 in: *Trutz von Trotha (Hg.)*, Soziologie der Gewalt.
Isabella, Simona. 2007. „Ethnography of Online Role-Playing Games: The Role of Virtual and Real Contest in the Construction of the Field." Forum Qualitative Sozialforschung 8. Online bei: http://www.qualitative-research.net/index.php/fqs/article/view/280/615&sa=U&ei=1GcVU.
Jansz, Jeroen und Lonneke Martens. 2005. „Gaming at a LAN event: the social context of playing video games." New media & society 7: 333–355.
Jebus Matoi. 2014. Dashcon 2014 in a Nutshell. Youtube, 12.07.2014, Web, 11.11.2018 um 17:05, online bei: https://www.youtube.com/watch?v=tVcqai-PtIA.
Jenkins, Henry. 2003. Transmedia Storytelling.
Jenkins, Henry. 2014. „Rethinking ‚Rethinking Convergence/Culture.'" Cultural Studies 28: 267–297.
Jones, Bethan und Wickham Clayton. 2014. „Introduction to the Special Issue: the Transmedia Relationship. Between Film/TV Texts and Board Games." S. 1–4 in: Intensities. The Journal of Cult Media.
Johnson, John. 1975. Doing Field Research.
Juul, Jesper. 2011. Half-Real.
Jurgenson, Nathan. 2011. „Digital dualism versus augmented reality." The Society Pages 24.
Jörissen, Benjamin. 2007. „Informelle Lernkulturen in online-Communities." S. 184–219, in: Wulf, Christoph, Birgit Althans, Gerald Blaschke, Nino Ferrin, Michael Göhlich, Benjamin Jörissen, Ruprecht Mattig, Iris Nentwig-Gesemann, Sebastian Schinkel, Anja Tervooren, Monika Wagner-Willi und Jörg Zirfas (Hrsg.). Lernkulturen im Umbruch: Rituelle Praktiken in Schule, Medien, Familie und Jugend.
Jörissen, Benjamin. 2010. „Strukturale Ethnografie Virtueller Welten." S. 119–143, in: Grell, Petra, Winfried Marotzki, Heidi Schelhowe(Hrsg.). Neue digitale Kultur-und Bildungsräume.
Kardorff, Ernst v. 2008. „Virtuelle Netzwerke — neue Formen der Kommunikation und Vergesellschaftung?" S. 23–55, in: Herbert Willems (Hrsg.) Weltweite Welten, Wiesbaden: VS.
Keeley-Browne, Elisabeth. 2010. „Cyber-Ethnography: The Emerging Research Approach for 21st Century Reserach Investigation." S. 330, in: Kurubacak, Gulsun und Volkan Yuzer (Hrsg.). Handbook of Research on Transformative Online Education and Liberation.

Keim-Malpass, Jessica, Richard H. Steeves und Christine Kennedy. 2014. „Internet ethnography: A review of methodological considerations for studying online illness blogs." International journal of nursing studies 51: 1686–1692.
Kirk, Stuart und Herb Kutchins. 1992. The selling of DSM: The rhetoric of science in psychiatry.
Kirschner, Heiko. 2016. „Follow the Meta." S. 369–388, in: Nicole Burzan, Ronald Hitzler und Heiko Kirschner (Hrsg.). Materiale Analysen. Erlebniswelten.
Klemm, Matthias und Ronald Staples. 2015. „Warten auf Antwort. Digitale Kommunikation im Spannungsfeld körperlicher und textueller Selbstrepräsentation." S. 113–134, in: Kornelia Hahn und Martin Stempfhuber (Hrsg.) Präsenzen 2.0: Körperinszenierung in Medienkulturen.
Knorr-Cetina, Karin. 2009. "The synthetic situation: Interactionism for a global world." Symbolic Interaction 32: 61–87.
Koch, Gertraud. 2011. „Der Cyberspace als Ende der Ethnografie? Anmerkungen zur Ortsmetapher des Internets in der Kulturanalytischen Forschung." Kulturen 5: 34–37.
Kozinets, Robert. 2010. Netnography.
Kozinets, Robert. 2002. The Field Behind the Screen: Using Netnography For Marketing Research in Online Communities.
Kozinets, Robert. 2015. Netnography: Redefined. Second Edition.
Kozinets, Robert, P. Dolbec und A. Earley. 2014. „Netnographic analysis: understanding culture through social media data." S. 262–276 in: Uwe Flick (Hrsg.) The SAGE Handbook of Qualitative Data Analysis.
Knutilla, Lee. 2011. „User unknown: 4chan, anonymity and contingency." First Monday 16. Online bei: https://firstmonday.org/ojs/index.php/fm/article/view/3665.
Knutilla, Lee. 2015. Trolling aesthetics: the lulz as creative practice.
Kutchins, Herb und Stuart Kirk. 2003. Making us crazy.
Lasén, Amparo und Edgar Gómez-Cruz. 2009. „Digital Photography and Picture Sharing: Redefining the Public/Private Divide." Know Techn Pol 22: 205–215.
Lautmann, Rüdiger. 2011. Justiz: Die stille Gewalt.
Lehdonvirta, Villi. 2010. „Virtual Worlds Don't Exist: Questioning the Dichotomous Approach in MMO Studies." Game Studies. 10. Online bei: http://gamestudies.org/1001/articles/lehdonvirta.
Lemert, Charles. 1997. „Goffman." S. ix–xlviii in Charles Lemert und Ann Branaman (Hrsg.).The Goffman Reader.
Levin, Michaeil und Donna Davis. 2007. „Virtual ‚Third Places' and Experiential Learning." Journal for Advancement of Marketing Education 10: 18.
Liegl, Michael und Martin Stempfhuber. 2014. „‚Raum am Draht': Empirische Beobachtung zur Soziologie der mediatisierten Anmache am Fallbeispiel von Grindr." S. 19–38 in: Kornelia Hahn (Hrsg.) E<3Motion. Medienkulturen im digitalen Zeitalter.
Lofland, John. 1976. Doing social life: The Qualitative Study of Human Interaction in Natural Settings.
Lofland, John und Lyn Lofland. 1984. Analyzing Social Settings.
Löw, Martina. 2000. Raumsoziologie.
Malaby, Thomas. 2006. Parlaying Value. Capital in and Beyond Virtual Worlds. Games and Culture 1: 141–162.

Malaby, Thomas. 2007. „Beyond Play. A New Approach to Games." Games and Culture 2: 95–113.
Manivanan, Vyshali. 2012. „Attaining the Ninth Square: Cybertextuality, Gamification, and Institutional Memory on 4chan." Enculturation 15. Online bei: http://www.enculturation.net/attaining-the-ninth-square.
Manning, Peter. 2014. „Ethnographies of Policing." S. 518–550 in Michael Reisig und Robert Kane (Hrsg.), The Oxford Handbook of Police and Policing.
Markey, Paul und Chris Ferguson. 2017. Moral Combat: Why the War on Violent Video Games is Wrong.
Marotzki, Winfried. 2003. „online-Ethnographie – Wege und Ergebnisse zur Forschung im Kulturraum Internet" Jahrbuch Medienpädagogik 3: 149–165.
Marvin, Carolyn. 1988. When Old Technologies Were New: Thinking About Electric Communication in the Late Nineteenth Century.
Matt, Eduard, 2001: Ethnographische Beschreibungen. Die Kunst der Konstruktion der Wirklichkeit des Anderen.
Matza, David. 1969. Becoming Deviant.
Mendoza, Nicolas. 2011. „A tale of two worlds. Apocalypse, 4Chan, WikiLeaks and the silent protocol wars." Radical Philosophy 166. Online bei: http://www.radicalphilosophy.com/commentary/a-tale-of-two-worlds-2.
Merritt, Emily Rose. 2012. An Analysis of the Discourse of Internet Trolling: A Case Study of reddit.com.
Mitchell, Richard und Kathy Charmaz. 1998. „Telling Tales and Writing Stories." S. 228–248, in: Scott Grills (Hrsg.), Doing Ethnographic Research: Fieldwork Settings.
Miller, Kiri. 2008. „The Accidental Carjack: Ethnography, Gameworld Tourism, and Grand Theft Auto." Game Studies 8. Online bei: http://gamestudies.org/0801/articles/miller.
Miller, Kiri. 2012. Playing Along: Digital Games, YouTube, and Virtual Performance.
Mills,C. Wright. 2010 [1959]. The Sociological Imagination.
Murthy, Dhiraj. 2008.„Digital ethnography: An examination of the use of new technologies for social research." Sociology 42: 837–855.
Mäyrä, Frans. 2010. "Gaming Culture and the boundaries of play." Game Studies 10. Online bei: http://gamestudies.org/1001/articles/mayra.
Nardi, Bonnie. 2010. My Life as a Night Elf Priest. An Anthropological Account of *World of Warcraft*.
Niemann, M., J., Reinmann, G. und Roßnagel, A. (Hrsg.). 2012. *„Digitale Privatsphäre: Heranwachsende und Datenschutz auf Sozialen Netzwerkplattformen."* Schriftenreihe Medienforschung der LfM: Bd. 71.
Nitsche, Michael. 2008. Video Game Spaces: Image, Play, and Structure in 3D Worlds.
Newmahr, Staci. 2011. Playing on the Edge.
Norberg, P. A., D. R. Horne und D. A. Horne. 2007. „The Privacy Paradox: Personal Information Disclosure Intentions versus Behaviors." Journal of Consumer Affairs 41: 100–126.
Oldenburg, Ray. 1989. The Great Good Place.
Oltersdorf, Anna-Lena. 2018. Das Publikum als ‚Aufsichtsrat' Wie in YouTube-Kommentaren das spätmoderne Ideal der Authentizität verhandelt wird. (Unv. Man.).
Paasonen, Susanna. 2010. „Labors of Love: Netporn, Web 2.0, and the Meanings of Amateurism." New Media & Society 12: 1297–1312.

Paterson, Chris A. und David Domingo. 2008. Making Online News: The Ethnography of New Media Production, Band 1.
PBS Idea Channel. 2014. Are There Internet Dialects? Idea Channel. PBS Digital Studios. Youtube, 06.08.2014, Web, 11.11.2018 um 15:20 Uhr, in: https://www.youtube.com/watch?v=SDPasRas5u0.
Pearce, Celia und Artemesia. 2009. Communities of Play: Emergent Cultures in Multiplayer Games and Virtual Worlds.
Pearce, Celia und Artemesia. 2010. „Cultures and Latitudinal Research Across Multiple Games and Virtual Worlds." S. 49- in William Sims Bainbridge (Hrsg). Online Worlds: Convergence of the Real and the Virtual.
Pfadenhauer, Michaela. 2010. „Artefakt-Gemeinschaften?! Technikverwendung und -entwicklung in Aneignungskulturen." S. 355–370, in: AnneHoner, Michael Meuser und Michaela Pfadenhauer (Hrsg.) Fragile Sozialität. Inszenierungen, Sinnwelten,Existenzbastler.
Phillips, Whitney. 2015. This Is Why We Can't Have Nice Things. Mapping the Relationship Between Online Trolling and Mainstream Culture.
Polsky, Ned. 1967. Hustler, Beats, and Others.
Pritchard, Katrina. 2011. „From ‚being there' to ‚being … where?': relocating ethnography." Qualitative Research in Organizations and Management 6: 230–245.
Prus, Robert. 1996. Symbolic Interaction and Ethnographic Research: Intersubjectivity and the Study of Human Lived Experience.
Prus, Robert. 1997. Subcultural Mosaics and Intersubjective Realities: An Ethnographic Research Agenda for Pragmatizing the Social Science.
Prus, Robert. 1998. „Respecting the human condition: Pursuing Intersubjectivity in the Marketplace." S. 21–47, in: Scott Grills (Hrsg.). Doing ethnographic research.
Prus, Robert und Lorne Dawson. 1996. „Obdurate reality and the intersubjective other." S. 245–257, in: Robert Prus (Hrsg.). Symbolic interaction and ethnographic research: Intersubjectivity and the study of human lived experience.
Prus, Robert und Stanislav Irini. 1988. Hookers, Rounders, and Desk Clerks.
Putnam, Robert. 2000. Bowling Alone: The Collapse and Revival of American Community.
Pötzsch S. 2009. „Privacy Awareness: A Means to Solve the Privacy Paradox?" In: Matyáš V., S. Fischer- Hübner, D. Cvrček, P. Švenda (Hrsg.). The Future of Identity in the Information Society. Privacy and Identity 2008. IFIP Advances in Information and Communication Technology, vol 298.
Rantasalo, Terhi. 2017. „Sometimes I just want to show how pretty sandwich I made: the self-presentation habits of Facebook users." Masterthese, Universität Tampere. Online bei: https://tampub.uta.fi/bitstream/handle/10024/101114/GRADU-1495027021.pdf.
Rettie, Ruth. 2009. „Mobile Phone Communication: Extending Goffman to Mediated Interaction." Sociology 43: 421–438.
Reichertz, Jo. 1992. „Beschreiben oder Zeigen. Über das Verfassen ethnographischer Berichte." Soziale Welt 43, 3: 331–350.
Rock, Paul. 1979. The Making of Symbolic Interactionism.
Rorty, Richard. 1982. Consequences of Pragmatism.
Rorty, Richard. 1989. Contingency, Irony, and Solidarity.
Rorty, Richard. 1999. Philosophy and Social Hope.
Rosa, Hartmut. 2013. Beschleunigung und Entfremdung.

Roth, Julius. 1962. "Comments on ‚secret observation'." Social Problems 9: 283–284.
Russell, Jon. 2015. „Chat App Kik Claims higher Engagement Than Snapchat." Tech Crunch, 28. Januar 2015.
Sachs-Hombach Klaus und Jan-Noel [Thon. 2015. Aktuelle Ansätze der Computerspielforschung.
Sankunthala. 2016. „What is internet culture?" Medium, 12. September 2016. Online bei: https://medium.com/@m0nologuer/what-is-internet-culture-544ba9155ea2.
Schaar, Peter. 2009. Das Ende der Privatsphäre: Der Weg in die Überwachungsgesellschaft.
Schatzman, Leonard und Anselm Strauss. 1973. Field Research: Strategies for a Natural Sociology.
Scherr, Albert und Deborah Niermann. 2014. „Wider den Forschungsmethodenzwang." S. 123–140, in Eric Mührel und Bernd Birgmeier (Hrsg.). Perspektiven sozialpädagogischer Forschung.
Schmidl, Alexander. 2015. Neues entdecken. Online-Rollenspiele und die Ordnung der Sinne in Medienkulturen.
Schütze, Fritz. 1992. Sozialarbeit als „bescheidene" Profession, in: Bernd Dewe, Wilfried Ferchhoff, & Frank-Olaf Radtke (Hrsg.): Erziehen als Profession: zur Logik professionellen Handelns in pädagogischen Feldern. Opladen: Leske. S. 132–170.
Schütze, Fritz. 1994. „Ethnographie und sozialwissenschaftliche Methoden der Feldforschung: eine mögliche methodische Orientierung in der Ausbildung und Praxis der Sozialen Arbeit?" S. 189–297, in: Norbert Groddeck und Michael Schumann (Hrsg.). Modernisierung sozialer Arbeit durch Methodenentwicklung und -reflexion.
Shaw, Adrienne. 2010. „What Is Video Game Culture? Cultural Studies and Game Studies." Games and Culture 5: 403–424.
Sheff, Elisabeth. 2005. „Polyamorous women, sexual subjectivity and power." Journal of Contemporary Ethnography 34: 251–283.
Shumar, Wesley und Nora Madison. 2013. „Ethnography in a virtual world." Ethnography and Education 8: 255–272.
Shaffir, William, Mary Lorenz Dietz und Robert Stebbins. 1994.„Field Research as a Social Experience: Learning to Do Ethnography." S. 30–54, in Mary Dietz, Robert Prus und William Shaffir (Hrsg). Doing Everyday Life.
Shalin, Dmitri N. 1986. „Pragmatism and Social Interactionism." American Sociological Review 51: 9–29.
Shepardson, David. 2018. „U.S. ‚net neutrality' rules will expire on June 11: FCC." Reuters, 10. Mai 2018. Online bei: https://www.reuters.com/article/us-usa-internet/us-net-neutrality-rules-will-expire-on-june-11-fcc-idUSKBN1IB1UN.
Sigusch, Volkmar. 2005. Neosexualitäten. Über den kulturellen Wandel von Liebe und Perversion. https://www.perlentaucher.de/autor/volkmar-sigusch.html.
Sims-Bainbridge, William. 2010. „New World View." S. 12 in: Ders. (Hrsg). Online Worlds: Convergence of the Real and the Virtual.
Siri, Jasmin. 2014. „privat*öffentlich: Die Emergenz des Politischen Selbst in Social Media." Österreichische Zeitschrift für Soziologie 39 (Suppl 1): 101.
Soeffner, Hans-Georg. 1992. Auslegung des Alltags – der Alltag der Auslegung. Band 2: Die Ordnung der Rituale.
Soukup, Charles. 2006. „Computer-mediated communication as a virtual third place: building Oldenburg's great good places on the world wide web." New Media Society 8: 421.

Stehr, Johannes. 2010. Gewaltige Angst vor Jugendlichen. Sozial Extra 10: 15–18.
Steinkuehler, Conastance und Dmitri Williams. 2006. "Where Everybody Knows Your (Screen) Name: Online Games as ‚Third Places.'" Journal of Computer-Mediated Communication 11: 885–909.
Steinmetz, Kevin. 2012. „Message received: Virtual ethnography in online message boards." International Journal of Qualitative Methods 11: 26–39.
Strauss, Anselm. 1978. „A Social World Perspective." Studies in Symbolic Interaction 1: 119–128.
Strübing, Jörg. 2006. „Webnografie? Zu den methodischen Voraussetzungen einer ethnografischen Erforschung des Internet." S. 249–274, in Werner Rammertund Cornelius Schubert (Hrsg.), Technografie. Studien zur Mikrosoziologie der Technik.
Sutter, Tilmann. 2006. „Vergesellschaftung durch Medienkommunikation in Prozessen der Inklusion durch Medien." in Karl-Siegbert Rehberg, Deutsche Gesellschaft für Soziologie (Hrsg.): Soziale Ungleichheit, kulturelle Unterschiede: Verhandlungen des 32. Kongress der Deutschen Gesellschaft für Soziologie in München.
Sutter, Tilman. 2008 „‚Interaktivität' neuer Medien — Illusion und Wirklichkeit aus der Sicht einer soziologischen Kommunikationsanalyse." S. 57–73 in Herbert Willems (Hrsg.), Weltweite Welten.
Sutter, Tilmann. 2010. Medienanalyse und Medienkritik. Forschungsfelder einer konstruktivistischen Soziologie der Medien.
Taylor, T. L. 2006. Play between Worlds.
Tenbruck, Friedrich Heinrich. 1962. Jugend und Gesellschaft.
Thiedeke, Ulrich. 2008. „Die Gemeinschaften der Eigensinnigen. Interaktionsmediale Kommunikationsbedingungen und virtuelle Gemeinschaften." S. 45–73, in: F. von Gross, W. Marotzki und U. Sander (Hrsg.) Internet — Bildung — Gemeinschaft.
Thomas, William Isaac und Dorothy Thomas. 1929. The Child in America: Behavior Problems and Programs.
Thrasher, Frederic. 1927. The Gang.
Tietz, Alessandro. 2015. „Embodiment Online and Interaction in Massively Multiplayer Online Games." Studies in Symbolic Interaction 45: 119–136.
Tiidenberg, Katrin. 2014. „Bringing sexy back: Reclaiming the body aesthetic via self-shooting." Cyberpsychology: Journal of Psychosocial Research on Cyberspace 8: article 3. Online bei: https://cyberpsychology.eu/article/view/4295.
Turkle, Sharon. 2005. The Second Self: Computers and the Human Spirit, Twentieth Anniversary Edition.
Turkle, Sherry. 2011. Alone together.
Utz, Sonja und Nicole Krämer. 2009. "The privacy paradox on social network sites revisited: The role of trust, narcissism, privacy concerns, and norms." *Cyberpsychology: Journal of Psychosocial Research in Cyberspace 3*. Online bei: https://cyberpsychology.eu/article/view/4223/3265.
Valk, Frank. 2008. Identity, power, and representation in virtual environments. MERLOT Journal of Online Learning and Teaching 4: 205–211.
Varis, Piia. 2014 „Digital ethnography." Tilburg Papers in Culture Studies 104. Online bei: https://research.tilburguniversity.edu/en/publications/digital-ethnography.
Venkatesh, Sudhir. 2006. Off the Books: The Underground Economy of the Urban Poor.
Venkatesh, Sudhir. 2008. Gang Leader for a Day.

Vogel, Kimberly, Alisen Surbey und Julie R. Stills. 2013. „Let's talk about sexting, baby: Computer-mediated sexual behaviors among young adults." Elsevier 29: A25–A30.
Vreca, Marc-André. o.D. Ohne Salz schmeckt's nicht. Unveröffentlichtes Manuskript.
Wadley, Greg, Martin Gibbs, Kevin Hew und Connor Graham. 2003. „Computer Supported Cooperative Play, ‚Third Places' and Online Videogames." S. 238–241, in S. Viller and P. Wyeth (Hrsg.), Proceedings of the Thirteenth Australian Conference on Computer Human Interaction.
Wagner, Elke. 2014. „Intimate Publics 2.0. Zur Transformation des Privaten und des Öffentlichen in Social Network Sites." S. 125–149, in: Kornelia Hahn (Hrsg.), E<3Motion. Intimität in Medienkulturen.
Waskul, Dennis. 2002. „The Naked Self: Being a Body in Televideo Cybersex." Symbolic Interaction 25: 199–227.
Waskul, Dennis. 2004. Net.seXXX: Readings on Sex, Pornography, and the Internet.
Waskul, Dennis. 2016. Ghostly Encounters.
Wax, Rosalie. 1985 (1971). Doing Fieldwork: Warnings and Advice.
Whitaker, Robert. 2011. Anatomy of an Epidemic: Magic Bullets, Psychiatric Drugs, and the Astonishing Rise of Mental Illness in America.
Whyte, William Foote. 2012. *Street Corner Society: The Social Structure of an Italian Slum*.
William Bassoumba. 2012. WoW New Character Creation Customization. Youtube, 29.08.2012, Web, 11.11.2018 um 15:50, in: https://www.youtube.com/watch?v=qPdI3dPBoDc.
Williams, Dmitri. 2006. „Why game studies now? Gamers don't bowl alone." Games and Culture 1: 13–16.
Williams, Dmitri, Nicolas Ducheneaut, Li Xiong, Nick Yee und Eric Nickell. 2006. „From Tree House to Barracks. The Social Life of Guilds in World of Warcraft." Games and Culture 1: 338–361.
Wirth, Richard. 2014. MMO ethnography the customs and cultures of online gamers.
Wittel, A. 2000 „Ethnography on the move: From field to net to internet." Forum: Qualitative Sozialfiorschung 1. Online bei: http://www.qualitative-research.net/index.php/fqs/article/view/1131/2517%26amp%3Bsa%3DU%26amp%3Bei%3DmkZ.
Woermann, Niklas. 2013. „Die unmögliche De-Visualisierung von Wissen –Über einige Sehpraktiken einer extremen Gemeinschaft." S. 87–103, in: Petra Lucht, Lisa-Marian Schmidt, René Tuma (Hrsg.).Visuelles Wissen und Bilder des Sozialen: Aktuelle Entwicklungen in der Soziologie des Visuellen.
Yee, Nick. 2009. „Changing the Rules: Social Architectures in Virtual Worlds." S. 213–223, in: William Sims Bainbridge (Hrsg.). Online worlds: Convergence of the real and the virtual.
Yee, Nick. 2014. The Proteus Paradox: How Online Games and Virtual Worlds Change Us- And How They Don't.

MIX
Papier aus verantwortungsvollen Quellen
Paper from responsible sources
FSC® C105338

If you have any concerns about our products,
you can contact us on
ProductSafety@springernature.com

In case Publisher is established outside the EU,
the EU authorized representative is:
**Springer Nature Customer Service Center GmbH
Europaplatz 3, 69115 Heidelberg, Germany**

Printed by Libri Plureos GmbH
in Hamburg, Germany